季羡林文丛
图文珍藏版

季羡林解读传统文化

季羡林 著

胡光利 梁志刚 编

沈阳出版社

图书在版编目(CIP)数据

季羡林解读传统文化 / 季羡林著；胡光利，梁志刚编.
—沈阳：沈阳出版社，2015.5（2018.6 重印）
（季羡林文丛：图文珍藏版）
ISBN 978-7-5441-6636-2

Ⅰ.①季… Ⅱ.①季… ②胡… ③梁… Ⅲ.①中华文化—文集 Ⅳ.①K203-53

中国版本图书馆 CIP 数据核字(2015)第 112007 号

出 版 者：沈阳出版社
（地址：沈阳市沈河区南翰林路 10 号　邮编：110011）
网　　址：http://www.sycbs.com
印 刷 者：辽宁泰阳广告彩色印刷有限公司
发 行 者：沈阳出版社
幅面尺寸：165mm × 240mm
印　　张：22.125
字　　数：307 千字
出版时间：2016 年 1 月第 1 版
印刷时间：2018 年 6 月第 3 次印刷
责任编辑：沈晓辉
封面设计：Amber Design 琥珀视觉
版式设计：沈晓辉
责任校对：日　光
责任监印：杨　旭

书　　号：ISBN 978-7-5441-6636-2
定　　价：38.00 元

联系电话：024-24112447　024-62564922
E-mail：sy24112447@163.com

出版前言

我为季羡林先生做责任编辑

这是我第二次为季羡林先生做责任编辑。第一次为他做责任编辑是在十四年前，我有幸走近季老，从而走进他的世界。

作为图书编辑，能够出版东方语言文学大师季羡林的著作，为他的书做责任编辑，既是梦寐以求的事，也是不敢奢望的事。当这个机会降临时，我不知是在梦里还是在现实中。那是 2001 年 8 月，我和季老的两名学生如约去了他家，准备向他约《季羡林文丛》五卷本书稿。

季老的家在北大朗润园 13 号公寓，是一套很普通的三室单元房。第一次有机会近距离接触被国人高山仰止的伟大学者，我有些诚惶诚恐。只有真正和季老面对面，我才真切地感受到了他的朴素、随和，甚至几分幽默。就像平日里我们遇见的某一位和蔼、普通的老人，外表没有一丝“留德十年”的痕迹。季老衣着朴素，一身灰白色棉布衣。难怪在北大校园里经常会被人看成是学校的老工人，不止一次被报到的新生喊住，被看行李。而季老每次都原地不动地替新生看守好行李，一看就是一两个小时。季老很清瘦，虽然年过九旬，却精神矍铄，脸上泛着慈祥的笑容，说话一口山东腔，说洋文却不带口音。我先做了自我介绍，并呈上名片。季老认真地看了名片，然后放进上衣口袋。这时他幽默地说：我没有名片，头衔太多，二百多个，名片根本装不下……这番话，立刻让我全无初次见面的拘谨，话题便就此展开。我首先向季老汇报了我们沈阳出版社的选题方向和近年来的发展成绩，并表达了希望出版五卷本《季羡林文丛》的诚挚愿望。他对我们社的出版理念和求实精神给予充分肯定，欣然同意授权我们出版该套文丛。

当时，我们策划编纂的《季羡林文丛》，旨在对季老那些深受学者和读者欢迎的文章进行一次较为完整的梳理，并收录成册，共包括五卷：《感悟人生》《散文精粹》《学问之道》《耄耋新作》《修身与治学》。我在向季老汇报丛书的框架和结构体例时，他提出了指导意见，并强调了编选原则：首先，他不赞成出那种这里选几篇、那里选几篇拼凑而成的集子，因为那样做，重复总会难免，是对读者不负责任的表现；第二，要坚持高标准，一定要选录能够打动读者心灵的文章；第三，内容要有新意，宁缺毋滥；第四，编校质量要高标准。他说，他最反对书中错字连篇；还说，写作中他会经常查字典，并不以为有失身份，因为汉字太博大精深了。我当即向季老承诺，这套丛书的结构体例和整体设计一定会有特点和新意；编校质量一定会按照国家标准加以规范。季老的思路非常清晰，也十分健谈，言谈中可以深切地感受到他对我们出版人以及中国出版业的关切与期望。这些细节，勾勒出一位睿智、严谨、淡泊的季老。

汇报完毕，我们提出希望和季老合影留念，他答应了我们的请求。和季老合影时，不知道为什么，我非常希望和他靠得近些，更近些。我知道，季老那时是孤独的，几位亲人在几年里相继走向那阴阳相隔、永不回头的彼岸；唯一的儿子亦不在身边。也许是希望更加深切地感受大师的心灵，也许是想把内心的温暖传递给他，也许是两者都有吧。

在季老家聊了近两个小时，即将告辞之际，季老提出要送给我他的新作《千禧文存》和《三真之境》，我惊喜万分，不失时机地询问季老可不可以给我签名留念，他欣然答应。于是，秘书拿来书和笔。让我惊奇的是，季老并没有重新去翻检我的名片核对我的名字，而是直接在两本书的扉页上分别写下了“沈晓辉女士 季羡林 2001. 8. 20”。我十分惊讶于季老超凡的记忆力，当时，他毕竟已年过九旬了！我想，这也该是大师的超人之处吧！此后，这两部签名本一直珍藏在我的书柜里，这是季老留在我记忆中的一个注脚。

季老精通十二国语言，在语言学、历史学、佛教学等方面都有很深的造诣，是佛教梵文、中印古文化关系史和印度佛教史等研究领域的开辟者，中国东方学研究的一代宗师，至今无人可望其项背。与季羡林、金克木合称为“燕园三老”的张中行先生曾评价季老：“一身而具有三种难能：一是学问精深，二是为人朴厚，三是有深情。”对此，在文丛的编辑过程中我深有体会。季老的精神和情感跃然纸上，虽为一代宗师，学贯中西，可文章并不艰深晦涩，内容非常亲切，文字深入浅出，深于情，明于理。徜徉在季老的文字中，我常常会忘记是在工作，更多的时候，会不自觉地以一名读者的身份拜读文稿，每每为季老博大精深的学术成就和仁爱之心所感动。正是他的博学和中国气派，让他的文字源远流长。

不能忘怀的还有，在这套文丛的出版过程中，后来我又两次去了季老家，向他汇报出版大纲、结构体例以及出版进度等。与此同时，我还向季老请教过一些问题，比如：书稿内容的主次关系和取舍，某个异形词的正确使用，一些字的过去和现在的用法，还有梵文的排法等，季老都引经据典一一作答，并对我的务实求真态度给予充分肯定。文丛正式出版后，我将样书寄给了季老，后来他的秘书在电话里告诉我，季老对编校质量十分满意，说，至少目前还没有发现什么硬伤。对我再予鼓励。

教诲何尝不是营养！正是通过那次为季老编书，耳濡目染、言传身教，让我受益良多，从而对文字常怀敬畏之心。在日后的编辑工作中，我也会像季老那样经常查阅辞典，考证一字一词的用法和源流，反复推敲和打磨、一丝不苟。我明白，编辑终究是为他人作嫁衣的神圣职业，出版好书，奉献给今天和后世的读者，实现当代中国文化真正的繁荣，是编辑的神圣使命，是我今生的功课。

毕竟我与季老因书结下了不解之缘，我偏得了他如此之多的惠泽，在大家眼里，我成了天之骄子。每当媒体有季老的信息，亲朋好友都会从或近或远的地方，甚至从国外打来电话、发来信息提示我，生怕被我错过；多年来，我亲爱的父母会把家中订阅的报刊中任何有关季老的文章和消息如数为我留存。而我，通过为季老做责任编辑，字里行间的精神滋养，早已浸润进了魂魄。

此情可待成追忆。千山万水，原来你不在这里；万水千山，原来你也在这里。在2015年中，有近半年的时间我都在编辑季老的这新一套四卷本《季羡林文丛　图文珍藏版》。又一次在精神层面上与季老相逢，我常常试图从字里行间窥见往事，也因回忆过于壅塞而几度停了下来。现在，在它即将付梓的时候，距离第一次给季老做责任编辑，倏忽已十四个寒暑，季老辞世已悠悠六载。感慨万千之际，我想起了范仲淹在《严先生祠堂记》中的那句话：“云山苍苍，江水泱泱，先生之风，山高水长。”生命的真谛，不在于带走什么，而在于留下什么。我希望季老的这新一套文丛同样能够为广大读者所喜爱；我愿意再次同广大读者共同分享这精神的盛宴；也希望季老的为人和为文能够成为国人的精神引领，作为一笔宝贵而巨大的精神财富，鼓舞生者，鞭策来人。

今生有幸为季羡林先生做责任编辑，让我的编辑生涯熠熠生辉。我无比珍爱“编辑”这一称谓。

这是我第二次为季羡林先生做责任编辑，接下来还会有第三次。我期待。

季羡林先生的精神活在他的文字里，活在他的读者心中，从来不曾离去。我相信。

沈晓辉

2015年12月12日

序 言

过去几十年里，在中国最为杰出学人当中，如果说季羡林先生知名度最高，或不为过。然而，大多数人知道他，敬仰他，不是通过他的学术论著，而是通过他的散文和回忆、传记类文字，也是共知的事实。原因很简单，那就是，季先生的学问属于小众，且其中若干，又是名副其实的绝学，连小众之中也几乎无人能窥端绪。不过，先生终其一生都以学术研究为职志，探微发覆，从无倦时。他的具有永久意义的成就，无疑也在学术范围之内。因此，可以说，要想真正了解季先生，最好还是尽量接近他的学问，否则终究是雾中看花，难得真切。应该承认，接近他的学问本身是困难的。但是，倘若能够明白季先生的学问到底是怎样做成的，对于深入了解和认识他，却也不失为现实的门径。现在好了，摆在读者面前的这一套《季羡林文丛 图文珍藏版》就为我们提供了这样的门径。它用季先生自己的文字，讲述他的求学道路，追溯他的学术传承，概括他的研究范围，阐释他的治学方法。对于深入了解作为学者的季先生，进而认识他的学术，这套文丛会有很大帮助。

书成值得祝贺，编订者梁志刚和胡光利其功莫大。不料两位学兄却以曾经受学于季羡林先生为由，向我索序一篇，使我一时惶恐莫名。写序我没有资格，原不待言。然而梁、胡二位，一曾久仰，一为故交，执意固辞，拂其美意，毕竟非我所敢为。因此虽曾数萌退意，还是渐渐明白，除去应命，并无选择。实际上，对季先生的学问，我始终徘徊在门外，尽管有一窥堂庑之愿，但苦无学力支撑，到底难知究竟。这样，我能做的，便只有在学问之外，就他的治学态度中我所见到的，谈些感受了。

季先生的研究范围非常广泛，但他的爱好和倾向也很明显。在学问所谓义理、考据、辞章之中，季先生特重考据而不好义理。这是他明确表示了的。他认为哲学最能代表义理，曾说有一百个哲学家，就有一百种理论。言辞之间，颇有敬而远之之意。他“喜欢实打实，摸得着，看得见的东西”，而对于坐论玄谈，不感兴趣。他的这一倾向，或与他最佩服的老师陈寅恪有关。陈先生为学偏好考据而不喜玄学，对此俞大维先生在他纪念陈先生的讲演中，曾经多次提及。季先生的另一位老师汤用彤也是考据大师。只要读过他的《汉魏两晋南北朝佛教史》、《隋唐佛教史稿》等，都会有此印象。此外，季先生在德国的老师，如E.Sieg、E.Waldschmidt，也都是举世闻名的考据大家。所有这些大学问家，季先生皆感佩其人而服膺其学，自己则“一生小心翼翼地跟在他们后面行走”。

考据所务，在求实证。而在作为实证的材料中，季先生又以选择和利用语言材料最擅胜场。这无疑与他精晓多种东西古今语言，对语言现象特别敏感，因而也特别关注有关。他认为，语言材料能够为科学推论提供坚实可靠的基础，其有效性无可怀疑，只要运用恰当，在结论的判定上，常可收一锤定音之效。借助对于语言材料的辨析考证，季先生确定了纸和造纸技术从中国传入印度的途径和时间、蚕丝从中国传入印度的时间，以及唐代中国人向印度学习制糖技术的具体情况。至于季先生如何让不同语言的语词告诉我们上述结论，有兴趣的读者可以阅读他的《浮屠与佛》、《中国纸及造纸法传入印度的时间和地点问题》、《中国蚕丝输入印度问题的初步研究》和《蔗糖史》所附的论文《一张有关印度制糖法传入中国的敦煌残卷》等。后文所指的残卷曾在数十年间辗转于多位学者之手，但格于关键难词，始终无人读通。季先生冥思苦想后悟出卷中“煞割令”一词乃古代文献屡屡提及的西极石蜜——一种高品质糖——的梵字音译。症结遂告化除，残卷所述制糖流程的全部内容也便通解无碍。这份残卷的解读，是季先生利用语言知识解决学术问题的典型实例。

典据翔实，考订详赡，是季先生论著的明显特点。在季先生尊为恩师的学者中，胡适先生是十分重要的一位。他对于胡适无征不信，有一分证据说一分话的主张，无疑是完全接受的。而他自己，则似乎犹嫌不足，乃至不辞就三分证据求一分话说。季先生在搜求证据上所下的功夫有时是我们难以想象的。即以《蔗糖史》的撰写为例，该书前后断续用去了季先生 17 年，其中 1993 年和 1994 年更是完全用于在北大图书馆内查阅典籍，收集资料，除周日外，“风雨无阻，寒暑不辍”。他所使用的资料，除一切近人的有关论著以外，还有中国古代的正史、杂史、辞书、类书、科技书、农书、炼糖专著、本草和医书、包括僧传及音义在内的佛典、敦煌卷子、诗文集、方志、笔记、报纸、中外游记、地理著作、私人日记、各种杂著、外国药典、古代语文（梵文、巴利文、吐火罗文）以及英、德等西语文献。类别几乎无所不包，数量可称汗牛充栋。古今典籍中凡他认为可资利用的，务必千方百计找来读过，穷搜极讨，尔后心安。经他翻检的图书，总计不下几十万页，每有所得，“便欣喜如获至宝”；而枯坐半日，终无所获，则同样可能。每遇此时，便只好“嗒然拖着疲惫的双腿，走回家来”。这就是季先生的研究方法和研究态度，以及他在研究过程中的情感历程。若问季先生的学术道路，此番景象，就是写照。

正因为掌握资料周备，准备工作充足，而论列遣词谋篇，亦已思考成熟，所以论著无论长短，一旦命笔，常能一气呵成。我读过他的《蔗糖史·国际篇》手稿。稿面极其整洁，40 万字不见任何涂改痕迹，且逻辑、文字，均极畅达，可见写时已经成竹在胸，故才思泉涌，连绵不绝，一路演绎敷陈，得如行云流水。

季先生给我们留下了大量珍贵的学术遗产。他的学术活动对我们的启发也是多方面的。面对《吐火罗文〈弥勒会见记〉译释》和《蔗糖史》这样的不朽之作，仰望之余，浮现脑际的常常是汉武所谓“盖有非常之功，必待非常之人”。在我看来，季先生是非常的，在很多方面非常。而在这些非常之中，最为突出、对于我们最有启发意义的，是非常勤奋；或者还应加上超乎常人的毅力和献身精神。因此，读先生的论著，我们尽可以享受他淹雅流泻的文字，咀嚼文字揭示的道理，却切不可忘记那背后隐藏着的无限劳苦和艰辛。季先生的学问，虽然只有识者能够研究，但是他对待学问的态度，却是我们常人能够了解，可以学习的。季羡林先生天资卓异，且命途亦属平坦，不乏机遇，但他仍然毫不犹豫地把他的事业交给了勤奋。唯勤苦坚韧者可得天酬，我想这就是季先生以他不倦的学术实践向我们启示的人生真理。

葛维钧
2015 年 6 月

目　录 CONTENTS

传统文化中的人生价值

传统文化中的爱国主义

传统文化与现代化

传统文化中的伦理道德

略说中国传统文化及其特点

一

说在中国传统文化的宝库中，中国传统道德是最重要的一部分内容，这话完全正确。因为从世界各国来看，像中国这样几千年如一日重视伦理道德的还没有第二个国家。什么叫做中国传统道德？或者说中国传统道德有哪些内容呢？这个问题很复杂，每个人的回答都可能不一样。我讲讲自己的看法，我想这里面起码应包括这么几部分内容。

第一，正如我的老师——清华大学陈寅恪教授曾经说过的《白虎通》当中的三纲六纪是中国文化的精华。什么叫三纲呢？就是君臣、父子、夫妇。他讲的当然是君为臣纲，父为子纲，夫为妻纲。这里边有糟粕，如夫妻应该是平等的，怎么男人成了女人的纲了呢？这个我们先不讲它。六纪，一是仲父，就是父亲的兄弟姊妹；二是兄弟；三是族人；四是族舅，就是母亲家的人；五是师长；六是朋友。他说，这三纲六纪是中国文化的中心，我看他的话很有道理。因为人类自有社会以来，必然要有一种规则来维系，不然的话社会就乱七八糟。现在马路上为什么要有交通警？为什么要有红绿灯？这就是一种规则，一种规章制度，要求大家都来遵守，这样社会生活才能进行。要是没有这些规则，社会生活就不能进行。《白虎通》的三纲六纪，把当时社会所有的人际关系都规定了。

第二，我们的文化还有一个提法，是我们的特点，就是“格、致、

“中国传统道德是中国传统文化当中最精华的内容。”(季羡林)

正、诚、修、齐、治、平”。意思就是格物、致知、正心、诚意、修身、齐家、治国、平天下八个步骤。先从自己开始格物，就是了解事物，了解以后致知，把规律找出来，正心、诚意就不用讲了，修身就是修自己，然后齐家，把家治好，然后再治国，治国以后是平天下。就是从个人内心一直到天下。那么，什么叫国，什么叫天下呢？在周代来讲，像齐国、燕国、郑国等国是国，天下则指整个周代的中国。现在像中国、日本叫国，天下就是世界。个人要从内心出发，正心、诚意，一直推到治国、平天下。这套系统的步骤，属于伦理道德范畴，也属于政治范畴，是其他任何国家所没有的。

第三，“礼义廉耻，国之四维”。就是说，礼义廉耻是国家的四个支柱。除了这个提法外，古人还提出了“孝悌忠信，礼义廉耻”等说法，意思都差不多。

上述三个方面是古代伦理道德最先最主要的内容。懂得了这三个方面的内容，大体就了解了中国伦理道德最基本的内容。我们的道德伦理又全面又有体系，其他的内容当然就多了，需要写一部中国伦理学史来阐述。

二

中国传统道德是中国传统文化当中最精华的内容，它在世界人类文明遗产中的特殊性非常之明显。为什么这么说呢？因为世界上任何国家，从古希腊一直到古印度，尽管每个国家都有自己的道德规范，每个民族都有自己的道德规范，可是内容这么全面、年代这么久远、涉及面这么广泛的道德规范，在全世界来看，中国是唯一的。现在中国周围这些国家，像日本、韩国、越南等，有一个名词叫汉文化圈，属于汉文化圈的国家基本上都受我国的影响。

我们一向讲中国是四大文明古国之一。现在我们的考古发现越多，就越证明我们的历史长久。比如“五四”时代连尧、舜、禹、汤的禹都有怀疑是不是确有其人，现在已经证明了有禹这个人。随着考古学的不断进步，我估计将来考古发现不但有夏、有禹，一定还会有更古的尧、舜，还要往上发展。总而言之，我的看法是考古发现越多，我们的历史越长。这是从形成的历史时间看。

那么从具体内容上看，我们民族的特点就更明显了。

比如“孝”这个概念，“三纲五常”里面都有。除了中国以外，全世界各国都没有这么具体。何以证之呢？可以看一看欧洲现在社会的情况跟我们作比较。当然现在青年人也不像以前那样愚忠愚孝，“割肉疗母”我们也不提倡，可是就拿眼前来讲，我们中国的青年人还比世界各国的要孝得多，虽然程度不如以前了。我是研究语言的，有件事情很有意思：把“孝”这个词翻译为英语，用一个词翻译不出来，得用两个词。什么原因呢？因为虽然不能说外国没有孝，但是孝并非作为一个很重要的概念，所以译过去就得用两个词。英文里面两个什么词呢？就是儿女的“虔诚”与“尊敬”，而在中文中光一个“孝”就够了。这就说明“孝”这个词有中国的特点。

我认为，中国伦理道德中有两点值得提倡，第一点是讲气节、骨气。一个人要有骨头，我们现在不是还讲解放军硬骨头六连吗？文章也讲风骨。骨头本来是讲一种生理的东西，用到人身上，就是指人要

章太炎

讲气节。孟子就讲富贵不能淫，贫贱不能移，威武不能屈，此之谓大丈夫。富贵我们也不怕，贫贱我们也不怕，威武我们也不怕，这在别的国家是没有的。就是说作为一个人，我有我的人格，顶天立地，不管你多大的官，多么有钱，你做得不对我照样不买你的账。例子很多。《三国演义》里有个祢衡敢骂曹操，不怕他能杀人。近代的章太炎，他就敢在袁世凯住进中南海称帝时，到中南海新华门前骂袁称帝。这种骨气别的国家也不提倡。“骨气”这个词也不好译，翻成英文也得用两个词：道德的“反抗的力量”，或者“不屈不挠的力量”，我们用一个“气节”、“骨气”，多么简洁明了。我们中国的小说中，随便看看，都有像祢衡这样的人。我们为什么崇拜包公？就是因为他威武不能屈。皇帝掌握生杀大权，但皇帝做错了包公照样不买账；达官显贵虽然有钱有势，包公也照样不买账。这种品行外国是不提倡的。

我常对年轻人讲，不仅在国内要有人格，不能一见钱就什么都不讲了，出国也要有国格，不能忘记自己是中国人，不能忘记国格。

第二点是爱国主义。世界上真正提倡爱国主义的是中国。比如苏武北海牧羊而气节不改的故事，连小孩都知道。写《满江红》的抗金英雄岳飞，他的爱国精神更是历代传诵，后人在杭州西湖边专给他盖了一座庙。又如文天祥，谁都知道他的名言“人生自古谁无死，留取丹心照汗青”，全国都有他的祠堂。近代、现代的爱国英雄也多得很，如抗日战争中的张自忠、佟麟阁，等等。

当然，我们讲爱国主义要分场合，例如抗日战争里，我们中国喊爱国主义是好词，因为我们是正义的，是被侵略、被压迫的。压迫别人、侵略别人、屠杀别人的“爱国主义”是假的，是军国主义、法西斯。所以我们讲爱国主义要讲两点：一是我们决不侵略别人，二是我们决不让别人侵略。这样爱国主义就与国际主义、与气节联系上了。

三

关于中国传统道德在世界文明史中的地位问题，我想最好先举例来说明。大家都知道《歌德谈话录》这本书，在 1827 年 1 月 30 日歌德与埃克曼的谈话录中，歌德说，我今天看了一本中国的书：《好逑传》。中国人了不起，在中国人眼中，人跟宇宙合二为一（这是我这几年宣传的人与大自然和谐），男女谈情说爱，相互彬彬有礼，那么和谐、和睦，这个境界我们西方没有。可以说，《好逑传》在中国文学史上最多与《今古奇观》处在一个水平上，甚至中国文学史也不会写它。可是传到欧洲，当时欧洲文化的第一代表人歌德却大加赞美。但他是有根据的。虽然我国这类才子佳人题材的小说有些理想化，像《西厢记》，但是在当时的西方文化泰斗看来，起码中国作者心中的境界是很高的。歌德指出的这一点不是很值得我们回味吗？

我认为，从世界文化的发展趋向看，中国文化包括中国道德的精华，在 21 世纪的将来，会在人类精神文明的发展中，发挥更重要的作用。这是我所期望的。

1987 年

关于人的素质的几点思考

我们当前所面临的形势

谈问题必须从实际出发，这几乎成为了一个常识。谈人的素质又何能例外？

在这方面，我们，甚至全世界，我们所面临的形势怎样呢？我觉得，法鼓人文社会学院的“通告”中说得简洁而又中肯：

> 识者每以今日的社会潜伏下列诸问题为忧：即功利气息弥漫，只知夺取而缺乏奉献和服务的精神；大家对社会关怀不够，环境日益恶化；一般人虽受相当教育，但缺乏判断是非善恶的能力；科技教育与人文教育未能整合，阻碍教育整体发展，且影响学生健全人格的养成。

这些话都切中时弊。

在这里，我想补充上几句。

我们眼前正处在20世纪的世纪末和千纪末中。“世纪”和“千纪”都是人为地创造出来的，但是，一旦创造出来，它似乎就对人类活动产生了影响，19世纪的世纪末可以为鉴。当前的这一个世纪末，也不例外。在政治、经济等方面所发生的巨大变化，有目共睹。我特别想指出环境保护等方面的令人触目惊心的情况，这些都与西方科学技术的发展密切相连。

1999 年，季羡林应邀赴台湾参加法鼓人文学院举办的“人文关怀与社会实践——人的素质”系列研讨会，并向圣严法师赠送欧阳中石题写的条幅。

西方自产业革命以后，科技飞速发展。生产力解放之后，远迈前古。结果给全体人类带来了极大的意想不到的福利。这一点是无论如何也否认不掉的。但是同时也带来了同样是想不到的弊端或者危害，比如空气污染、海河污染、生态平衡破坏、一些动植物灭种、环境污染、臭氧层出洞、人口爆炸、淡水资源匮乏、新疾病产生，如此等等，不一而足。这些灾害中任何一项如果避免不了，去除不掉，则人类生存前途就会受到威胁。所以，现在全世界有识之士以及一些政府，都大声疾呼，注意环保工作。这实在值得我们钦佩。

英国浪漫主义诗人雪莱（Shelley）以诗人的惊人敏感，在 19 世纪初叶，正当西方工业发展如火如荼地上升的时候，在他所著的于 1821 年出版的《诗辨》中，就预见到它能产生的恶果，他不幸而言中，他还为这种恶果开出了解救的药方：诗与想象力，再加上一个爱。这也实在值得我们佩服。

眼前的这一个世纪末，实在是人类历史上一个空前的大动荡大转轨的时代。在这样的时机中，我们平常所说的“代沟”空前地既深且广，老少两代人之间的隔阂十分严峻。有人把现在年轻的一代人称为

“新人类”，据说日本也有这一个词儿，这个词儿意味深长。

人的天性或本能

我们就处在这样的环境条件下来探讨人的天性的一些想法。

两千多年以来，中国哲学史上始终有一个争论不休的问题：性善与性恶。孟子主性善，荀子主性恶，这是众所周知的事实。两说各有拥护者和反对者，中立派就主张性无善无恶说。我个人的看法接近此说，但又不完全相同。如果让我摆脱骑墙派的立场，说出真心话的话，我赞成性恶说，然则根据何在呢?

由于行当不对头——我重点搞的是古代佛教历史、中亚古代语文、佛教史、中印和中外文化交流史等。我对生理学和心理学所知甚微。根据我多年的观察与思考，我觉得，造物主或天或大自然，一方面赋予人和一切生物（动植物都在内）以极强烈的生存欲，另一方面又赋予它们极强烈的发展扩张欲。一棵小草能在砖石重压之下，以惊人的毅力钻出头来，真令我惊叹不止。一尾鱼能产上百上千的卵，如果每一个卵都能长成鱼，则湖海有朝一日会被鱼填满。植物无灵，但有能，它想尽办法，让自己的种子传播出去。类似的例子，举不胜举。但是，与此同时，造物主又制造某些动植物的天敌，大鱼吃小鱼，小鱼吃虾米，猫吃老鼠，等等。总之是，一方面让你生存发展，一方面又遏止你生存发展，以此来保持物种平衡，人和动植物的平衡。这是造物主跟生物开玩笑。老子说：“天地不仁，以万物为刍狗。”意思与此极为相近。如此说来，荀子的性恶说能说没有根据吗？荀子说：“人之性恶，其善者伪也。”“伪”字在这里有“人为”的意思，不全是“假”。总之，这说法比孟子性善说更能说得过去。

道德问题

写到这里，我认为可以谈道德问题了。道德讲善恶，讲好坏，讲是非，等等。那么，什么是善，是好，是是呢？根据我上面的说法，我们可以说：自己生存，也让别的人或动植物生存，这就是善。只考虑自己生存不考虑别人生存，这就是恶。《三国演义》中说曹操有言：“只教我负天下人，不教天下人负我。”这是典型的恶。要一个人不为自己的生存考虑，是不可能的，是违反人性的。只要能做到既考虑自己也考虑别人，这一个人就算及格了，考虑别人的百分比愈高，则这个人的道德水平也就愈高。百分之百考虑别人，所谓“毫不利已，专门利人”，是做不到的，那极少数为国家、为别人牺牲自己性命的，用一位哲学家的现成的话来说是出于“正义行动”。

只有人类这个“万物之灵”才能做到既为自己考虑，也能考虑到别人的利益。一切动植物是绝对做不到的，它们根本没有思维能力。它们没有自律，只有他律，而这他律就来自大自然或者造物主。人类能够自律，但也必须辅之以他律。康德所谓“消极义务”，多来自他律。他讲的“积极义务”，则多来自自律。他律的内容很多，比如社会舆论、道德教条等等都是。而最明显的则是公安局、检察机构、法院。

写到这里，我想把话题扯远一点，才能把我想说的问题说明白。

人生于世，必须处理好三个关系：一、人与大自然的关系，那也

2000年，季羡林会见台湾学者马树理。

称之为“天人关系”；二、人与人的关系，也就是社会关系；三、人自己的关系，也就是个人思想感情矛盾与平衡的问题。这三个关系处理好，人就幸福愉快；否则就痛苦。在处理第一个关系时，也就是天人关系时，东西方，至少在指导思想方向上截然不同。西方主“征服自然”（to conquer the nature），《天演论》的“物竞天择，适者生存”即由此而出。但是天或大自然是能够报复的，能够惩罚的。你“征服”得过了头，它就报复。比如砍伐森林，砍光了森林，气候就受影响，洪水就泛滥。世界各地都有例可证。今年大陆的水灾，根本原因也在这里。这只是一个小例子，其余可依此类推。学术大师钱穆先生一生最后一篇文章《中国文化对人类未来可有的贡献》，讲的就是“天人合一”的问题，我冒昧地在钱老文章的基础上写了两篇补充的文章，我复印了几份，呈献给大家，以求得教正。“天人合一”是中国哲学史上一个重要命题，解释纷纭，莫衷一是。钱老说：“我曾说‘天人合一’论，是中国文化对人类最大的贡献。”我的补充明确地说，“天人合一”就是人与大自然要合一，要和平共处，不要讲征服与被征服。西方近二百年以来，对大自然征服不已，西方人以“天之骄子”自居，骄横不可一世，结果就产生了我在上文第一章里补充的那一些弊端或灾害。钱宾四先生文章中讲的“天”似乎重点是“天命”，我的“新解”，“天”指的是大自然。这种人与大自然要和谐相处的思想，不仅仅是中国思想的特征，也是东方各国思想的特征。这是东西文化思想分道扬镳的地方。在中国，表现这种思想最明确的无过于宋代大儒张载，他在《西铭》中说：“民，吾同胞；物，吾与也。”“物”指的是天地万物。佛教思想中也有“天人合一”的因素。韩国吴亨根教授曾明确地指出这一点来。佛教基本教规之一的“五戒”中就有戒杀生一条，同中国“物与”思想一脉相通。

修养与实践问题

我体会，圣严法师之所以不惜人力和物力召开这样一个规模宏大的会议，大陆暨香港地区，以及台湾的许多著名的学者专家之所以不远千里来此集会，决不会是让我们坐而论道的。道不能不论，一不论则意见不一致，指导不明确，因此不论是不行的。但是，如果只限于论，则空谈无补于实际，没有多大意义。况且，圣严法师为法鼓人文社会学院明定宗旨是“提升人的品质，建设人间净土。”这次会议的宗旨恐怕也是如此。所以，我们在议论之际，也必须想出一些具体的办法。这样会议才能算是成功的。

我在本文第一章中已经讲到过，我们中国和全世界所面临的形势是十分严峻的。钱穆先生也说：

> 近百年来，世界人类文化所宗，可说全在欧洲。最近五十年，欧洲文化近于衰落，此下不能再为世界人类文化向往之宗主。所以可说，最近乃人类文化之衰落期。此下世界文化又将何所向往？这是今天我们人类最值得重视的现实问题。

可谓慨乎言之矣。

我就在面临这样严峻的情况下提出了修养和实践问题的，也可以称之为思想与行动的关系，二者并不完全一样。

所谓修养，主要是指思想问题、认识问题、自律问题，他律有时候也是难以避免的。在大陆上，帮助别人认识问题，叫做“做思想工作”。一个人遇到疑难，主要靠自己来解决，首先在思想上解决了，然后才能见诸行动，别人的点醒有时候也起作用。佛教禅宗主张“顿悟”。觉悟当然主要靠自己，但是别人的帮助有时也起作用。禅师的一声断喝，一记猛掌，一句狗屎橛，也能起振聋发聩的作用。宋代理学家有一个克制私欲的办法。清尹铭绶《学见举隅》中引朱子的话说：

> 前辈有欲澄治思虑者，于坐处置两器。每起一善念，则投白豆一粒于器中；每起一恶念，则投黑豆一粒于器中。初时黑豆多，白豆少，后来随不复有黑豆，最后则虽白豆亦无之矣。然此只是个死

法，若更加以读书穷理底工夫，则去那般不正当底思虑，何难之有？

这个方法实际上是受了佛经的影响。《贤愚经》卷十三，（六七）优波毱提品第六十讲到一个“系念”的办法：

以白黑石子，用当筹算。善念下白，恶念下黑。优波毱提奉受其教，善恶之念，辄投石子。初黑偏多，白者甚少。渐渐修习，白黑正等。系念不止，更无黑石，纯有白者。善念已盛，逮得初果。（《大正新修大藏经》，第四卷，第442页下）

这与朱子说法几乎完全一样，区别只在豆与石耳。

这个做法究竟有多大用处？我们且不去谈。两个地方都讲善念、恶念。什么叫善？什么叫恶？中印两国的理解恐怕很不一样。中国的宋儒不外孔孟那些教导，印度则是佛教教义。我自己对善恶的看法，上面已经谈过。要系念，我认为，不外是放纵本性与遏制本性的斗争而已。为什么要遏制本性？目的是既让自己活，也让别人活。因为如果不这样做的话，则社会必然乱了套，就像现代大城市里必然有红绿灯一样，车往马来，必然要有法律和伦理教条。宇宙间，任何东西，包括人与动植物，都不允许有“绝对自由”。为了宇宙正常运转，为了人类社会正常活动，不得不尔也。对动植物来讲，它们不会思考，不能自律，只能他律。人为万物之灵，是能思考、能明辨是非的动物，能自律，但也必济之以他律。朱子说，这个系念的办法是个“死法”，光靠它是不行的，还必须读书穷理，才能去掉那些不正当的思虑。读书当然是有益的，但却不能只限于孔孟之书；穷理也是好的，但标准不能只限于孔孟之道。特别是在今天，在一个新世纪即将来临之际，眼光更要放远。

眼光怎样放远呢？首先要看到当前西方科技所造成的弊端，人类生存前途已处在危机中。世人昏昏，我必昭昭。我们必须力矫西方“征服自然”之弊。大力宣扬东方“天人合一”的思想，年轻人更应如此。

季羡林访问台湾时，与北大东方学系校友会台湾分会校友合影。

以上主要讲的是修养。光修养还是很不够的，还必须实践，也就是行动，最好能有一个信仰，宗教也好，什么主义也好；但必须虔诚、真挚，这里存不得半点虚假成分。我们不妨先从康德的“消极义务”做起：不污染环境、不污染空气、不污染河湖、不胡乱杀生、不破坏生态平衡、不砍伐森林，还有很多“不”。这些“消极义务”能产生积极影响。这样一来，个人的修养与实践、他人的教导与劝说，再加上公、检、法的制约。本文第一章所讲的那一些弊害庶几可以避免或减少，圣严法师所提出的希望庶几能够实现，我们同处于“人间净土”中。“挽狂澜于既倒”，事在人为。

1999 年 3 月 29 日

[编者附记]

本文是 1999 年春季羡林在台湾法鼓人文社会学院举办的“人文关怀与社会实践——人的素质”研讨会上的演讲。

漫谈伦理道德

现在，以德治国的口号已经响彻祖国大地。大家都认为，这个口号提得正确，提得及时，提得响亮，提得明白。但是，什么叫“德”呢？根据我的观察，笼统言之，大家都理解得差不多。如果仔细一追究，则恐怕是言人人殊了。

我不揣浅陋，想对“德”字进一新解。

但是，我既不是伦理学家，对哲学家们那些冗见别扭的分析阐释又不感兴趣，我只能用自己惯常用的野狐参禅的方法来谈这个问题。既称野狐，必有其不足之处；但同时也必有其优越之处，他没有教条，不见框框，宛如天马行空，驰骋自如，兴之所至，灵气自生，谈言微中，搔着痒处，恐亦难免。坊间伦理学书籍为数必多，我一不购买，二不借阅，唯恐读了以后“污染”了自己观点。

近若干年以来，我一直在考虑一个问题。人生一世，必须处理好三个关系：第一，人与大自然的关系，也就是天人关系；第二，人与人的关系，也就是社会关系；第三，个人身、口、意中正确与错误的关系，也就是修身问题。这三个关系紧密联系，互为因果，缺一不可。这些说法也许有人认为太空洞，太玄妙。我看有必要分别加以具体的说明。

首先谈人与大自然的关系。在人类成为人类之前，他们是大自然的一个不可或缺的组成部分。等到成为人类之后，就同自然闹起独立性来，把自己放在自然的对立面上。尤有甚者，特别是在西方，自从产业革命以后，通过所谓发明创造，从大自然中得到了一些甜头，于是遂诛求无餍，最终提出了“征服自然”的口号。他们忘记了一个基本事实：人类的衣、食、住、行的所有资料都必须取给于大自然。大自然不会说话，“天何言哉!”但是却能报复。恩格斯说过：

> 我们不能过分陶醉于我们对自然界的胜利．对于每一次这样的胜利，自然界都报复了我们。

在一百多年以前，大自然的报复还不十分明显．恩格斯竟能说出这样准确无误又含意深远的话，真不愧是马克思主义伟大的奠基人之一！到了今天，大自然的报复已经十分明显，十分怵目惊心，举凡臭氧出洞，温室效应，全球变暖，淡水短缺。生态失衡，物种灭绝，人口爆炸，资源匮乏，新疾病产生，环境污染，如此等等，不胜枚举。其中哪一项如果得不到控制，都能影响人类的生存前途。到了这样危急关头，世界上一些有识之士才憬然醒悟，开了一些会，采取了一些措施。世界上一些国家的领导人也知道要注意环保问题了。这都是好事；但是，根据我个人的看法，还都是不够的。我们必须努力发出狮子吼，对全世界发聋振聩。

其次，我想谈一谈人与人的关系。自从人成为人以后，就逐渐形成了一些群体，也就是我们现在称之为社会的组织。这些群体形形色色，组织形式不同，组织原则也不同。但其为群体则一也。人与人之间，有时候利益一致，有时候也难免产生矛盾。举一个极其简单的例子，比如讲民主，讲自由，都不能说是坏东西，但又都必须加以限制。就拿大城市交通来说吧，绝对的自由是行不通的，必须有红绿灯，这就是限制。如果没有这个限制，大城市一天也存在不下去。这里撞车，那里撞人，弄得人人自危，不敢出门，社会活动会完全停止，这还能算是一个社会吗？这只是一个小例子，类似的大小例子还能举出一大堆来。因此，我们必须强调要处理好社会关系。

最后，我要谈一谈个人修身问题。一个人，对大自然来讲，是它的对立面；对社会来讲，是它的最基本的组成部分，是它的细胞。因

“处理好天人关系在道德范畴内居首要地位。”（季羡林）

此，在宇宙间，在社会上，一个人所处的地位是十分关键的。一个人的思想、语言和行动方向的正确或错误是有重要意义的。一个人进行修身的重要性也就昭然可见了。

写到这里，也许有人要问：你不是谈伦理道德问题吗，怎么跑野马跑到正确处理三个关系上去了？我敬谨答曰：我谈正确处理三个关系，正是谈伦理道德问题。因为，三个关系处理得好，人类才能顺利发展，社会才能阔步前进，个人生活才能快乐幸福。这是最高的道德，其余那些无数的繁琐的道德教条都是从属于这个最高道德标准的。这个道理，即使是粗粗一想，也是不难明白的。如果这三个关系处理不好，就要根据“不好”的程度而定为道德上有缺乏、不道德或“缺德”，严重的“不好”，就是犯罪。这个道理也是容易理解的。

全世界都承认，中国是伦理道德的理论和实践最发达的国家。中国伦理道德的基础是先秦时期的儒家打下的，在其后发展的过程中，又掺杂进来了一些道家思想和佛家思想，终于形成了现在这样一个伦理体系，仍在支配着我们的社会行动。这个体系貌似清楚，实则是一个颇为模糊的体系。三教信条你中有我，我中有你，决不是泾渭分明的。但仍以儒家为主，则是可以肯定的。

儒家的伦理体系在先秦初打基础时可以孔子和孟子为代表。孔子的学说的中心，也可以说是伦理思想的中心，是一个“仁”字。这个说法已为学术界比较普遍地接受。孟子学说的中心，也可以说伦理思想的中心，是“仁”、“义”二字。对此，学术界没有异词。先秦其他儒家的学说，我们不一一论列了。至于先秦以后几千年儒家学者伦理道德的思想，我在这里也不一一论列了。一言以蔽之，他们基本上沿用孔孟的学说，间或有所增益或有新的解释，这是事物发展的必然规律，不足为怪。不这样，反而会是不可思议的。

多少年来，我个人就有个想法，我觉得，儒家伦理道德学说的重点不在理论而在实践。先秦儒家已经安排好了的：格物、致知、诚意、正心、修身、齐家、治国、平天下，是大家所熟悉的。这样的安排极有层次，煞费苦心，然而一点理论的色彩都没有。也许有人会说，人家在这里本来就不想讲理论而只想讲实践的。我们即使承认这一句话是对的，但是，什么是“仁”，什么是“义”？这在理论上总应该有点交代吧，然而，提到“仁”、“义”的地方虽多，也只能说是模糊语言，读者或听者并不能得到一点清晰的概念。

秦代以后，到了唐代，以儒家道统传承人自命的大儒韩愈，对伦理道德的理论问题也并没有说清楚。他那一篇著名的文章《原道》一开头就说：

> 博爱之谓仁，行而宜之之谓义，由是而之焉之谓道，足乎己勿待于外之谓德。

句子读起来铿锵有力，然而他想说什么呢？他只有对“仁”字下了一个“博爱”的定义，而这个定义也是极不深刻的。此外几乎全是空话。“行而宜之”的“宜”意思是“适宜”，什么是“适宜”呢？这等于没有说。“由是而之焉”的“之”字，意思是“走”。“道”是人走的道路，这又等于白说。至于“德”字，解释又是根据汉儒那一套“德者得也”，说了仍然是让人莫名其妙。至于其他朝代的其他儒家学者，对仁义道德的解释更是五花八门，莫衷一是。我不是伦理学者，现在也不是在写中国伦理学史，恕我不再一一列举了。

我在上面极其概括地讲了从先秦一直到韩愈儒家关于仁义道德的看法。现在，我忽然想到，我必须做一点必要的补充。我既然认为，处理好天人关系在道德范畴内居首要地位，我必须探讨一下，中国古代对于这个问题是怎样看的，换句话说，我必须探讨一下先秦时代一些有代表性的哲学家对天、地、自然等概念是怎样界定的。

首先谈“天”，一些中国哲学史认为，在春秋末期哲学家们争论的主要问题之一是，“天”是不是有人格有意志的神？这些哲学家大体上可以分为两个阵营：一个阵营主张不是，他们认为天是物质性的东西，就是我们头顶的天。这可以老子为代表。汉代《说文解字》的“天，颠也，至高无上”，可以归入此类。一个阵营的主张是，他们认为天就是上帝，能决定人类的命运，决定个人的命运。这可以孔子为代表。有一些中国哲学史袭用从前苏联贩卖过来的办法，先给每一个哲学家贴上一张标签，不是唯心主义，就是唯物主义，把极端复杂的思想问题简单化了。这种做法为我所不取。

老子《道德经》中在几个地方都提到天、地、自然等等。他说：

> 人法地，地法天，天法道，道法自然。（二十五章）

在这一段话里老子哲学的几个重要概念都出现了。他首先提出“道”这个概念，在他以后的中国哲学史上起着重要的作用。这里的“天”显然不是有意志的上帝。而是与“地”相对的物质性的东西。这里的“自然”是最高原则。老子主张“无为”，“自然”不就是“无为”吗？他又说：

> 天地不仁，以万物为刍狗。（五章）

明确说天地是没有意志的。他又说：

> 道之尊，德之贵，夫莫之命而常自然。（五十一章）

道德不发号施令，而是让万物自由自在地成长。总而言之，老子认为天不是神，而是物质的东西。

几乎可以说是，与老子形成对立面的是孔子。在《论语》中有许多讲到“天”的地方。孔子虽然说“子不语怪力乱神”；但是，在他的心目中是有神的，只不过是“敬鬼神而远之”而已。“天”在孔子看来也是有人格有意志的神。孔子关于“天”的话我引几条：

> 天何言哉！四时行焉，百物生焉，天何言哉！
>
> 天之将丧斯文也，后死者不得与于斯文也；天之未丧斯文也，匡人其如予何！
>
> 天生德于予，桓魋其如予何！

等等。孔子还提倡“天命”，也就是天的意志，天的命令。自命为孔子继承人的孟子，对“天”的看法同孔子差不多。那一段常被征引的话：

> 天之将降大任于斯人也，必先苦其心志，劳其筋骨，饿其体肤，空乏其身，行拂乱其所为。所以动心忍性，曾(增)其所不能。

在这里，“天”也是一个有意志的主宰者。

也被认为是儒家的荀子，对“天”的看法却与老子接近，而与孔孟迥异其趣。他不承认天是有人格有意志的最高主宰者。有的哲学史家说，荀子直接把“天”解释为自然界。我个人认为，这是非常重要也非常正确的解释。荀子主要是在《天论》中对“天”做了许多唯物的解释，我不去抄录。我想特别提出“天养”说：“财非其类以养其类，夫是之谓天养。”意思是说人类利用大自然养活自己。这也是很重要的思想。多少年前我曾写过一篇论文《“天人合一”新解》，我当时没有注意到荀子对“天”的解释，所以自命为“新解”，其实并不新了。荀子已先我二千多年言之矣。我的贡献在于结合当前世界的情况，把“天人合一”归入道德最高标准而已。这一点我在上面讲天人关系一节中已经讲到，请读者参阅。

我在上面只讲了老子、孔子、孟子和荀子。其他诸子对“天”的看法也是五花八门的。因为同我要谈的问题无关，我不一一论列。我只讲一下墨子，他认为“天”是有意志的。这同儒家的孔孟差不多。

我的补充解释就到此为止。

尽管荀子对“天”的认识已经达到了很高的水平，但是支配中国思想界的儒家仍然是保守的。我想再回头分析一下上面已经提到过的格、致等八个层次。前五项都与修身有关，后三项则讲的是社会关系，没有一项是天人关系的。这是什么原因呢？根据我个人肤浅的看法，先秦儒家，大概同一般老百姓一样，觉得天离开人们远，也有点恍兮惚兮，不容易捉摸，而人际关系则是摆在眼前的，时时处处都会碰上，不注意解决是不行的。我们汉族是一个偏重实际的民族，所以就把注意力大部分用在解决社会关系和个人修身上面了。

几千年来，在中国的封建社会中，有很多形成系列的道德教条，什么仁、义、礼、智、信，什么孝、悌、忠、信、廉、耻，如此等等，不一而足。每一个人在社会中的地位也排列得井井有条，比如五伦之类。亲属间的称呼也有条不紊，什么姑夫、舅父、表姑、表舅等等，世界上哪一种语言也翻译不出来，甚至在当前的中国，除了年纪大的一些人以外，年轻人自己也说不明白了。《白虎通》的三纲、六纪，陈寅恪先生认为是中国文化的精义之所寄，可见中国这一些处理社会关系的准则在他心目中的重要地位了。

上面讲的是社会关系和个人修身问题。至于天人关系，除了先秦诸子所讲的以外，中国历代还有一种说法，就是所谓“天子”，说皇帝是上天的儿子。这种说法对皇帝和臣民都有好处。皇帝以此来吓唬老百姓，巩固自己的地位。臣下也可以适当地利用它来给皇帝一点制约，比如利用日食、月食、彗星出现等等“天变”来向皇帝进谏，要他注意修德，要他注意自己的行动，这对人民多少有点好处。

把以上所讲的归纳起来看，本文中所讲三个关系，第二个关系社会关系和第三个个人修身问题，人们早已注意到了，而且一贯加以重视了。至于天人关系，虽也已注意到，但只是片面讲，其间的关系则多所忽略，特别是对大自然能够报复则认识比较晚，这情况中西皆然。只是到了西方产业革命以后，西方科技发展迅猛，人们忘乎所以，过分相信“人定胜天”的力量，以致受到了自然的报复，才出现了恩格斯所说的那种情况。到了今天，世界上一些有识之士，其中包括一些国家领导人，如梦初醒，惊呼“环保”不止。然而，从世界范围来看，并不是每个人都清醒够了。污染大气，破坏生态平衡的举动仍然到处可见。我个人的看法是不容乐观。因此我才把处理好天人关系提高到伦理道德的高标准来加以评断。

从一部人类发展前进的历史来看，三个关系的各自的对立面并不是固定不变的，而是变动不居的。因此制约这些关系的伦理道德教条也不可能一成不变。各个时代，各个民族，各个国家，情况不一，要求不一，道德标准也不可能统一。因此，我们必须提出，对过去的道德标准一定要批判继承，过去适用的，今天未必适用。今天适用的，将来未必适用。在道德教条中有的寿命长，有的寿命短。有的可能适用于全人类，有的只能适用于某一些地区。适用于一切时代，一切地区，万古长青的道德教条恐怕是绝无仅有的。

文章已经写得很长，必须结束了。我再着重说明一下，我不是伦理学家，没有研究过伦理学史。我只是习惯于胡思乱想。我常感觉到，中国以及世界上道德教条多如牛毛，如粒粒珍珠，熠熠闪光。可是都有点各自为政，不相贯联。我现在不揣冒昧提出了一条贯串众珠的线，把这些珠子穿了起来。是否恰当？自己不敢说。请方家不吝教正。

2001年5月25日

在“庆祝季羡林先生九十一华诞暨人文教育主题茶话会”上的讲话

2002年8月12日，季羡林在家中过91岁生日。

在西方，学者、诗人或画家一般只强调其艺术成就，而在中国一个人的成就是和道德相联系的，同伦理密不可分。一个人的伦理道德修养和人文素质教育密切相关。建设有中国特色社会主义必须加强人文素质教育，将来的科学的分析法和东方的综合法相结合，科学将开辟新路。历史的发展已经证明自然科学与伦理道德密不可分，将来更会证明艺术与人文素质关系更加密切。

2002年10月12日

中国文化的内涵

我曾经把文化分为两类：狭义的文化和广义的文化。狭义指的是哲学、宗教、文学、艺术、政治、经济、伦理、道德，等等。广义指的是包括精神文明和物质文明所创造的一切东西，连汽车、飞机等等当然都包括在内。

周一良先生曾把文化分为三个层次：狭义的、广义的、深义的。前二者用不着再细加讨论，对于第三者，深义的文化，周先生有自己的看法。他说："在狭义文化的某几个不同领域，或者在狭义和广义文化的某些互不相干的领域中，进一步综合、概括、集中、提炼、抽象、升华，得出一种较普遍地存在于这许多领域中的共同东西。这种东西可以称为深义的文化，亦即一个民族文化中最为本质或最具有特征的东西。"(《中日文化关系史论》第 18 页）他举日本文化为例，他认为日本深义的文化的特质是"苦涩"、"闲寂"。具体表现是简单、质朴、纤细、含蓄、古雅、引而不发、不事雕饰等。周先生的论述和观察，是很有启发性的。我觉得，他列举的这一些现象基本上都属于民族心理状态或者心理素质，以及生活情趣的范畴。

把这个观察应用到中华民族文化上，会得到什么结果呢？我不想从民族心态上来探索，我想换一个角度，同样也能显示出中华文化的深层结构或者内涵。

在这个问题上，寅恪先生实际上已先我著鞭。在《王观堂先生挽词·序》中，寅恪先生写道：

> 吾中国文化之定义，具于《白虎通》三纲六纪之说，其意义为抽象理想最高之境。犹希腊柏拉图所谓 Idea 者。

我觉得，这是非常精辟的见解。在下面谈一下我自己的一些想法。

中国哲学同外国哲学不同之处极多，其中最主要的差别之一就是，中国哲学喜欢谈论知行问题。我想按照知和行两个范畴，把中国文化分为两部分：一部分是认识、理解、欣赏等等，这属于知的范畴；一部分是纲纪伦常、社会道德等等，这属于行的范畴。这两部分合起来，形成了中国文化。在这两部分的后面存在着一个最为本质，最具有特征的、深义的中华文化。

寅恪先生论中国思想史时指出：

> 南北朝时，即有儒释道三教之目。（中略）故自晋至今，言中国之思想，可以儒释道三教代表之。此虽通俗之谈，然稽之旧史之事实，验以今世之人情，则三教之说，要为不易之论。（中略）故二千年来华夏民族所受儒家学说之影响，最深最巨者，实在制度法律公私生活之方面，而关于学说思想之方面，或转有不如佛道二教者。（《金明馆丛稿二编·冯友兰中国哲学史下册审查报告》第250～251页）

事实正是这个样子。对中国思想史仔细分析，衡之以我上面所说的中国文化二分说，则不难发现，在行的方面产生影响的主要是儒家，而在知的方面起决定作用的则是佛道二家。潜存于这二者背后那一个最具中国特色的深义文化是三纲六纪等伦理道德方面的东西。

专就佛教而言，它的学说与实践也有知行两个方面。原始佛教最根本的教义，如无常、无我、苦，以及十二因缘等等，都属于知的方面。八正道、四圣谛等，则介于知行之间，其中既有知的因素，也有行的成分。与知密切联系的行，比如修行、膜拜，以及涅槃、跳出轮回，则完全没有伦理的色彩。传到中国以后，它那种无父无君的主张，与中国的三纲六纪等等，完全是对立的东西。在与中国文化的剧烈冲

“中国文化的特性最明显地表现在或者可以称为深义的文化上，这就是它的伦理色彩，它所张扬的三纲六纪，以及解决人与人之间的关系的精神。”（季羡林）

击中，佛教如果不能适应现实情况，必然不能在中国立定脚跟，于是佛教只能做出某一些伪装，以求得生存。早期佛典中有些地方特别强调“孝”字，就是歪曲原文含义以适应中国具有浓厚纲纪色彩文化的要求。由此也可见中国深义文化力量之大、之不可抗御了。

这一点，中国不少学者是感觉到了的。我只举几个例子。这些例子全出于《论中国传统文化》，中国文化书院讲演录第一集。

梁漱溟先生说：

> 中国人把文化的重点放在人伦关系上，解决人与人之间怎样相处。（第137页）

冯友兰先生说：

> 基督教文化重的是天，讲的是“天学”；佛教讲的大部分是人死后的事，如地狱、轮回等，这是“鬼学”，讲的是鬼；中国的文化讲的是“人学”，注重的是人。（第140页）

庞朴先生说：

> 假如说希腊人注意人与物的关系，中东地区则注意人与神的关系，而中国是注意人与人的关系，我们的文化的特点是更多地考虑社会问题，非常重视现实的人生。（第75页）

这些意见都是非常正确的。事实上，孔子就是这种意见的代表者。“子不语怪、力、乱、神”就是证明。他自己还说过：“未知生，焉知死。”

国外一些眼光敏锐的思想家也早已看到了这一点，比如德国最伟大的诗人歌德，就是其中之一。1827年1月29日同爱克曼谈“中国的传奇”时，他说：

> 中国人在思想、行为和情感方面几乎和我们一样。使我们很快就感到他们是我们的同类人，只是在他们那里一切都比我们这里更明朗，更纯洁，也更合乎道德。（中略）还有许多典故都涉及道德和礼仪。正是这种在一切方面保持严格的节制，使得中国维持到几千年之久，而且还会长存下去。（朱光潜译《歌德谈话录》，第112页）

连在审美心理方面，中国人、中国思想、中国文化都有其特点。日本学者岩山三郎说：

> 西方人看重关，中国人看重品。西方人喜欢玫瑰，因为它看起来美，中国人喜欢兰竹，并不是因为它们看起来美，而是因为它们有品。它们是人格的象征，是某种精神的表现。这种看重品的美学思想，是中国精神价值的表现，这样的精神价值是高贵的。（引自蒋孔阳《中国古代美学思想与西方美学思想的比较》）

我在上面的论述，主要想说明一点：中国文化同世界其他国家的文化，既然同为文化，必然有其共性。我在这里想强调的却是它的特性。我认为，中国文化的特性最明显地表现在或者可以称为深义的文化上，这就是它的伦理色彩，它所张扬的三纲六纪，以及解决人与人之间的关系的精神。

外来文化与本土文化

寅恪先生虽然强调中国本位文化，但是他非但不是文化排外主义者，而且是承认中国吸收外来文化这件历史事实的，并且在这方面做了大量的探讨发展的工作，论证了吸收外来文化的必要性。他说：

> 窃疑中国自今日以后，即使能忠实输入北美或东欧之思想，其结局当亦等于玄奘唯识之学，在吾国思想史上，既不能居最高之地位，且亦终归于歇绝者。其真能于思想上自成系统，有所创获者，必须一方面吸收输入外来之学说，一方面不忘本来民族之地位。此二种相反而适相成之态度，乃道教之真精神，新儒家之旧途径，而二千年吾民族与他民族思想接触史之所昭示者也。（《金明馆丛稿二编·冯友兰中国哲学史下册审查报告》第 252 页）

这一段话里包含着十分深刻的思想。对外来文化，盲目输入，机械吸收，必然会等于玄奘唯识之学。只有使吸收外来文化与保存本土文化相辅相成，把外来文化加以“变易”，它才能成为本土文化的一部分，而立定脚跟。

吸收的过程十分曲折又复杂。两种文化要经过互相撞击、互相较量、互相适应、互相融会等等阶段，最后才能谈到吸收。在这个很长的过程中，外来文化必须撞掉与本土文化水火不相容的那一部分，然后才能被接纳。佛教传入中国以后，提供了大量的这样的例子。生动而又具体。正是寅恪先生，在这方面做了大量的探索研究工作，写过大量的论文，有兴趣者可以自己去读他的原作，我在这里不可能一列举。

但是，我仍然想举两个简单的例子。第一个是关于“道”字的译法问题。唐代初年，印度方面想得到老子《道德经》的梵文译本，唐太宗把翻译的任务交给了玄奘。玄奘把至关重要的“道”字译为梵文 marga（末伽）。但是那一群同玄奘共同工作的道士却大加反对，认为应该用佛教术语“菩提”来译。这个例子颇为有趣。中国和尚主张直译道家哲学中最重要的术语“道”字，而中国道士反而偏要用佛教术语。在这之前，晋代的慧远《大乘义章》中已经谈到这个问题：

> 释言：外国说“道”名多，亦名“菩提”，亦日“末伽”。如四谛中，所有道谛，名“末伽”矣。此方名少，是故翻之，悉名为道。与彼外国“涅槃”、“毗尼”悉名“灭”，其义相似。

谈到这里，寅恪先生说道：

> 盖佛教初入中国，名词翻译，不得不依托较为近似之老庄，以期易解。后知其意义不切当，而教义学说，亦渐普及，乃专用对音之“菩提”，而舍置义译之“道”。（请参阅《大乘义章书后》，见《金明馆丛稿二编》第 163 页）

第二个例子是《莲花色尼出家因缘》。里面有所谓七种咒誓恶报，但仅载六种。经寅恪先生仔细研究，第七种实为母女共嫁一夫，而其夫即其所生之子，真相暴露后，羞愧出家。寅恪先生说道：

> 盖佛藏中学说之类是者，纵为笃信之教徒，以经神州传统道德所熏习之故，亦复不能奉受。特以其为圣典之文，不敢冒言诋斥。唯有隐秘闭藏，禁绝其流布而已。《莲花色尼出家因缘》中聚麀恶报不载于敦煌写本者，即由于此。（参阅《莲花色尼出家因缘跋》，见《寒柳堂集》第 155 页）

1997年6月，季羡林参加香港国际敦煌学术讨论会，与台湾学者林聪明等合影。

例子就举这两个。

第二个例子实际上又牵涉到我在上面谈过的文化分为知和行两部分的问题。我在这里想引申一下，谈一谈从文化交流的角度上看印度文化的这两部分到了中国以后所处的地位。我们从印度吸收了不少的东西（当然，中国文化也传入了印度，因为同我现在要讨论的问题无关，暂且置而不论）。仔细分析一下，印度文化知与行的部分，在中国有不同遭遇。知的部分，即认识宇宙、人生和社会的理论部分，我们是尽量地吸收，稍加改易，促成了新儒学的产生。中国道家也从佛教理论中吸收了不少东西。但是，在行的方面，我们则尽量改易；在中国的印度和中国佛教徒也竭力改变或掩盖那些与中国传统伦理道德相违反的东西，比如佛教本来是宣传无父无君的，这一点同中国文化正相冲突，不加以改变，则佛教就将难以存在下去。这一点我在上面已经谈到过，但是重点与此处不同。那里讲的是中国深义文化的伦理道德色彩，这里讲的是对印度文化知与行两部分区别对待问题。

文化与气节

我在上面讲了中国文化的伦理道德的特点，以及由这个特点所决定的吸收印度文化的态度。现在我想谈一谈与此基本相同而又稍有区别的一个问题：文化与气节。

气节也属于伦理道德范畴。但是在世界各国伦理道德的学说和实践中，没有哪一个国家像中国这样强调气节。在中国古代典籍中，讲气节的地方不胜枚举。《孟子·滕文公下》也许是最具有典型意义的：

> 富贵不能淫，贫贱不能移，威武不能屈，此之谓大丈夫。

这样的“大丈夫”是历代中国人民的理想人物，受到广泛的崇拜。

中国历来评骘人物，总是道德文章并提。道德中就包含着气节，也许是其中最重要的成分。中国历史上有一些大学者、大书法家、大画家等等，在学问和艺术造诣方面无疑都是第一流的，但是，只因在气节方面有亏，连他们的学问和艺术都不值钱了，宋朝的蔡京和赵孟坚，明朝的董其昌和阮大铖等等是典型的例子。在外国，评骘人物，气节几乎一点作用都不起，审美观念中西也有差别，这一点我在上面已经讲过。“岁寒然后知松柏之后凋也”，这样的伦理道德境界，西方人是难以理解的。

寅恪先生是非常重视气节的，他给予气节新的解释，赋予它新的涵义。对于王静安先生之死，他在《清华大学王观堂先生纪念碑铭》中写道：

士之读书治学，盖将以脱心志于俗谛之桎梏，真理因得以发扬。思想而不自由，毋宁死耳。斯古今仁圣所同殉之精义，夫岂庸鄙之敢望。先生以一死见其独立自由之意志，非所论于一人之恩怨，一姓之兴亡。

清华大学王静安（王国维）先生纪念碑

写到这里。已经牵涉到爱国主义问题。

1990 年

中国的民族性

我一向认为，世界上不同的民族都有不同的民族性。那么，我们中华民族怎样呢？我们中华民族当然不能例外。

中华民族是一个伟大的民族，勤劳、勇敢、智慧，对人类做出了巨大的贡献。这是谁也否认不掉的。我自以生为中国人为荣，生为中国人自傲。如果真正有轮回转生的话，我愿生生世世为中国人。

但是—— 一个很大的“但是”，环视我们四周，当前的社会风气，不能说都是尽如人意的。有的人争名于朝，争利于市，急功近利，浮躁不安，只问目的，不择手段。大抢大劫，时有发生；小偷小摸，所在皆是。即以宴会一项而论，政府三令五申，禁止浪费；但是令不行，禁不止，哪一个宴会不浪费呢？贿赂虽不能说公行，但变相的花样却繁多隐秘。我很少出门上街；但是，只要出去一次，必然会遇到吵架斗殴的。在公共汽车上，谁碰谁一下，谁踩谁一脚，这是难以避免的事，只需说上一句“对不起”，就可以化干戈为玉帛；然而，“对不起”、“谢谢”这样的词儿，我们大多数人都不会说了，必须在报纸上大力提倡。所有这一切，同我国轰轰烈烈、红红火火的伟大建设工作，都十分矛盾，十分不协调。同我们伟大民族的光荣历史，更是非常不相称。难道说我们这个伟大民族“撞”着什么“客”了吗？

鲁迅先生是最热爱中华民族的，他毕生用他那一支不值几文钱的“金不换”剖析中国的民族性，鞭辟入里，切中肯綮，对自己也决不放过。当你被他刺中要害时，在出了一身冷汗之余，你决不会恨他，而是更加爱他。可是他的努力有什么结果呢？到了今天，已经“换了人间”，而鲁迅点出的那一点缺点，不但一点也没有收敛，反而有增强之势。

“我自以生为中国人为荣，生为中国人自傲。如果真正有轮回转生的话，我愿生生世世为中国人。”(季羡林)

有人说，这是改革开放大潮社会转轨之所致。我看，恐怕不是这个样子。前几年，我偶尔为写《糖史》搜集资料读到了一本19世纪中国驻日本使馆官员写的书，里面讲到这样一件事。这一位新到日本的官员说：他来日本已经数月，在街上没有看到一起吵架的。一位老官员莞尔而笑，说：我来日本已经四年，也从来没有看到一起吵架的。我读了以后，不禁感慨万端。不过，我要补充一句：日本人彬彬有礼，不吵架，这十分值得我们学习。对广大日本人民来说，这是完全正确的。但是对日本那一小撮军国主义侵略分子来说，他们野蛮残暴，嗜血成性，则完全是另一码事了。

不管怎样，中国民族性中这一些缺点，不自改革开放始，也不自建国始，更不自鲁迅时代始，恐怕是古已有之的了。我们素称礼仪之邦，素讲伦理道德，素宣扬以夏变夷；然而，其结果却不能不令人失望而且迷惑不解。难道我们真要“礼失而求诸野”吗？这是我们每一个中国人所面临的而又必须认真反省的问题。

1998年7月16日

谈中国精神

郑州社科联的青年学者窦志力同志，冒着北国的寒风，不远千里，从郑州来到北京，把自己的新著《中国精神》这一部长达四十万言的新著送到我手中，并且让我写一篇序。说句老实话，我现在以望九之年被文债压得喘不过气来，我原打算立即婉言谢绝的。但是，一想到这个书名：中国精神，我立刻想到中国诗圣杜甫的四句诗："好雨知时节，当春乃发生，随风潜入夜，润物细无声。"正当我们全国人民群策群力，意气风发，锐意弘扬和创造我们的精神文明时，这一部书难道不是一场"当春乃发生"的"及时雨"吗?

再说句老实话，我现在实在挤不出时间细读这样一部巨著。我只能大体翻看一下，看看全书的目录和结构，找出我自己认为必读的几个章节，细读了一番，其余的只能望一望它而已，我决不冒充我曾读过全书。

就我翻阅所及，我觉得这是一部好书。有资料，有分析，有见解，有论断，而且有一些见解很精辟，发前人之所未发。虽然我不敢说，对他的意见我全部同意；但是我却不能不佩服这位青年学者思想之敏锐，对中国精神分析之细致。有的话切中时弊，发人深省。这些都是作者近几年来奋发努力，锲而不舍的结果，我应该向他祝贺。

我对中国精神，或者笼统说东方文化，没有多么深的研究。由于自己好胡思乱想，所以也悟出了一些道理，不敢敝帚自珍，曾写过一些文章，得到的反响总体来说是积极的。但自知是"野狐谈禅"，并不敢沾沾自喜。

我同作者的意见有的是一致的，有的是近似的。比如，他从五个方面来概括中华民族的基本精神：爱国爱民的献身精神，勤劳智巧的创业精神，忠诚无畏的勇敢精神，仁爱孝敬的重德精神，追求光明进步的革命精神。对他这样的概括，我是同意的。

鲁迅先生在《且介亭杂文》中有一篇文章叫《中国人失掉自信力了吗？》，他写道：

> 我们从古以来，就有埋头苦干的人，有拼命硬干的人，有为民请命的人，有舍身求法的人……虽是等于为帝王将相作家谱的所谓“正史”，也往往掩不住他们的光耀，这就是中国的脊梁。

鲁迅先生这一段话，同窦志力同志在上面列举的五条对比一下，可以发现许多共同的东西。

“现在我们已经改革开放，正处在市场经济的大潮中，正处在一个重要的转型期中，我们仍然要弘扬中国文化中国精神的精髓。”（季羡林）

多少年以来，总有一个问题萦回在我的心中：什么是中华民族最优秀的传统？几经思考的结果，我认为是爱国主义。我们是唯物主义者，不能说，中国人天生就是爱国的。存在决定意识，必须有一个促成爱国主义的环境，我们才能有根深蒂固的爱国主义。只要看一看我们几千年的历史，这样的环境立即呈现在我们眼前。在几千年的历史中，我们始终没有断过敌人，东西南北，四面都有。虽然有的当年的敌人今天可能已融入中华民族之中；但是在当年，他们只能算是敌人。我们决不能把古代史现代化，否则我们的苏武、岳飞、文天祥等等一大批著名的爱国者，就都被剥去了爱国的光环，成为内战牺牲者。

但是，爱国主义并不一定都是好东西。我认为，我们必须严格区分正义的爱国主义和邪恶的爱国主义。在过去的历史上我们中国基本上一直是受侵略、受压迫、受杀害的，因此我们的爱国主义是正义的。而像日本军国主义者和德国法西斯，手上涂满了别国人民的鲜血，而口中却狂呼爱国，这样的爱国主义难道还不是最邪恶的吗？这样的爱国主义连他们本国的人民也是应该挺身而出痛加挞伐的。今天，我们虽然已经翻了身，享受了独立自由的生活；但是心怀叵测的一些列强仍在觊觎敌视。因此，我们仍然要努力发扬正义的爱国主义精神，这是我们神圣的职责。

现在我们已经改革开放，正处在市场经济的大潮中，正处在一个重要的转型期中，我们仍然要弘扬中国文化中国精神的精髓，这一点我在上面已经谈过了。但是我们的中国精神和以中国文化为核心的东方文化，其作用就仅仅限于中国和东方吗？否，否，决不是的。自工业革命以后，几百年来，西方列强挟其分析的思维模式，征服自然，为人类创造了空前辉煌的文化，世界各国人民皆蒙其利。然而到了今天，众多弊端都显露了出来，举其荦荦大者就是环境污染、生态平衡破坏、新疾病产生、臭氧层出洞，等等。如果其中一项我们无法遏止，人类前途就处在危险之中。有没有拯救的办法呢？有的。“三十年河东，三十年河西”，西方不亮东方亮，唯一的一条拯救之路就是以东方综合思维模式来济西方之穷，在过去已有的基础上改弦更张，人类庶几乎有被拯救的可能，这就是我的结论。

给别人的书写序而侈谈自己的主张，似乎不妥。但我并不认为是这样的。我这样写不过表示我们“心有灵犀一点通”而已。

1996年12月10日

读朱自清《背影》

这几乎是一篇家喻户晓的名篇，自来论之者众矣。但是，我总觉得，还有许多话要说，所以写了这一篇短文。

从艺术性来看，这一篇文章朴素无华，语言淳朴自然，毫无矫揉造作之处。这是朱自清先生一贯的文风，实际上用不着再多费笔墨，众多的评论家，在这一点上，意见几乎是完全一致的。

至于思想性，则可说的话就非常非常多了。我个人认为，有一些十分重要的话，过去并没有人说过，不能不影响对这一名篇的欣赏。

1928 年出版的朱自清《背影》

要想真正理解这一篇文章的涵义，不能不从中华民族的文化，中华民族的历史谈起。什么是中华文化的精义呢？几乎言人人殊，论点多如牛毛。但我认为，都没有说到点子上。先师陈寅恪先生在《王观堂先生挽词》的《序》中说：“吾中国文化之定义，见于《白虎通》三纲六纪之说，其意义为抽象理想最高之境，犹希腊柏拉图所谓 Idea 者。”《白虎通》的“三纲”，指的是君臣、父子、夫妇；“六纪”指的是诸父、兄弟、族人、诸舅、师长、朋友。这些话今天看来未免有点迂腐，也不能说，其中没有糟粕，比如“夫为妇纲”之类。至于君臣，今天根本没有了，但是国家与人民却差堪比拟。总之，我们应取其精髓，不能拘泥于字面。

无独有偶，我偶然读到香港著名学者饶宗颐教授的一篇访问记。饶先生说：

> 中国文化所以能延绵数千年，仍有如此凝聚力量，实乃受两个因素所驱使，一是文字，二是纲纪，即礼也。依我多年所悟，中华文化的特点，是在儒家思想中的“礼”，是处理人际关系的学问，这个关系就建立在道德的基础上，要明是非，方能取得“和”，所以《论语》说“礼之用，和为贵”。

饶先生的意见同陈先生几乎是完全一致的。这两位哲人实在可以说是“英雄所见略同”。今天，我们在国内讲“安定团结”，在国际上我们主张和平，讲“和为贵”。人际关系和国际关系。都需要一定道德伦理的制约，纲纪就是制约的手段。没有这个手段，则国将大乱，国际间也不会安宁。打一个简单明了的比方，纲纪犹如大街上的红绿灯。试思：如果大街上没有了红绿灯，情况将会何等混乱，不是一想就明白吗？

我仿佛听到有人提抗议了：你扯这么远，讲这样一些大道理，究竟想干什么呢？

我并没有走题，而且是紧紧地扣住了题，《背影》表现的就正是三纲之一的父子这一纲的真精神。中国一向主张父慈子孝，在社会上，孝是一种美德。在历史上，不知道有多少皇帝标榜“以孝治天下”，然而，在西方呢，拿英文来说，根本就没有一个与汉文“孝”字相当的单词，要想翻译中国的“孝”字，必须绕一个弯子，译做 Filial Piety，直译就是“子女的虔诚”。你看啰唆不啰唆！

这一字之差，有人或许说这是一件小事。然而，据我看，这却是一件大事，明确地说明了东西社会伦理道德之不同。我只说我们的好，不说别人的坏。西方当然也有制约社会活动求得安定的办法，否则社会将不成为社会了。我们中国的办法就是利用几千年传下来的文化，特别是其中的精义纲纪的学说，来调整人际关系，人际关系得到调整，则社会安定也就有了保障。再济之以法，那么天下就可以太平了。

我觉得，读朱自清先生的《背影》，就应该把眼光放远，远到齐家、治国、平天下。然后才能真正体会到这篇名文所蕴涵的真精神。若只拘泥于欣赏真挚感人的父子之情，则眼光就未免太短浅了。

1995 年 2 月 21 日

朱自清追悼会。1948 年朱自清身患重病，宁愿饿死也不吃嗟来之食——“美援面粉”，后在北平逝世。

致山东大学孟子国际学术研讨会的贺信

邹鲁灵秀，圣人桑梓之地，2006国际儒学论坛于兹设会，商议学术，茂茂多士集焉。谨致贺。孔子之后，儒分入派。孟学，儒之醇乎醇者也。承周王而无止文周公孔子之德，启韩愈宋明诸儒道学，千百年来影响中国及世界巨然。值此国家倡导和谐，新立荣辱观念，学者集会圣人故里，纪念圣诞，批判往哲，处身亲亲长长和风，仔细培养中华正气，使浩然充塞天地，意义特殊。宋明以后，发掘孟学，与时进化，诸公再尽力，懋绩维嘉。如我耄耋，他日省归返鲁，见乡邦文教各得其所，廓如醇如新如，不当永念诸公茂庸？再谨致贺。

2006年4月

“仔细培养中华正气，使浩然充塞天地。”（季羡林）

出任中华文化标志城建设文化顾问和第十一届全运会文化顾问的讲话

儒家文化是中华文化的重要组成部分，而孔子又是儒家文化的创始人。山东作为孔子的诞生地，有义务也有责任将孔子的思想进一步发扬光大；作为山东人，我愿意在力所能及的范围内多做一些工作，为山东文化强省建设尽一份力量。山东是礼仪之邦，文化底蕴丰厚，在孔孟之乡建设中华文化标志城得天独厚。忠、信、孝、悌代表鲁文化，礼、义、廉、耻代表齐文化，齐鲁文化是中华传统文化的主干。在世界文明史上孔子超越了历史上的任何一位哲人，弘扬中华传统文化理应把孔老夫子“抬出来”。

2007 年 12 月 16 日

公　德

一

什么叫“公德”？查一查字典，解释是“公共道德”。这等于没有解释。继而一想，也只能这样。字典毕竟不是哲学教科书，也不是法律大全，要求它做详尽的解释，是不切实际的。

先谈事实。

我住在燕园最北部，北墙外，只隔一条马路，就是圆明园。门前有清塘一片，面积仅次于未名湖。时值初夏，湖水潋滟，波平如镜。周围垂杨环绕。柳色已由鹅黄转为嫩绿，衬上后面杨树的浓绿，浓淡分明，景色十分宜人。北大人口中称之为后湖。因为僻远，学生来者不多，所以平时显得十分清净。为了有利于居住者纳凉，学校特安上了木制长椅十几个，环湖半周。现在每天清晨和黄昏，椅子上总是坐满了人。据知情人的情报，坐者多非北大人，多来自附近的学校，甚至是外地来的游人。

这样一个人间仙境，能吸引外边的人来，我们这里的居民，谁也不会反对，有时还会窃喜。我们家住垂杨深处，却如入芝兰之室，久而不闻其香。有外来人来共同分享，焉得而不知喜呢？

然而且慢。这里不都是芝兰，还有鲍鱼。每天十点，玉洁来我家上班时，我们有时候也到湖边木椅上小坐。几乎每次都看到椅前地上，铺满了瓜子皮、烟头，还有不同颜色的垃圾。有时候竟有饭盒的残骸，里面吐满了鸡骨头和鱼刺。还有各种的水果皮，狼藉满地，看了令人头痛生厌，屁股再也坐不下去。有一次我竟看到，附近外国专家招待所的一对外国夫妇，手持塑料袋和竹夹，在椅子前面，弯腰曲背捡地上的垃圾。我们的脸腾的一下子红了起来。看了这种情况，一个稍有公德心的中国人，谁还能无动于衷呢？我于是同玉洁约好了：明天我们也带塑料袋和竹夹子来捡垃圾，企图给中国人挽回一点面子。捡这些垃圾并不容易。大件的好办，连小件的烟头也并不困难。最难捡的是瓜子皮，体积小而薄，数量多而广，吐在地上，脚一踩，就与泥土合二而一，一个个地从泥土中抠出来，真是煞费苦心。捡不多久，就腰酸腿痛，气喘吁吁了。本来是想出来纳凉的，却带一身臭汗回家。但我们心里却是高兴的，我们为我们国家做了一件小到不能再小的事情。此外，我们也有“同志”。一位邻居是新华社退休老干部，他同我们一样，对这种现象看不下去。有一次，我们看到他赤手空拳、搜捡垃圾。吾道不孤，我们更高兴了。

中华民族是伟大的民族，这一点，全世界谁也不敢否认。可是，到了今天，由于种种原因，一部分人竟然沦落到不知什么是公德，实在是给我们脸上抹黑。现在许多有识之士高呼提高人民素质，其中当然也包括道德素质。这实在是当务之急。

二

标题似乎应作“风化”，但是，因为第一，它与《公德一》所谈到的湖边木椅有关；第二，在这里，“有伤风化”与“有损公德”实在难解难分，因此仍作《公德》，加上一个“二”字。

话题当然要从木椅谈起。木椅既是制造垃圾的场所，又是谈情说爱的胜地。是否是同一批人同时并举，没有证明，不敢乱说。

在光天化日之下，大庭广众之中，亲人们，特别是夫妇们由于某种原因接一个吻，在任何文明国家中都允许的，不以为怪的。在中国古代，是不行的，这大概属于“非礼”的范围。

可是，到了今天，中国“现代化”了。洋玩意儿不停地涌入，上述情况也流行起来。这我并不反对。不过，我们中国有一部分人，特别是青年人，一学习外国，就不但是“弟子不必不如师”，而且有出蓝之誉。要证明嘛，远在天边，近在眼前，就在燕园后湖边木椅子上。

经常能够看到，在大白天，一对或多对青年男女，坐在椅子上。最初还能规规矩矩，不久就动手动脚，互抱接吻，不是一个，而是一串。然后，一个人躺在另外一个的怀里，仍然是照吻不已。最后则干脆一个人压在另一个的身上。此时，路人侧目，行者咋舌，而当事人则天上天下，唯我独尊，岿然不动，旁若无人。招待所里住的外国专家们大概也会从窗后外窥，自愧不如。

汉代张敞对宣帝说：“闺房之内，夫妇之私，有过于画眉者。”但那是夫妇之间暗室里的事情。现在移于光天化日之下，岂能不令人吃惊！我不是说，在白天椅子上竟做起了闺房之内的事情来。但我们在捡垃圾时确实捡到过避孕套。那可能是夜间留下的，我现在不去考证了。

燕园后湖这一片地方，比较僻静。有小山蜿蜒数百米，前傍湖水，有茂林修竹，绿草如茵。有些地方，罕见人迹。真正是幽会的好地方。傍晚时见对对男女青年，携手搂腰，迤逦走过，倩影最终消失在绿树丛中。至于以后干些什么，那只能意会，而不必言传了。

一天晚上，一位原图书馆学系退休的老教授来看我，他住在西校门外。如果从我家走回家，应该出门向右转，走过我上面讲的那一条倚山傍湖的小径。但他却向左转，要经过未名湖，走出西门，这要多走好多路。我怪而问之。他说，之所以不走那一条小路，怕惊动了对对的野鸳鸯。对对者，不止一对也，我听了恍然大悟，立即想起了我们捡垃圾时捡到的避孕套。

故事讲完了，读者诸君以为这是“有伤风化”呢？还是“有损公德”？恐怕是二者都有吧。

三

已经写了两篇《公德》，但言犹未尽，再添上一篇。

改革开放以来，我国经济发展了，人民生活水平提高了，钱包鼓起来了。于是就要花钱。花钱花样繁多，旅游即其中之一。于是空前未有的旅游热兴起来了。国内的泰山、长城、黄山、张家界、九寨沟、桂林等逛厌了，于是出国，先是新、马、泰，后又扩大到欧美。大队人马出国旅游，浩浩荡荡，猗与休哉！

我是赞成出国旅游的。这可以开阔人们的眼界，增长人们的见识，有百利而无一弊。而且，我多年来就有一个想法：西方人对中国很不了解。他们不懂“士别三日，当刮目相看”的道理，至今仍顽固抱住“欧洲中心主义”不放。这大大地不利于国际的相互了解，不利于人民之间友谊的增长。所以我就张皇“送去主义”，你不来拿，我就送去。然而送去也并不容易。现在中国人出国旅游，不正是送去的好机会吗？

然而，一部分中国游客送出去的不是中国文化，不是精华，而是糟粕。例子繁多，不胜枚举。我干脆做一次文抄公，从《参考消息》上转载的香港《亚洲周刊》上摘抄一点，以概其余。首先我必须声明一下，我不同意该刊“七宗罪”的提法。这只是不顾国格，不讲公德，还不能上纲到“罪”。这七宗是：

第一宗：脏。不讲公德，乱扔垃圾。拙文《公德（一）》讲的就是这个问题。

第二宗：吵。在飞机上，在火车上，在餐厅中，在饭店里，大声喧哗。

第三宗：抢。不守规则，不讲秩序，干什么都要抢先。

第四宗：粗。不懂起码的礼貌，不会说：“谢谢！”“对不起。”

第五宗：俗。在大饭店吃饭时，把鞋脱掉，赤脚坐在椅子上，或盘腿而坐。

第六宗：窘。穿戴不齐，令人尴尬。穿着睡衣，在大饭店里东奔西逛。

第七宗：泼。遇到不顺心的事，不但动口骂人，而且动手打人。

以上七宗，都是极其概括的。因为，细说要占极多的篇幅。不过，我仍然要突出一“宗”，这就是随地吐痰，我戏称之为“国吐”，与

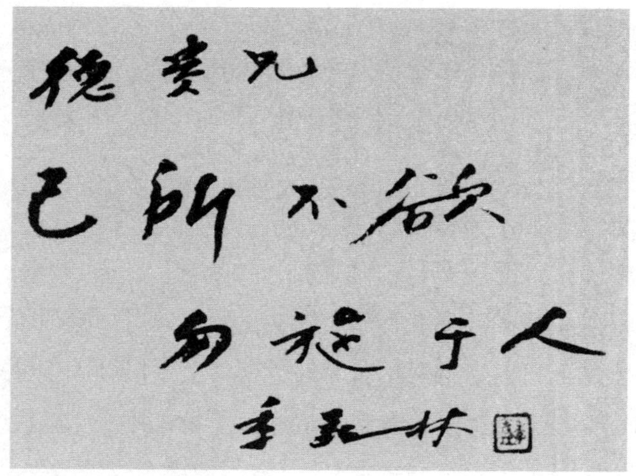

季羡林手迹："己所不欲 勿施于人"。

"国骂"成双成对。这是中国相当大一部分人的痼疾，屡罚不改。现在也被输出国外，为中国脸上抹黑。

处在这种情况下，我们应该怎么办呢？想改变以上几种弊端，是长期的工作，国内尚且如此，何况国外。我们决不能因噎废食，停止出国旅游。出国旅游还是要继续的。能否采取一个应急的办法：在出国前，由旅游局或旅行社组织一次短期学习，把外国习惯讲清，把应注意的事项讲清。或许能起点作用。

四

已经写了三篇《公德》，但仍然觉得不够。现在再写上一篇，专门谈"国吐"。

随地吐痰这个痼疾，过去已经有很多人注意到了。记得鲁迅在一篇杂文中，谈到旧时代中国照相，常常是一对老年夫妇，分坐茶几左右，几前置一痰桶，说明这一对夫妇胸腔里痰多。据说，美国前总统访华时，特别买了一个痰桶，带回了美国。

中国官方也不是没有注意到这个现象。很多年以前，北京市公布了一项罚款的规定：凡在大街上随地吐痰者，处以五毛钱的罚款。有一次，一个人在大街上吐痰，被检查人员发现，立刻走过来，向吐痰人索要罚款。那个人处变不惊，立刻又吐一口痰在地上，嘴里说："五毛钱找钱麻烦，我索性再吐上一口，凑足一元钱，公私两利。"这个故事真实性如何，我不是亲身经历，不敢确说，但是流传得纷纷扬扬，我宁信其有，而不信其无。

也是在很多年以前，北大动员群众，反击随地吐痰的恶习。没有听说有什么罚款。仅在学校内几条大马路上，派人检查吐痰的痕迹，查出来后，用红粉笔圈一个圆圈，以痰迹为中心。这种检查简直易如反掌，隔不远，就能画一个大红圈。结果是满地斑斓，像是一幅未来派的图画。

结果怎样呢？在北京大街上照样能够看到和听到，左右不远，有人吭咔一声，一团浓痰飞落在人行道上，熟练得有如大匠运斤成风，北大校园内也仍然是痰迹斑驳陆离。

我们中华民族是伟大的民族，是英勇善战的民族，我们能够以弱胜强，战胜了武装到牙齿的外敌和国内反动派，对像“国吐”这样的还达不到癣疥之疾的弊端竟至于束手无策吗？

更为严重的是，最近几年来，国际旅游之风兴。“国吐”也随之传入国外。据说，我们近邻的一个国家，为外国游人制定了注意事项，都用英文写成，独有一条是用汉文：“请勿随地吐痰！”针对性极其鲜明。但却决非诬蔑。我们这一张脸往哪里摆呀！

治这样的顽症有办法没有呢？我认为，有的。新加坡的办法就值得我们参考。他们用的是严惩重罚。你要是敢在大街上吐一口痰，甚至只是丢一点垃圾。罚款之重让你多年难忘。如果在北京有人在大街上吐痰，不是罚五毛，而是罚五百元，他就决不敢再吐第二口了。但这要有两个先决条件：一是耐心的教育，不厌其烦地说明利害，苦口婆心；二是要有国家机关、法院和公安局等的有力支持。决不允许任何人耍赖。实行这个办法，必须持之以恒，而且推向全国。用不了几年的时间，“国吐”这种恶习就可以根除。这是我的希望，也是我的信念。

2002 年 6 月 4 日

慈善是道德的积累

我是搞语言的，要我来讲道德，讲慈善，实在是有些惶恐。

什么是道德？这是一个大问题，可以写一本书。简单说来，道德是一种社会意识，是一种不依靠外力的特殊的行为规范。道德以善与恶、美与丑、真与伪等概念调整人与人、人与社会之间的关系。我国正处在一个大发展、大变革时期，稳定是第一位的，一定要处理好人与人、人与社会之间的关系。除了法律、行政手段的进一步强化和完善以外，道德是社会稳定发展必不可少的行为规范和调节手段。

在中国的传统道德中，伦理道德有很重要的位置，伦理就是解决人与人之间关系的，儒家讲的三纲六纪就是规定了君臣父子夫妇兄弟朋友之间关系的准则。这里有糟粕的地方，因为人与人之间应该是平等的，不应该谁是谁的纲。儒家强调要处理好人的各方面社会关系，还有许多值得批判吸收的东西。比方对父母的关系，中国人讲孝，这个孝字在英文没有这样一个词，要用两个词才能表述这个意思。所以西方的老人晚年是十分凄凉的。中西的道德是有区别的。我举个例子，我在欧洲住的年头不少，我看小孩子打架，一个十六七岁，一个七八岁，结果小的被打倒了，哭一阵爬起来再打。要在中国就会有人讲了，大的怎么欺侮小的呢。他们那儿没人管，他们认为力量、拳头是第一位的，不管你大小，只要把别人打倒就是正当的。西方道德中也有对我们有用的。我国传统的伦理道德应批判继承，精华留下，糟粕去掉。对外国好的，也可以学习，不要排斥。

慈善是良好道德的发扬，又是道德积累的开端。孟子说："恻隐

季羡林与家乡官庄的小学生在一起

之心，仁之端也。”一个社会的良好的道德风尚，一个人良好的道德修养，不是从天上掉下来的，要宣传教育，要舆论引导，更要实践、参与。慈善是具有广泛群众性的道德实践。慈善可以是很高的层次，无私奉献，也可以有利己的目的，比如图个好名声，或者避税，或者领导号召不得不响应；为慈善付出的可以很大也可以很少，可以是金钱也可以是时间、精神，层次很多，幅度很大，不管在什么条件下，出于什么动机，只要他参与了，他就开始了他的道德积累。所以我主张慈善不要问动机。毛泽东同志讲动机与效果的辩证统一，我的理解，效果是决定因素。“四人帮”有个特点，就是抓活思想，抓活思想就是追究动机。过去有句古话：“有心为善，虽善不赏，无心为恶，虽恶不罚”，这是典型的动机唯心主义。

做人与处世

一个人活在世界上，必须处理好三个关系：第一，人与大自然的关系；第二，人与人的关系，包括家庭关系在内；第三，个人心中思想与感情矛盾与平衡的关系。这三个关系如果能处理得好，生活就能愉快；否则，生活就有苦恼。

人本来也是属于大自然范畴的。但是，人自从变成了“万物之灵”以后，就同大自然闹起独立来，有时竟成了大自然的对立面。人类的衣食住行所有的资料都取自大自然，我们向大自然索取是不可避免的。关键是，怎样去索取？索取手段不出两途：一用和平手段；一用强制手段。我个人认为，东西文化之分野，就在这里。西方对待大自然的基本态度或指导思想是“征服自然”，用一句现成的套话来说，就是用处理敌我矛盾的方法来处理人与大自然的关系。结果呢，从表面上看上去，西方人是胜利了，大自然真的被他们征服了。自从西方产业革命以后，西方人屡创奇迹。楼上楼下，电灯电话。大至宇宙飞船，小至原子，无一不出自西方“征服者”之手。

然而，大自然的容忍是有限度的，它是能报复的，它是能惩罚的。报复或惩罚的结果，人皆见之，比如环境污染，生态失衡，臭氧层出洞，物种灭绝，人口爆炸，淡水资源匮乏，新疾病产生，如此等等，不一而足。这些弊端中哪一项不解决都能影响人类生存的前途。我并非危言耸听，现在全世界人民和政府都高呼环保，并采取措施。古人说：“失之东隅，收之桑榆”犹未为晚。

中国或者东方对待大自然的态度或哲学基础是“天人合一”。宋人

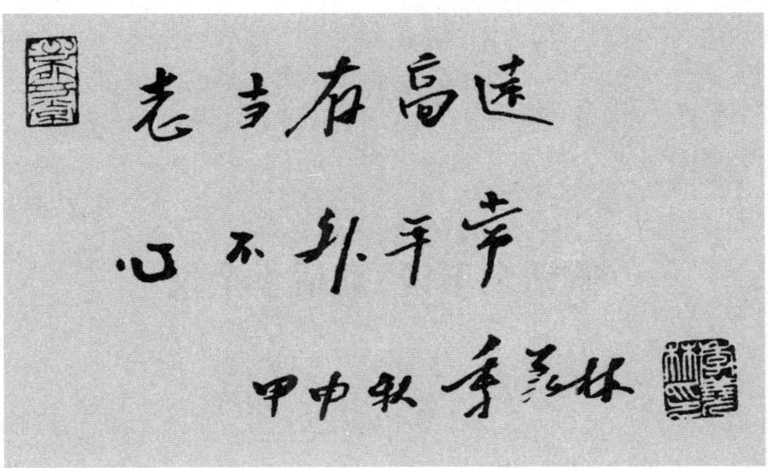

季羡林题词（2006 年）

张载说得最简明扼要：“民吾同胞，物吾与也。”“与”的意思是伙伴。我们把大自然看做伙伴。可惜我们的行为没能跟上。在某种程度上，也采取了“征服自然”的办法，结果也受到了大自然的报复，前不久南北的大洪水不是很能发人深省吗？

至于人与人的关系，我的想法是：对待一切善良的人，不管是家属，还是朋友，都应该有一个两字箴言：一曰真，二曰忍。真者，以真情实意相待，不允许弄虚作假。对待坏人，则另当别论。忍者，相互容忍也。日子久了，难免有点磕磕碰碰。在这时候，头脑清醒的一方应该能够容忍。如果双方都不冷静，必致因小失大，后果不堪设想。唐朝张公艺的“百忍”是历史上有名的例子。

至于个人心中思想感情的矛盾，则多半起于私心杂念。解之之方，唯有消灭私心，学习诸葛亮的“淡泊以明志，宁静以致远”，庶几近之。

1998 年 11 月 17 日

假话全不说，真话不全说

哪一年我忘记了，我住在朗润园十三公寓，有一天张济春到朗润园了，很长时间，他在我窗外溜达。也没有人理他。他穿的是军便服，军衔看不出来，家里人都不懂，被“挡驾”了。我从窗口看到他的军便服的领口有个大星，是将军的标志，便出去问找我干吗。原来他是国防大学研究生院的院长和党委书记，想请我到国防大学研究生院去作讲演。我答应了，和李玉洁一起去的，讲演的题目是《爱国主义》。在讲堂里有二百位学员，全是大校。我先问他们，爱国主义是好东西还是坏东西？学员们几乎异口同声说是好东西。我问：希特勒侵犯别的国家，也是打着爱国主义的旗号，日本帝国主义侵略中国，同样打着爱国主义的旗号，他们的爱国主义也是好东西吗？所以我说对爱国主义也要分析，不能一概而论，笼笼统统说不准确。

那假话能够全不说吗？有人来，你不愿意见他，就说不在家。这不是假话吗？你不说，行吗？能够说“我不愿意见你”？这种情况，日常生活里边多极了。比方说，做了菜，明明不好吃，问你好吃不好吃，你能说不好吃？不行的！要说“好吃，好吃”，这不是假话吗？全不说行吗？这个人生活里边啊，非常有意思。德语里有个词，别的语言里没有的，叫 nötig Lüge。Lüge 就是假话，nötig 就是必要的时候，“必要的时候说假话”，我觉得这个词很好。比方说，一个人来了，不愿意见他，说“不在家”，这是 Lüge，假话，可是总比说“我不愿意见你”要好，不得已而为之。别的语言里没有这个词。

德国人是这样子。我在德国住了那么久，德国人的品质啊，恐怕在世界上是数一数二的，老实。我在那里没有受过欺骗。德国人不欺负外国人。中东有的国家，就是张口就讲假话：我的姨父是外交部长，我的姑夫是外贸部长。说完了以后告诉你，你可别信啊！

“在中国的传统道德中，伦理道德有很重要的位置。”（季羡林）

《华林拾珍》序

湛如持上海龙华古刹之公函来舍下，为《华林拾珍》索序。过蒙垂青，感愧有加。羡林治佛教史有年矣。但自谓缺少慧根，对佛教真谛所悟极寡。而于喧腾众口之佛教俗谛所谓慈悲为怀者，则于我心有戚戚焉。窃以为，居今之世，科技虽极度发达，而综观全球，实有令人不寒而栗者。战火频仍，世局板荡，人心浇漓，道德日下，此皆无法掩盖之事实。加之，人类对大自然诛求无餍，征服不已。天虽无言，而能报复惩罚，众多自然灾害，随之而生，凡此皆彰彰在人耳目。人类实已面临险境，近数年来，全球各国政府憬然醒悟，环保之声洋洋乎盈耳矣。羡林向不信西方基督教徒末日裁判之说，然而，根据上陈诸端，所谓人类末日岂全为耸人听闻之说乎？济之之方，其道多端，而对广大群众而言，则佛家慈悲为怀之俗谛，以及中国传统思想之精髓所谓“天人合一”之说，倘设法加以发扬，必能事半功倍。宋代大儒张载所谓“民吾同胞，物吾与也”，实有与佛家慈悲为怀之说相通之处，羡林尝谓此乃东方文化之精华，允宜大力提倡者也。抑犹有进者，遥想1758年前龙华古刹初建时之所以取名龙华者，盖与弥勒世尊有关。弥勒，巴利文为Mettlya，梵文为Maitreya，吐火罗文为Metnaka。“弥勒”一词，显系后者之译音。三字词源皆与梵文Maitri有关，义云“慈悲”，以故法显、玄奘诸大师，皆意译为“慈氏”。在佛教教义中，弥勒世尊为未来佛，其菩提树为龙华（Nagarera）。由此可见，龙华为弥勒世尊之象征，而弥勒之基本含义为大慈大悲，表面上为佛家之俗谛，而实为其根本谛也。一千七百余年以来，沧海桑田，朝代屡变，而龙华古刹谨守此根本谛，忠贞不二。际兹新千年伊始之机缘，龙华寺又谋求“上求佛道，下化众生”，羡林不敏，以为此乃应时之良药，知时之好雨，《华林拾珍》之出版，实为滥觞之举，吾意其必能祛时弊，正人心也。故乐而为之序。

2001年7月2日

1986年，季羡林出席世界佛学大会期间，在尼泊尔境内的喜马拉雅山麓留影。

《中国少林寺》序

文化，是一个民族之所以能够持续传承发展的最重要的基石。文化传承的载体大别之不外两种，一种是古代流传下来的文献典籍，一种则是人工兴建的建筑物，万里长城是一个典型的例子。嵩山少林寺也属于这一类。

中华民族是伟大的民族。在过去几千年的历史上，我们在精神方面和物质方面都有很多发明创造。但是，我们决不吝啬，我们慷慨地奉行送去主义，把我们文化的精华送向世界，使全球共此凉热，分享我们的成果。仅以造纸术和印刷术两项而论，这两项技术大大地提高了世界文化传播的速度，扩大了传播的范围。其影响之深远，用什么词句来赞誉也不会过高，如果没有这两项技术，世界文化的发展与传布将会推迟以百年计的时间。

但是，在另一方面，我们又决不固步自封，外国的好东西，只要对我们有用，我们就拿来为我所用。鲁迅的拿来主义是众所周知的。

时至今日，人类已经进入了21世纪。但是，新世纪并没有给人民带来新希望，环顾全球，狼烟四起；侵略公行，杀人越货；翻云覆雨，指鹿为马；手挥大棒，唯我独尊。然而，在全球许多地区，饿殍遍野，人民生活在水深火热之中。最令人不安的是，西方挟科技发展之余威，怀抱“征服自然”之壮志，对大自然诛求无厌，穷追不舍。目前在自然界中已经出现了众多的灾害，如臭氧出洞，气候转暖，生态平衡破坏，动植物灭绝的速度加快，如此等等，不一而足。恩格斯早就警告过人们，大自然是会报复的。上面列举的几种灾害不就是大自然的报复吗？人类倘再不悬崖勒马。改邪归正，则发展前途殆矣。

但是，归正必须有一个方向，而这个方向只有中国能指出，中华文化光辉灿烂，方面很广。目前谈中国文化者侈谈弘扬者多，而具体指出哪一方面应首先弘扬者尚未之见。我个人的意见，首先应该弘扬的是中华精神的精髓“和为贵”。历史上许多哲学家的学说，比如什么“天人合一”、民胞物与等等，体现的都是和为贵精神。连人工修建的长城，体现的也是这种精神。一个侵略者决不会修筑长城的。这是我对修筑长城意义的新解，自谓已得其神髓，决无可疑。

长城和少林寺都是人工修建的东西，不会说话，不会出声，但是，此时无声胜有声。于无声处，人们可以体会出中华文化最根本的东西“和为贵”的精神。在少林寺中，我相信，无论是建筑与壁画，塔林与碑刻，体现的都是这一种精神。

现在又是我们中华民族奉行送去主义的大好时机了。这次我们送去的就是“和为贵”。世界人民企盼和平，如大旱之望云霓。

现在，中华书局推出了三卷本的《中国少林寺》，我看了一些图片之后，联想到若干年前我参观少林寺的印象，因而浮想联翩。想到了中华文化的和为贵的根本精神，真觉得这书是“好雨知时节”的好书。在欣慰之余，写了这一篇短序。

2003年1月8日

与金庸的谈话

时间：2007 年 6 月 18 日上午

地点：北京解放军 301 医院

人物：季羡林、金庸以及北大宣传部部长赵为民等。

金庸：我今天来看望先生，顺便请教先生对“侠”的理解。

季羡林：中外关于“侠”的理解是有很大不同的，“侠”下面是两撇，是两个人在打架。一个大人和小孩在打架，小孩打不过大人，外国老太太站在旁边看到了也不管，一直打下去好了，可以打两个小时。但是中国老太太就不会不管了。她会拿一盆水泼过去，把两个孩子拨开。

季羡林与金庸

金庸：听说，先生在德国就亲眼见到类似的事情。

季羡林：是的。在日本侵略我们中国的时候，我们还去日本告状，请世界主持正义，当时我在欧洲，就觉得这个做法行不通。人家会想，你有本事打回去。武侠精神，在中国，还有日本、韩国、泰国、新加坡、越南这些亚洲国家，人们非常接受，认为很有道理，但是西方人就不大接受。他们不明白侠者要路见不平，拔刀相助。西方人觉得强的可以欺负弱的。

[编者附记]

2007年6月18日下午，金庸在北大演讲，有学生提问："侠之大者，要有为国为民的狭风义骨。请问在当今社会，狭义还有什么发展空间？如果有，会是一种什么样的表现？"金庸回答："今天上午我去探望季羡林先生，他跟我谈到了侠。"金庸并没有直接谈出自己的看法，而是借用季羡林与他谈话的内容回答了学生的提问。

与季承谈“侠”与“士”

（从前）中国社会里有一种人，应该是属于流氓无产者，在他们身上有一种“侠”气，行侠仗义，扶弱济贫，也即所谓“路见不平，拔刀相助”，“为朋友两肋插刀”。这些人属于“侠”一类。在他们身上有一种“侠”气。（季承说，在您身上也有“侠”气。他笑了笑说，可能也有点儿。）至于（士），并不一定都是知识分子，他们身上也有一种气，可谓之“士气”，坚持真理，勇于抗争，刚直不阿，精神独立，思想自由……中国的侠和士，外国是没有的，也不好翻译成英文，堂·吉诃德是侠气之徒，但中国的侠气精神有传统，外国没有传统。

2008年11月8日

2008年，季羡林与儿子季承在301医院。

谈 孝

孝，这个概念和行为，在世界上许多国家中都是有的，而在中国独为突出。中国社会，几千年以来就是一个宗法伦理色彩非常浓的社会，为世界上任何国家所不及。

中国人民一向视孝为最高美德。嘴里常说的，书上常讲的三纲五常，又是什么三纲六纪，哪里也不缺少父子这一纲。具体地应该说“父慈子孝”是一个对等的关系。后来不知道是怎么一来，只强调“子孝”，而淡化了“父慈”，甚至变成了“天下无不是的父母”。古书上说：“身体发肤，受之父母”，一个人的身体是父母给的，父母如果愿意收回去，也是可以允许的了。

历代有不少皇帝昭告人民：“以孝治天下”，自己还装模作样，尽量露出一副孝子的形象。尽管中国历史上也并不缺少为了争夺王位导致儿子弑父的记载，野史中这类记载就更多。但那是天子的事，老百姓则是绝对不能允许的。如果发生儿女杀父母的事，皇帝必赫然震怒，处儿女以极刑中的极刑：万剐凌迟。在中国流传时间极长而又极广的所谓“教孝”中，就有一些提倡愚孝的故事，比如王祥卧冰、割股疗疾等等都是迷信色彩极浓的故事，产生了不良的影响。

但是中华民族毕竟是一个极富于理性的民族，就在已经被视为经典的《孝经·谏诤章》中，我们可以读到下列的话：

> 昔者天子有诤臣七人，虽无道，不失其天下；诸侯有诤臣五人，虽无道，不失其国；大夫有诤臣三人，虽无道，不失其家；

士有诤友，则身不离于令名；父有诤子，则身不陷于不义。故当不义，则子不可以不诤于父，臣不可以不诤于君；故当不义，则诤之，从父之令，又焉得为孝乎？

这话说得多么好呀，多么合情合理呀！这与“天下无不是的父母”这一句话形成了鲜明的对立。后者只能归入愚孝一类，是不足取的。

到了今天，我们应该怎样对待孝呢？我们还要不要提倡孝道呢？据我个人的观察，在时代变革的大潮中，孝的概念确实已经淡化了。不赡养老父老母，甚至虐待他们的事情，时有所闻。我认为，这是不应该的，是影响社会安定团结的消极因素。我们当然不能再提倡愚孝；但是，小时候父母抚养子女，没有这种抚养，儿女是活不下来的。父母年老了，子女来赡养，就不说是报恩吧，也是合乎人情的。如果多数子女不这样做，我们的国家和社会能负担起这个任务来吗？这对我们迫切要求的安定团结是极为不利的。这一点简单的道理，希望当今为子女者三思。

1999年5月14日

2009年1月25日，亲友们在病房里与季羡林共同吃年夜饭。

元旦思母

又一个新的元旦来到了我的眼前。这样的元旦，我已经过过九十几个。要说我对它没有新的感觉，不是恰如其分吗？

但是，古人诗说：“每逢佳节倍思亲”，当前的元旦，是佳节中最佳的节。“天增岁月人增寿，春满乾坤福满门。”还能有比这更有意义的事情吗？还能有比这更佳的佳节吗？我是一个富有感情的人，感情超过需要的人，我焉得而不思亲乎？

思亲首先就是思母亲。

母亲逝世已经超过半个多世纪了。我怀念她的次数却是越来越多，灵魂的震荡越来越厉害。我实在忍受不了，真想追母亲于地下了。

不知是出于什么原因，最近几年以来，我每次想到母亲，眼前总浮现出一张山水画：低低的一片山丘，上面修建了一座亭子，周围植绿竹十余竿，幼树十几株，地上有青草。按道理，这样一幅画的底色应该是微绿加微黄，宛然一幅元人倪云林的小画。然而我眼前的这幅画整幅显出了淡红色，这样一个地方，在宇宙间是找不到的。可是，我每次一想母亲，这幅画便飘然出现，到现在已经出现过许多许多次，从来没有一点改变。胡为而来哉！恐怕永远也不会找到答案的。也或许是说，在这一幅小画上的我的母亲，在这一元复始，万象更新之际，让这一幅小画告诫我，永远不要停顿，要永远向前，千万不能满足于当前自己已经获得的这一点小小的成就。要前进，再前进，永不停息。

2006年1月3日

讲 忍

我从前曾把一副对联当做座右铭，就这八个字：为善最乐，能忍自安。古人说忍是心字头上一把刀啊！我对这个忍字体会颇深，做人要忍字当先，做事业的要忍艰难困苦，做学问的要忍寂寞和清贫。古代有位姓张的老人，五代人一百多口不分家，生活在一块，事情传到了皇帝那里，皇帝就跑来问老人治家有什么秘诀，结果老人拿起笔来在纸上连书了一百个“忍”字。一个家庭是如此，一个国家也是一样。

2008年1月6日

[编者附记]

本文是季羡林与中国楹联学会主席刘大品的谈话录。

容 忍

人处在家庭和社会中，有时候恐怕需要讲点容忍的。

唐朝有一个姓张的大官，家庭和睦，美名远扬，一直传到了皇帝的耳中。皇帝赞美他治家有道，问他道在何处，他一气写了一百个“忍”字。这说得非常清楚：家庭中要互相容忍，才能和睦。这个故事非常有名。在旧社会，新年贴春联，只要门楣上写着“百忍家声”就知道这一家一定姓张。中国姓张的全以祖先的容忍为荣了。

但是容忍也并不容易。1935 年，我乘西伯利亚铁路的车经苏联赴德国，车过中苏边界上的满洲里，停车四小时，由苏联海关检查行李。这是无可厚非的，入国必须检查，这是世界公例。但是，当时的苏联大概认为，我们这一帮人，从一个资本主义国家到另一个资本主义国家，恐怕没有好人，必须严查，以防万一。检查其他行李，我决无意见。但是，在哈尔滨买的一把最粗糙的铁皮壶，却成了被检查的首要对象。这里敲敲，那里敲敲，薄薄的一层铁皮决藏不下一颗炸弹的，然而他却敲打不止。我真有点无法容忍，想要发火。我身旁有一位年老的老外，是与我们同车的，看到我的神态，在我耳旁悄悄地说了句：Patience is the great virtue（容忍是很大的美德）。我对他微笑，表示致谢。我立即心平气和，天下太平。

看来容忍确是一件好事，甚至是一种美德。但是，我认为，也必须有一个界限。我们到了德国以后，就碰到这个问题。旧时欧洲流行决斗之风，谁污辱了谁，特别是谁的女情人，被污辱者一定要提出决斗，或用手枪，或用剑。普希金就是在决斗中被枪打死的。我们到了

“做事业的要忍艰难困苦，做学问的要忍寂寞和清贫。”（季羡林）

的时候，此风已息；但仍发生。我们几个中国留学生相约：如果外国人污辱了我们自身，我们要揣度形势，主要要容忍，以东方的恕道克制自己。但是，如果他们污辱我们的国家，则无论如何也要同他们玩儿命，决不容忍。这就是我们容忍的界限。幸亏这样的事情没有发生，否则我就活不到今天在这里舞笔弄墨了。

现在我们中国人的容忍水平，看了真让人气短。在公共汽车上，挤挤碰碰是常见的现象。如果碰了或者踩了别人，连忙说一声：“对不起！”就能够化干戈为玉帛，然而有不少人连“对不起”都不会说了。于是就相吵相骂，甚至于扭打，甚至打得头破血流。我们这个伟大的民族怎么竟变成了这个样子！我在自己心中暗暗祝愿：容忍兮，归来！

1996年12月17日

与北大艺术学院叶郎、彭吉象、丁宁教授谈“人文奥运”

这是一件值得赞扬的好事。你这个人做事有眼光，有魄力，这两条缺一不可，看准了就做，坐而论道不行。中国文化内容很丰富，很活泼。作为一个中国人，我们应该让我们的年轻人了解中国文化的博大精深。中国文化的“和谐”这个概念，对人类社会有多大的影响啊！我说自己讲得还不够。刘淇问我：“什么是人文奥运?”我回答说：“两句话，一句是宣传中国优秀文化，一句吸收外国优秀文化。”人才培养各国不一样，但有共同点，都是要让青年人既了解本国文化，又了解外国文化。

2008年4月18日

［编者附记］

本文是季羡林得知叶郎教授和朱良志教授为迎接奥运会撰写的《中国文化读本》一书即将出版时的一段谈话录。

与蒋树声、张梅颖谈"和谐"

和谐有三个层次，一是人与自然，二是人与人，三是人的内心和谐。个人内心和谐是中国文化的特点。我们过去中学有门语文课叫"修身"。修身这个词在西方不容易翻译准确，修身主要讲的是改变自己内心的思想。古人讲，致知格物，格物知至，知至意诚，意诚心正，心正身修。由此，正心、修身、齐家、治国、平天下，层次那么分明，别国没有。正心是和谐，这样一个整体的辩证概念是中国特有的文化。

2007 年 1 月 30 日

[编者附记]

本文是民盟中央主席蒋树声、常务副主席张梅颖到 301 医院看望季羡林时的谈话录。

与《人民日报》高级记者卞毓方谈“和谐”

季羡林与《人民日报》高级记者卞毓方谈“和谐”。

自古以来，中国就主张“和谐”，“礼之用，和为贵，先王之道，斯为美。”时至今天，我们又提出“和谐”这一概念，这是我们中华民族送给世界的一个伟大礼物，愿全世界能够接受我们这个“和谐”的概念。那么，我们这个地球村就可以安静许多。

有个问题我考虑很久，我们讲和谐，不仅要人与人和谐，人与自然和谐，还要人内心和谐。中国现在正大力提倡构建和谐社会，可以说是适逢其时。我活了将近一百年了，从未看到过这么好的一个时代。

要想达到个人和谐的境界，需要具备两个条件：良知和良能。知是认识，能是本领。良知是基础，良能是保障，两者缺一不可。知行合一，天人合一，方能和谐。良知是什么？概括起来就是八个字：爱国、孝亲、尊师、重友，这在中国传统文化中都有。一个人如果做到了这一点，那就可以说他是个人和谐，而每一个人都和谐了，那整个社会也就和谐了。

2007 年 7 月 27 日

致灵山书院同仁的信

今天是灵山书院开幕的大喜日子，这在中国当代学术史上，特别是在佛学研究史上，是一件大好事。我对此表示诚挚的祝贺！

在世界文化交流的历史上，佛教传入中国是一件了不起的大事。佛教的发源地本是印度和尼泊尔，但今天的印度，佛教已几近绝迹，幸好在两千年前，佛教东传，进入中国，碰到了天时地利人和，得以兴盛发达，绵延至今。

佛教在中国，逐渐和中国固有之文化相结合。在两千年的发展过程中，佛教从一个外来的宗教，衍变为几乎像是在中国土生土长的一样。到今天，佛教已经是中国文化不可或缺的组成部分。我们无法想象也不敢想象，如果没有佛教的传入，今天的中国文化会是什么样子。

自古以来，中国就有研究佛学的传统，到了近代日益发扬光大。我们今天尝到了和谐社会的好处，而佛教教义本身也是强调和谐的。所以，今天研究佛学不但有学术意义，还有现实意义。希望各位同仁，认真承担起研究佛学这个承前启后的担子，衷心祝愿灵山书院蒸蒸日上，越办越好！

2007年10月23日

传统文化中的人生价值

人生

在一个“人生漫谈”的专栏中，首先谈一谈人生，似乎是理所当然、未可厚非的。

而且我认为，对于我来说，这个题目也并不难写。我已经到了望九之年，在人生中已经滚了八十多个春秋了。一天天面对人生，时时刻刻面对人生，让我这样一个世故老人来谈人生，还有什么困难呢？岂不是易如反掌吗？

但是，稍微进一步一琢磨，立即出了疑问：什么叫人生呢？我并不清楚。

不但我不清楚，我看芸芸众生中也没有哪一个人真清楚的。古今中外的哲学家谈人生者众矣。什么人生意义，又是什么人生的价值，花样繁多，扑朔迷离，令人眼花缭乱；然而他们说了些什么呢？恐怕连他们自己也是越谈越糊涂。以己之昏昏，焉能使人昭昭！

哲学家的哲学，至矣高矣。但是，恕我大不敬，他们的哲学同吾辈凡人不搭界，让这些哲学，连同它们的“家”，坐在神圣的殿堂里去独现辉煌吧！像我这样一个凡人，吃饱了饭没事儿的时候，有时也会想到人生问题。我觉得，我们“人”的“生”，都绝对是被动的。没有哪一个人能先制定一个诞生计划，然后再下生，一步步让计划实现。只有一个人是例外，他就是佛祖释迦牟尼。他住在天上，忽然想降生人寰，超度众生。先考虑要降生的国家，再考虑要降生的父母。考虑周详之后，才从容下降。但他是佛祖，不是吾辈凡人。

吾辈凡人的诞生，无一例外，都是被动的，一点三动也没有。我

季羡林谈人生，酸甜苦辣都尝过。

们糊里糊涂地降生，糊里糊涂地成长，有时也会糊里糊涂地夭折，当然也会糊里糊涂地寿登耄耋，像我这样。

生的对立面是死。对于死，我们也基本上是被动的。我们只有那么一点主动权，那就是自杀。但是，这点主动权却是不能随便使用的。除非万不得已，是决不能使用的。

我在上面讲了那么些被动，那么些糊里糊涂，是不是我个人真正欣赏这一套、赞扬这一套呢？否，否，我决不欣赏和赞扬。我只是说了一点实话而已。

正相反，我倒是觉得，我们在被动中，在糊里糊涂中，还是能够有所作为的。我劝人们不妨在吃饱了燕窝鱼翅之后，或者在吃糠咽菜之后，或者在卡拉 OK、高尔夫之后，问一问自己：你为什么活着？活着难道就是为了恣睢的享受吗？难道就是为了忍饥受寒吗？问了这些简单的问题之后，会使你头脑清醒一点，会减少一些糊涂。谓予不信，请尝试之。

1996 年 11 月 9 日

再谈人生

人生这样一个变化莫测的万花筒，用千把字来谈，是谈不清楚的。所以来一个“再谈”。

这一回我想集中谈一下人性的问题。

大家知道，中国哲学史上，有一个不大不小的争论问题：人是性善，还是性恶？这两个提法都源于儒家。孟子主性善，而荀子主性恶。争论了几千年，也没有争论出一个名堂来。

记得鲁迅先生说过：“人的本性是，一要生存，二要温饱，三要发展。”（记错了由我负责）这同中国古代一句有名的话，精神完全是一致的：“食色，性也。”食是为了解决生存和温饱的问题，色是为了解决发展问题，也就是所谓传宗接代。

我看，这不仅仅是人的本性，而且是一切动植物的本性。试放眼观看大千世界，林林总总，哪一个动植物不具备上述三个本能？动物姑且不谈，只拿距离人类更远的植物来说，“桃李无言”，它们不但不能行动，连发声也发不出来。然而，它们求生存和发展的欲望，却表现得淋漓尽致。桃李等结甜果子的植物，为什么结甜果子呢？无非是想让人和其他能行动的动物吃了甜果子把核带到远的或近的其他地方，落在地上，生入土中，能发芽、开花、结果，达到发展，即传宗接代的目的。

你再观察，一棵小草或其他植物，生在石头缝中，或者甚至压在石头块下，缺水少光，但是它们却以令人震惊得目瞪口呆的毅力，冲破了身上的重压，弯弯曲曲地、忍辱负重地长了出来，由细弱变为强

季羡林在朗润园后湖畔

硬，由一根细苗甚至变成一棵大树，再作为一个独立体，继续顽强地实现那三种本性。“下自成蹊”，就是“无言”的结果吧。

你还可以观察，世界上任何动植物，如果放纵地任其发挥自己的本性，则在不太长的时间内，哪一种动植物也能长满塞满我们生存的这一个小小的星球地球。那些已绝种或现在濒临绝种的动植物，属于另一个范畴，另有其原因，我以后还会谈到。

那么，为什么到现在还没有哪一种动植物——包括万物之灵的人类在内——能塞满了地球呢?

在这里，我要引老子的话：“天地不仁，以万物为刍狗。”是造化小儿——谁也不知道，他究竟有没有？他究竟是什么样子？我不信什么上帝，什么天老爷，什么大梵天，宇宙间没有他们存在的地方。

但是，冥冥中似乎应该有这一类的东西，是他或它巧妙计算，不让动植物的本性光合得逞。

1996 年 11 月 12 日

三论人生

上一篇《再论》戛然而止，显然没有能把话说完，所以再来一篇《三论》。

造化小儿对禽兽和人类似乎有点区别对待的意思。它给你生存的本能，同时又遏制这种本能，方法或者手法颇多。制造一个对立面似乎就是手法之一，比如制造了老鼠，又制造它的天敌——猫。

对于人类，它似乎有点优待。它先赋予人类思想（动物有没有思想和言语是一个有争论的问题），又赋予人类良知良能。关于人类本性，我在上面已经谈到。我不大相信什么良知，什么“恻隐之心，人皆有之”；但是我又无反驳。古人说：“人之所以异于禽兽者几希”，“几希”者，极少极少之谓也。即使是极少极少，总还是有的。我个人胡思乱想，我觉得，在对待生物的生存、温饱、发展的本能的态度上，就存在着一点点“几希”。

我们观察，老虎、狮子等猛兽，饿了就要吃别的动物，包括人在内。它们决没有什么恻隐之心，决没有什么良知。吃的时候，它们也决不会像人吃人的时候那样，有时还会捏造一些我必须吃你的道理，做好“思想工作”。它们只是吃开了，吃饱为止。人类则有所不同，人与人当然也不会完全一样。有的人确实能够遏制自己的求生的本能，表现出一定的良知和一定的恻隐之心。古往今来的许多仁人志士，都是这方面的好榜样。他们为什么能为国捐躯？为什么能为了救别人而牺牲自己的性命？鲁迅先生所说的“中国的脊梁”，就是这样的人。孟子所谓的“浩然之气”，只有这样的人能有。禽兽中是决不会有什么

“能为国家，为人民，为他人着想而遏制自己的本性的，就是有道德的人。”(季羡林)

“脊梁”，有什么“浩然之气”的，这就叫做“几希”。

但是人也不能一概而论，有的人能够做到，有的人就做不到。像曹操说：“宁教我负天下人，休教天下人负我！”他怎能做到这一步呢？

说到这里，就涉及伦理道德问题。我没有研究过伦理学，不知道怎样给道德下定义。我认为，能为国家，为人民，为他人着想而遏制自己的本性的，就是有道德的人。能够百分之六十为他人着想，百分之四十为自己着想，他就是一个及格的好人。为他人着想的百分比越高越好，道德水平越高。百分之百，所谓“毫不利己，专门利人”的人是绝无仅有的。反之，为自己着想而不为他人着想的百分比，越高越坏。到了曹操那样，就算是坏到了顶。毫不利人，专门利己的人，普天之下倒是不老少的。说这话，有点泄气。无奈这是事实，我有什么办法？

1996年11月13日

人生的意义与价值

当我还是一个青年大学生的时候，报刊杂志上曾刮起一阵讨论人生的意义与价值的微风，文章写了一些，议论也发表了一通。我看过一些文章，但自己并没有参加进去。原因是，有的文章不知所云，我看不懂。更重要的是，我认为这种讨论本身就无意义，无价值，不如实实在在地干几件事好。

时光流逝，一转眼，自己已经到了望九之年，活得远远超过了我的预算。有人认为长寿是福，我看也不尽然。人活得太久了，对人生的种种相，众生的种种相，看得透透彻彻，反而鼓舞时少，叹息时多。远不如早一点离开人世这个是非之地，落一个耳根清净。

那么，长寿就一点好处都没有吗？也不是的。这对了解人生的意义与价值，会有一些好处的。

根据我个人的观察，对世界上绝大多数人来说，人生一无意义，二无价值。他们也从来不考虑这样的哲学问题。走运时，手里攥满了钞票，白天两顿美食城，晚上一趟卡拉OK，玩一点小权术，耍一点小聪明，甚至恣睢骄横，飞扬跋扈，昏昏沉沉，浑浑噩噩，等到钻入了骨灰盒，也不明白自己为什么活过一生。

其中不走运的则穷困潦倒，终日为衣食奔波，愁眉苦脸，长吁短叹。即使日子还能过得去的，不愁衣食，能够温饱，然也终日忙忙碌碌，被困于名缰，被缚于利索。同样是昏昏沉沉，浑浑噩噩，不知道为什么活过一生。

对这样的芸芸众生，人生的意义与价值从何处谈起呢？

遨游大海的季羡林

我自己也属于芸芸众生之列，也难免浑浑噩噩，并不比任何人高一丝一毫。如果想勉强找一点区别的话，那也是有的：我，当然还有一些别的人，对人生有一些想法，动过一点脑筋，而且自认这些想法是有点道理的。

我有些什么想法呢？话要说得远一点。当今世界上战火纷飞，人欲横流，"黄钟毁弃，瓦釜雷鸣"，是一个十分不安定的时代。但是，对于人类的前途，我始终是一个乐观主义者。我相信，不管还要经过多少艰难曲折，不管还要经历多少时间，人类总会越变越好的，人类大同之域决不会仅仅是一个空洞的理想。但是，想要达到这个目的，必须经过无数代人的共同努力。有如接力赛，每一代人都有自己的一段路程要跑；又如一条链子，是由许多环组成的，每一环从本身来看，只不过是微末不足道的一点东西；但是没有这一点东西，链子就组不成。在人类社会发展的长河中，我们每一代人都有自己的任务，而且是决非可有可无的。如果说人生有意义与价值的话，其意义与价值就在这里。

但是，这个道理在人类社会中只有少数有识之士才能理解。鲁迅先生所称之"中国的脊梁"，指的就是这种人。对于那些肚子里吃满了肯德基、麦当劳、比萨饼，到头来终不过是浑浑噩噩的人来说，有如夏虫不足以与语冰，这些道理是没法谈的。他们无法理解自己对人类发展所应当承担的责任。

话说到这里，我想把上面说的意思简短扼要地归纳一下：如果人生真有意义与价值的话，其意义与价值就在于对人类发展的承上启下，承前启后的责任感。

1995 年

不完满才是人生

每个人都争取一个完满的人生。然而，自古及今，海内海外，一个百分之百完满的人生是没有的。所以我说，不完满才是人生。

关于这一点，古今的民间谚语，文人诗句，说到的很多很多。最常见的比如苏东坡的词：“人有悲欢离合，月有阴晴圆缺，此事古难全。”南宋方岳（根据吴小如先生考证）诗句：“不如意事常八九，可与人言无二三。”这都是我们时常引用的，脍炙人口的。类似的例子还能够举出成百上千来。

这种说法适用于一切人，旧社会的皇帝老爷子也包括在里面。他们君临天下，“率土之滨，莫非王土”，可以为所欲为，杀人灭族，小事一桩。按理说，他们不应该有什么不如意的事。然而，实际上，王位继承，宫廷斗争，比民间残酷万倍。他们威仪俨然地坐在宝座上，如坐针毡。虽然捏造了“龙御上宾”这种神话，他们自己也并不相信。他们想方设法以求得长生不老，他们最怕“一旦魂断，宫车晚出”，连英主如汉武帝、唐太宗之辈也不能“免俗”。汉武帝造承露金盘，妄想饮仙露以长生；唐太宗服印度婆罗门的灵药，期望借此以不死。结果，事与愿违，仍然是“龙御上宾”呜呼哀哉了。

在这些皇帝手下的大臣们，“一人之下，万人之上”，权力极大，骄纵恣肆，贪赃枉法，无所不至。在这一类人中，好东西大概极少，否则包公和海瑞等决不会流芳千古，久垂宇宙了。可这些人到了皇帝跟前，只是一个奴才，常言道：伴君如伴虎，可见他们的日子并不好过。据说明朝的大臣上朝时在笏板上夹带一点鹤顶红，一旦皇恩浩荡，钦赐极刑，连忙用舌尖舔一点鹤顶红，立即涅槃，落得一个全尸。可见这一批人的日子也并不好过，谈不到什么完满的人生。

至于我辈平头老百姓，日子就更难过了。建国前后，不能说没有区别，可是一直到今天仍然是“不如意事常八九”。早晨在早市上被小贩“宰”了一刀；在公共汽车上被扒手割了包，踩了人一下，或者被人踩了一下，根本不会说“对不起”了，代之以对骂，或者甚至演出全武行。到了商店，难免买到假冒伪劣的商品，又得生一肚子气，谁能说，我们的人生多是完满的呢？

再说到我们这一批手无缚鸡之力的知识分子，在历史上一生中就难得过上几天好日子。只一个“考”字，就能让你谈“考”色变。“考”者，考试也。在旧社会科举时代，“千军万马独木桥”，要上进，只有科举一途。你只需读一读吴敬梓的《儒林外史》，就能淋漓尽致地了解到科举的情况。以周进和范进为代表的那一批举人进士，其窘态难道还不能让你胆战心惊、啼笑皆非吗？

现在我们运气好，得生于新社会中。然而那一个“考”字，宛如如来佛的手掌，你别想逃脱得了。幼儿园升小学，考；小学升初中，考；初中升高中，考；高中升大学，考；大学毕业想当硕士，考；硕士想当博士，考。考，考，考，变成烤，烤，烤；一直到知命之年，厄运仍然难免。现代知识分子落到这一张密而不漏的天网中，无所逃于天地之间，我们的人生还谈什么完满呢？

灾难并不限于知识分子：“人人有一本难念的经”，所以我说“不完满才是人生”，这是一个“平凡的真理”。但是真能了解其中的意义，对己对人都有好处：对己，可以不烦不躁；对人，可以互相谅解，这会大大地有利于整个社会的安定团结。

1998年8月20日

《人世文丛》序

人世多悲欢，珍重生命的人，会寻求一种较合理的人生态度。我所欣赏的人生态度，是道家的一种境界。正如陶渊明诗中所云：

纵浪大化中
不喜亦不惧
应尽便须尽
无复独多虑

人总希望活下去，生与死是相对的。

印度梵文中的“死”字，是一个动词，而不是名词，变化形式同被动态一样。这说明印度古代的语法学家，精通人情心态。死几乎都是被动的，一个人除非被逼至绝境，他是不会轻易抛弃自己生命的。

我向无大志，是一个很平常的人。我对亲人，对朋友，总是怀有真挚的感情，我从来没有故意伤害过别人。但是，在那段“浩劫”的岁月里，我因为敢于仗义执言，几乎把老命赔上。那时，任何一个戴红箍的学生和教员，都可以随意对我进行辱骂和殴打，我这样一位手无缚鸡之力的老人，被打得一佛出世，二佛升天，这种皮肉上的痛苦给心灵上带来的摧残是终生难忘的。

我的性命本该在那场浩劫中结束，在比一根头发丝还细的偶然中我没有像老舍先生那样走上绝路，我侥幸活了下来，我被分配淘厕所，看门房，守电话，我像个患了“麻风”病的人，很少人能有勇气同我交谈，我听从任何人的训斥或调遣，只能规规矩矩，不敢乱说乱动。

我活下来，一种悔愧耻辱之感在咬我的心。

我活下来，一种求生本能之意在唤我的心。

我扪心自问：我是个有教养、有尊严、有点学问、有点良知的人，我能忍辱负重地活下来，根本缘由在于我的思想还在，我的理智还在，我的信念还在，我的感情还在。我不甘心成为行尸走肉，我不情愿那样苟且偷生，我必须干点事情。二百多万字的印度大史诗《罗摩衍那》，就是在那段时期、那个环境、那种心态下译完的。

我活下来，寻找并实现着我的生命价值……

几十年过去了，回忆往昔岁月，依旧历历在目。中国的知识分子，尤其是老知识分子身经忧患，在过去几十年的所谓政治运动中，被戴上许多离奇荒诞匪夷所思的帽子。磕磕碰碰，道路并不平坦。他们在风雨中经受了磨炼，抱着一种更宽厚、更仁爱的心胸看待生活，他们更愿讲真话。

敢讲真话是需要极大的勇气，有时甚至需要极硬的“骨气”。历史上，因为讲真话而受迫害，遭厄运的人数还少吗？

我们北大的老校长马寅初先生，在 1957 年曾发表过著名的《新人口论》，他讲了真话。但到了 1959 年，这个纯粹学术探讨的问题，竟变成了全国性的政治讨伐。面对数百人的批判，老马拼上一身老骨头，迎接挑战。他曾著文声明：“这个挑战是合理的，我当敬谨拜受。我虽年近八十，明知寡不敌众，自当单身匹马出来迎战，直至战死为止，决不向专以力压服而不以理说服的那种批判者投降。”马老很快遭了厄运。但他的精神，他的“骨气”，为世人所钦仰、所颂扬，因为他敢于维护自己的信念，敢于坚持讲真话。他成为我们这一代知识分子的楷模。

我国著名老作家巴金先生，对三十年前那场“浩劫”所造成的灾难，认真地反思，他在晚年，以老迈龙钟之身，花费了整整七年的时间，呕心沥血地写成了一部讲真话的大书《随想录》。这部书的永恒价值，就在于巴老敢于在书里写真话。

当然，只写真话，并不一定都是好文章，好文章应有淳美的文采和深邃的思想。真情实感只有融入艺术性中，才能成为好文章，才能产生感人的力量。我所欣赏的文章风格是：淳朴恬澹，本色天然，外表平易，秀色内涵，有节奏性，有韵律感。我不喜欢浮滑率意，平板呆滞的文章。

巴金

现在，善待知识分子已成为我们的国策，我希望中国年轻一代知识分子，不要再经受我们老辈人所经受的那种磨难，他们应该生活在一种更人道的环境里。当然，社会是发展的，他们会在新的环境里，遇到更激烈的竞争。但这是一种智力上的公平竞争，是现代社会中一种高尚的、文明的竞争。它的存在，是社会进步的表现。

有志于使中华民族强盛的人们，尤其是年轻一代知识分子，你们的生命只有和民族的命运融合在一起才有价值，离开民族大业的个人追求，总是渺小的。这就是我，一个老知识分子的心声。

我在写这篇序文时，窗外暗夜正在向前流动着，不知不觉中，暗夜已逝，旭日东升。朝阳从窗外流入我的书房。我静坐沉思，时而举目凝望，窗外的树木枝叶繁茂，那青翠盎然的浓绿扑入眉宇，它给我心中增添了鲜活的力量。

北京师范大学出版社出版由钟敬文先生等担任顾问，张岱年先生、邓九平同志主编的《人世文丛》，将20世纪八百余位学者、作家的千余篇美文佳作汇集成册，这是一件极有价值的工作。我相信，志在弘扬中华优秀文化的人，会喜爱这套丛书的，我乐而为之序。

1997年5月5日

接受央视记者曲向东访谈录

关于理想

季：现在青年最向往什么我不知道，您能告诉吗？

曲：现在的社会选择非常多，也有很多人做学问、做科技、做科学，很多人想去经商，也有很多人当演员、当画家，各种各样的选择都非常多，您那个时候呢？

……

关于出国

季：我主张年轻人还是要出国。我最反对出去不回来，最厌恶出去不回来。

曲：最厌恶？

季：嫌贫爱富。

……

关于成功

曲：您的成功，您取得的成就靠的主要是什么呢？

季：我有一个公式，就是天资＋努力＋机遇＝成功。

……

关于做人

曲：您觉得一生中最重要的是什么？做一个成功的人最重要的是什么？

季：我有八个大字："爱国、孝亲、尊师、重友"最重要的八个字。

……

关于真

曲：请您谈一谈真理的真，您经常写文章会谈到什么是真？

季：有一句话：假话全不说，真话不全说。

2008 年 3 月

"我有一个公式，就是天资 + 努力 + 机遇 = 成功。"（季羡林）

《人生小品》序

约莫在一年多以前，我给自己约法一章：今后不再出这里选几篇，那里选几篇拼凑而成的文集。因为，你不管怎样选择，重复总会难免，这是对读者不负责任的表现，是我不应该做的。

决心下定以后不久，于青女士就找上门来，说是要给我出版一部散文选集。我立即把我的决定告诉了她。她以她那特有的豁达通脱、处变不惊的态度，从容答辩说，她选的文章会有特点，都是有关品味人生、感悟人生的，而且她还选了八个作家的文章，再来一个，而且我还是其中的排头兵。意思就是，如果我拒绝合作，我就有破坏大局、破坏团结的嫌疑。这样一来，我只有俯首听命了。

年轻时候，我几乎没有写过感悟人生的文章，因为根本没有感悟，只觉得大千世界十分美好，眼前遍地开着玫瑰花，即使稍有不顺心的时候，也只如秋风过耳，转瞬即逝。中年以后，躬逢盛世，今天一个运动，明天一场批判，天天在斗、斗、斗，虽然没有感到其乐无穷，却也并无反感。最后终于把自己斗到了牛棚里，几乎把一条小命断送。被“解放”以后，毫无改悔之意，依然是造神不止。等到我脑袋稍稍开了点窍，对人生稍稍有点感悟时，自己已经是垂垂老矣。

我是习惯于解剖自己的，但是，解剖的结果往往并不美妙。在学术上我是什么知、什么觉，在这里姑且不论；但是，在政治上，我却是后知后觉，这是肯定无疑的。有时候连小孩子都不会相信的弥天大谎，我却深信不疑。如果一生全是这样的话，倒也罢了。然而造物主却偏给我安排了一条并不平坦的人生道路。我走过阳关大道，也走过独木小桥。我经历过车马盈门的快乐，成为一个颇可接触者；又经历过门可罗雀的冷落，成为一个不可接触者。如果永远不可接触下去，倒也罢了，我也是无怨无悔的。然而造物主又跟我开了一个玩笑，他（它？她？）又让我梅开二度，不但恢复了车马盈门的盛况，而且是“车如流水马如龙，花月正春风”，我成了一个极可接触者。

大家都能够知道，有过我这样经历的人，最容易感悟人生。我虽木讷，对人生也不能不有所感悟了。

正在这个时候，上海《新民晚报·夜光杯副刊》的编辑贺小钢女士写信给我，要我开辟一个专栏，名之曰“人生漫谈”。这真叫“无巧不成书”，一拍即合，我立即答应下来，立即动笔，从 1996 年下半年开始，到现在已经写了九十篇，有几篇还没有刊出。我原来信心十足，觉得自己已经活到了耄耋之年，吃的盐比年轻人吃的面还多，过的桥比年轻人走过的路还长，而且又多次翻过跟头，何为人生，我早已看得透透的了。一拿起笔来，必然是妙笔生花，灵感一定会像江上清风，山中明月，取之不尽，用之不竭。想到这里，我简直想手舞足蹈了。

然而我犯了一个大错误，我过高地估计了我对人生感悟的库藏。原来每月两篇千字文，写来得心应手，不费吹灰之力，只觉得人生像是一个万花筒，方面无限地多，随便从哪一个方面选取一点感悟，易如反掌，不愁文章没有题目。然而写到六七十篇以后，却出现了前所未遇的情况。有时候感悟的火花一闪耀，想出了一个新题目。为了慎重起见，连忙查一查旧账，这一查就让我傻了眼：原来已经写过了。第二次，第三次，又碰到同样的情况。使我不得不承认，人生的方面虽然很广，自己的经历毕竟有限，虽然活到了耄耋之年，对人生感悟的库藏并不十分丰富。

此外，我还发现了一个我自己本不愿承认但又非承认不行的事实，这就是：自己对人生感悟的分析能力不是太强。这是有原因的。我一生治学，主要精力是放在考证上的；义理非我所好，也非我所能。对哲学家，我一向是敬而远之的，他们搞的那一套分析，分析，再分析，分析得我头昏脑晕，无力追踪。现在轮到我来写人生小品，这玩意儿

季羡林在书房

有时候还是非有点分析不行的，这就让我为了难。现在翻阅过去四年多中所写的八十来篇小品，自己真正满意的并不多。这颇使我尴尬。然而，为水平所限，奈之何哉！

但是，事情还有它的另一面。四五年来，我在上海《新民晚报·夜光杯副刊》上，总共写了八十来篇千字文。从读者中反馈回来的信息还是令人满意的。有的读者直接写信给我，有的当面告诉我，他们是认可的。全国一些不同地区的报刊杂志上也时有转载，也说明了那些千字文是起了作用的。那些千字文，看上去题目虽然五花八门，但是我的基本想法却是一致的。我想教给年轻人的无非是：热爱祖国，热爱人类，热爱生命，热爱自然。我认为，这四个“热爱”是众德之首。有了这四个“热爱”，国家必能富强，世界必能和睦，人类与大自然必能合一，人类前途必能辉煌。我虽然没有直接拿这四个“热爱”命题作文，但是我在行文时或明或暗，或直接或间接总离不开这个精神。这一点是可以告慰自己和读者的。

可是，我现在遇到了困难，我走到了十字路口上，我必须决定究竟要向哪个方向走，必须决定停步还是前进。要想前进，就是要想继续写下去，必须付出比以前大得多的劳动。我现在是年过高而力不强。

虽然自觉离老年痴呆症还有极长的距离，自觉还是“难得糊涂”的；但是，在许多地方已有力不从心之感，不服老是不行了。为今之计，最好的最聪明的办法是只享受人生，而不去品味人生和感悟人生，不再写什么劳什子文章。这样既可以颐养天年，从从容容地过了百寿再赶茶寿。在另一方面还能够避开那一小撮嗅觉有特异功能的专爱在鸡蛋里挑刺的人们的伤害，何乐而不为呢？

然而，那不是我的为人之道。我不反对，文学家们、科学家们、教育家们、军事家们、政治家们在给人民作出了贡献之后，安静地颐养天年，那样做是应该的。我对自己的要求是：“小车不倒尽管推”，过去九十年，我对人民作出的贡献微不足道。我没有任何理由白吃人民的小米。我现在在这里说这一番话的目的，就是要表示“人生漫谈”还是要写下去的，不管有多大的困难，还是要写下去的。最近小钢在《夜光杯》上发我写的《老人十忌》，速度显然超过了每月两篇。看来，她是想督促我快写。而于青编选《人生小品》也表示了她对我工作的认可，我不能使她们失望。等到将来有一天，可能我写不下去了，那时我就会像变戏法的下跪一样，没辙了。

对读者，我也想啰唆几句。倘若你们发现本书中同其他的书重复过多，那么你们最好别买。我只想劝你们把我这一篇序读一下，因为其中道出了我写人生小品的甘苦，值得一读的。

是为序。

2001年4月6日

《人生箴言》序

本书的作者池田大作名誉会长，译者卞立强教授，以及本书一开头就提到的常书鸿先生，都是我的朋友。我同他们的友谊，有的已经超过了四十年，至少也有十几二十年了，都可以算是老朋友了。我尊敬他们，我钦佩他们，我喜爱他们，常以此为乐。

池田大作名誉会长的著作，只要有汉文译本（这些译本往往就出自卞立强教授之手），我几乎都读过。现在又读了他的《人生箴言》。可以说是在旧的了解的基础上，又增添了新的了解。在旧的钦佩的基础上，又增添了新的钦佩，我更以此为乐。

评断一本书的好与坏有什么标准呢？这可能因人而异。但是，我个人认为，客观的能为一般人都接受的标准还是有的。归纳起来，约略有以下几项：一本书能鼓励人前进呢，抑或拉人倒退？一本书能给人以乐观精神呢，抑或使人悲观？一本书能增加人的智慧呢，抑或增强人的愚蠢？一本书能提高人的精神境界呢，抑或降低？一本书能增强人的伦理道德水平呢，抑或压低？一本书能给人以力量呢，抑或使人软弱？一本书能激励人向困难作斗争呢，抑或让人向困难低头？一本书能给人以高尚的美感享受呢，抑或给人以低级下流的愉快？类似的标准还能举出一些来，但是，我觉得，上面这一些也就够了。统而言之，能达到问题的前一半的，就是好书。否则，若只能与后一半相合，这就是坏书。

拿上面这些标准来衡量池田大作先生的《人生箴言》，读了这一本书，谁都会承认，它能鼓励人前进；它能给人乐观精神；它能增加人的智慧；它能提高人的精神境界；它能增强人的伦理道德水平；它能给人以力量；它能鼓励人向困难作斗争；它能给人以高尚的美感享受。总之，在人生的道路上，它能帮助人明辨善与恶，明辨是与非；它能帮助人找到正确的道路，而不至迷失方向。

因此，我的结论只能是：这是一本好书。

如果有人认为我在上面讲得太空洞，不够具体，我不妨说得具体一点，并且从书中举出几个例子来。书中许多精辟的话，洋溢着作者的睿智和机敏。作者是日本蜚声国际的社会活动家，思想家，宗教活动家。在他那波澜壮阔的一生中，通过自己的眼睛和心灵，观察人生，体验人生，终于参透了人生，达到了圆融无碍的境界。书中的话就是从他深邃的心灵中撒出来的珠玉，句句闪耀着光芒。读这样的书，真好像是走入七宝楼台，发现到处是奇珍异宝，拣不胜拣。又好像是行在山阴道上，令人应接不暇。本书关于人生中的第一段话，就值得我们细细地玩味："我认为人生中不能没有爽朗的笑声"。第二段话："我希望能在真正的自我中，始终保持不断创造新事物的创造性和为人们为社会做出贡献的社会性。"这是多么积极的人生态度，真可以振聋发聩！我自己已经到了耄耋之年。我特别欣赏这一段话："'老'得美，老而美——这恐怕是比人生的任何时期的美都要尊贵的美。老年或晚年，是人生的秋天。要说它的美，我觉得那是一种霜叶的美。"我读了以后，陡然觉得自己真"美"起来了，心里又溢满了青春的活力。这样精彩的话，书中到处都是，我不再作文抄公了，读者自己去寻找吧。

现在正是秋天。红于二月花的霜叶就在我的窗外。案头上正摆着这一部的译稿。我这个霜叶般的老年人，举头看红叶，低头读华章，心旷神怡，衰颓的暮气一扫而光，提笔写了这一篇短序，真不知老之已至矣。

1994 年 11 月 8 日

读《人生宝典》

高占祥同志，当代《畸人传》或《无双谱》中人物也。其所以“畸”，其所以“无双”，就因为他同别人不一样。他为高官，为显宦，为诗人，为学者，为这，为那，不知道有多少“为”。他能文，能画，能摄影，能书法，能管理，能交友，能这，能那，又不知道有多少“能”。这一些“为”与“能”，就使他进入《畸人传》，进入《无双谱》，就形成了“高占祥现象”。为中国的诗坛、画坛、文坛、政坛，还有些什么坛增添了奇光异彩。

我行年九十，老迈龙钟，耳半聪，目半明，步履蹒跚，艰于行动。连每天收到的信件和报纸，都需要别人读给我听，新出版的书籍则很少过问。对高占祥这个名字，也只是“如雷贯耳”，他的书则一本也没有读过。前不久，忽然蒙他垂青，赠给我了他自己的著作数种。我在惊喜之余，连忙武装起来，眼戴深度老花镜，手持放大镜，用艰苦卓绝的精神，宛如攀登珠穆朗玛峰，一句句，一页页，把《人生宝典》大体上读了一遍。套一句幼年读私塾时写文章的滥调：“不禁有所感焉”。

我“感”的是什么呢?

首先是高占祥同志在十多年前就感到，在我们新社会中亮点虽多，但是不亮之处亦复不少。社会道德水平亟待提高。于是拿起笔来，“妙手著文章”，给人们提供榜样，提供理论依据。如今，“以德治国”之口号洋洋乎盈耳矣。占祥同志先见之明不值得我“感”吗?

其次，高占祥同志从各个方面思考人生道德修养问题，细大不捐，了无遗漏；用简明朴素的语言，阐明平常而又深刻的道理；不是死板的教条，而是活生生的典范。称之为《人生宝典》，实在是名副其实的，面对这样的一本书，我能不“感”吗？

最后，last but not least，我想谈一谈本书的内容。对人对己进行伦理道德教育或修养，其道多端。但笼统言之，不出两途：一高一低。高者陈义极高，高到“高不可攀”的程度。宛如示人以“海上三山”，云雾缭绕，美妙无极，然而可望而不可即。又如示人以镜中花，水中月，晶莹澄澈，动人心魄，然而却是无论如何也拿不到手的。最著名的例子就是“毫不利己，专门利人”，一个“毫不”，再加上一个“专门”，一记杀威棍，把你打人地下。至矣极矣，无以复加矣；然而试问古往今来的圣贤豪杰，有几个人真正能够做到的？这样的道德教条只能让人望而却步。芸芸众人会想：“反正做不到，不如不去追求吧！依然故我，反而落得一个潇洒。”

低者陈义不高，有时甚至显得琐细，然而却切实可行。从小处做起，从现在做起，从个人做起。古人说：“不以善小而不为，不以恶小而为之。”这实在是见道之言。杜甫诗：“润物细无声”，虽然又“细”，又“无声”，然而最终“物”却被“润”了。积众小而为一大，一个人在不知不觉中，道德修养就一步步提高起来。如果全社会都能这样，则天下焉能不治！“以德治国”的号召焉能得不到贯彻！人世间焉能不祥和！人类的精神境界焉能不提高！我觉得，高占祥同志的《人生宝典》正是这样一部起点似低而实极高的书，有实事求是之心，无哗众取宠之意，此其所以可贵也。

这一部《人生宝典》是真正的“人生宝典”。

高占祥应列入《畸人传》或者《无双谱》。

这就是我的“初读高占祥”。

2001 年 5 月 29 日

分别十三年，与儿子季承相见时的谈话

季羡林与儿子季承、孙女季清在301医院。

（2008年11月7日上午，季承走进301医院与父亲相见。当时有如下对话）

季承：（跪在父亲面前）爸爸，我给您请罪来了。

季羡林：你何罪之有啊，这些年，何尝不是天天想念呀。

季承：我现在还是给李正道先生做助手，他和你一样是个工作狂。

季羡林：好，当懒人没出息。

季承：以前也想来看你，就是进不来，以后就好了。

季羡林：父子团聚是人之常情，不希望我们团聚的人是不正常的。

季承：十三年来，我每天都走到这里，可就是进不来。

季羡林：为什么这么多障碍？我了解一点，但不懂。

季承：十三年了，儿子想父亲呀！

季羡林：我对年的概念没有，但我觉得时间很长，太长啦！

求仁而得仁，又何怨

是不是自己的神经出了点毛病？最近几年以来，心里总想成为一个悲剧性人物。

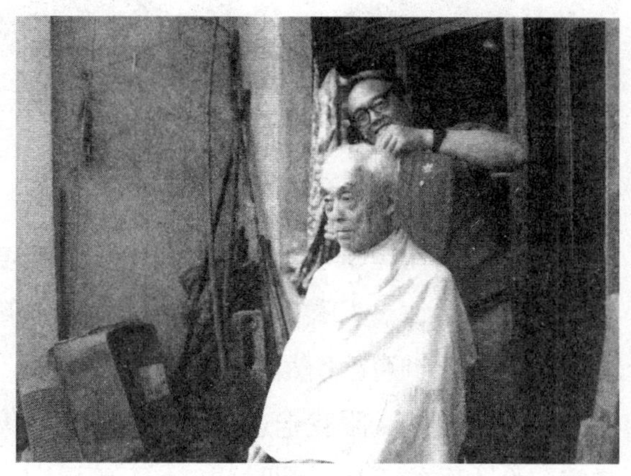

20世纪90年代，季承在家中给父亲理发。

六十年前，我在清华大学念书的时候，有一门课叫做“当代长篇小说”。英国老师共指定了五部书，都是当时在世界上最流行的，像今天名震遐迩的乔伊斯的《尤利西斯》和普鲁斯特的《追忆逝水年华》都包括在里面。这些书我都似懂非懂地读过了，考试及格了，便一股脑儿还给了老师，脑中一片空白，连故事的影子都没有了。

独独有一部书是例外，这就是英国作家哈代的 The Return of the Hatiue（《还乡》）。但也只记住了一个母亲的一句话：“我是一个被儿子遗弃了的老婆子！”我觉得这个母亲的处境又可怜，又可羡。怜容易懂，羡又从何来呢？人生走到这个地步，也并不容易。在人生的道路上，每一个人都是孤独的旅客。与其舒舒服服，懵懵懂懂活一辈子，倒不如品尝一点不平常的滋味，似苦而实甜。

我这种心情有点变态，但我这个人是十分正常的。这大概同我当时的处境有关。离别了八年以后，我最爱的母亲突然离开了人世，走

季羡林与儿子季承在寓所前合影

了。这对我是一个空前绝后的打击。我从遥远的故都奔丧回家。我真想取掉自己的生命，追陪母亲于地下。我们家住在村外，家中只有母亲一人。现在人去屋空。我每天在村内二大爷家吃过晚饭，在薄暮中拖着沉重的步子，踽踽独行，走回家来。大坑里的水闪着白光。柴门外卧着一团黑乎乎的东西，是陪伴母亲度过晚年的那一只狗。现在女主人一走，没人喂食。它白天到村内不知谁家蹭上一顿饭（也许根本蹭不上），晚上仍然回家，守卫着柴门，决不离开半步。它见了我，摇一摇尾巴，跟我走进院子。屋子正中停着母亲的棺材，里屋就是我一个人睡的土炕。此时此刻，万籁俱寂，只有这一条狗，陪伴着我，为母亲守灵。我心如刀割，抱起狗来，亲它的嘴，久久不能放下。人生至死，天道宁论！在茫茫宇宙间，仿佛只剩下我和这一条狗了。

是我遗弃了母亲吗？不能说不是：你为什么竟在八年的长时间中不回家看一看母亲呢？不管什么理由，都是说不通的，我万死不能辞其咎。哈代小说中的母亲，同我母亲的情况是完全不一样的，然而其结果则是相同或者至少是相似的。我母亲不知多少次倚闾望子，不知多少次在梦中见到儿子，然而一切枉然，终于含恨离开了。

我幻想成为一个悲剧性的人物，是不是与此有些关联呢？恐怕是有的。在我灵魂深处，我对母亲之死抱终天之恨，没有任何仙丹妙药能使它消泯。今生今世，我必须背负着这个十字架，我决不会再有什么任何形式的幸福生活，我不是一个悲剧性的人物又是什么呢？

然而我最近梦寐以求的悲剧性，又决非如此简单，我心目中的悲剧，决不是人世中的小恩小怨，小仇小恨。这些能够激起人们的同情与怜恤、慨叹与忧思的悲剧，不是我所想象的那种悲剧。我期望的究竟是什么样的悲剧呢？我好像一时也说不清楚。我大概期望的是类似能“净化”（hashasois）人们的灵魂的古希腊悲剧。相隔上万里，相距数千年，得到它又谈何容易啊！

然而我却于最近无意中得之，岂不快哉！岂不快哉！这里面当然也有遗弃之类的问题。但并不是自己被遗弃，而是自己遗弃了别人。自己怎么会遗弃别人呢？不说也罢。总之，在我家庭中，老祖走了，德华走了，我的女儿婉如也走了。现在就剩下我一个孤家寡人，赤条条来去无牵挂了。成为一个悲剧性的人物，条件都已具备，只待东风了。

孔子曰：求仁而得仁，又何怨！

1995年1月2日

[编者附记]

季羡林幻想成为一个悲剧性的人物，并于无意中得以实现。原因在于“遗弃”，而且是他遗弃了别人，不是别人遗弃了他。那么，“别人”指的是谁呢？文中暗示，正是自己的儿子。这种遗弃并非是法律层面的，而是情感层面的，因而给父子双方心灵上造成了极大的创伤。

季羡林成了一个悲剧性的人物，可谓“求仁而得仁，又何怨”，这难道是他的真心话吗？非也。季羡林向来提倡家庭和谐，并且身体力行。但就这件事来说，即使儿子有错，他又焉能脱离干系？确实，季羡林难辞其咎，大事不糊涂，小事糊涂了一把，从而造成了日后的种种麻烦，一些问题至今纠缠不清，无法解决。

然而，不管怎么说，季羡林生前毕竟与儿子相见了，这才真正是一件合天理、顺人心的大事，可喜可贺！

最后的抚摩

老伴卧病住院，已经将近一年了。不能说话，不能吃东西。有时能认人，有时不能。我时不时地去看她……十二月五日早上，我照例到大图书馆去，已经到达时，忽然心血来潮，来到了病房。德华和以前一样躺在那里，似睡非睡，脑袋直摇晃。我抚摩了她的手，她的额部，都是温温的。这温暖直透我的心。她没有睁眼，也没有看我，哪知道这就是最后的抚摩。

季羡林与老伴彭德华在寓所前合影

温馨，家庭不可或缺的气氛

大千世界，芸芸众生，除了看破红尘出家当和尚的以外，每一个人都会有一个家。一提到家，人们会不由自主地漾起一点温暖之意，一丝幸福之感。

不这样也是不可能的。不管是单职工还是双职工，白天在政府机构、学校、公司、工厂、商店等等五花八门的场所工作劳动。不管是脑力劳动，还是体力劳动，都会付出巨大的力量，应付错综复杂的局面，会见性格各异的人物，有时会弄得筋疲力尽。有道是："不如意事常八九"，哪里事事都会让你称心如意呢？到了下班以后，有如倦鸟还巢一般，带着一身疲惫，满怀喜悦，回到自己家里。这是一个真正

20世纪90年代前期，季羡林尚有一个圆满和谐的家。

季羡林在吃山东麻汁面，左为老伴彭德华。

的安身立命之处，在这里人们主要祈求的就是温馨。有父母的，向老人问寒问暖，老少都感到温馨；有子女的，同孩子谈上几句，亲子都感到温馨；夫妻说上几句悄悄话，男女都感到温馨。当是时也，白天一天操劳身心两方面的倦意，间或有心中的愤懑，工作中或竞争中偶尔的挫折，在处理事务中或人际关系中碰的一点小钉子，如此等等，都会烟消云散，代之而兴的是融融的愉悦。总之，感到的是不能用任何语言表达的温馨。

你还可以便装野服，落拓形迹。白天在外面有时不得不戴着的假面具，完全可以甩掉。有时不得不装腔作势，以求得能适应应对进退的所谓礼貌，也统统可以丢开，还你一个本来面目，圆通无碍，纯然真我。天下之乐宁有过于此者乎？所有这一切都来自家庭中真正的温馨。

但是，是不是每一个家庭都是温馨天成、唾手可得呢？不，不，决不是的。家庭中虽有夫妻关系、亲子关系、血缘关系，但是，所有这一些关系，都不能保证温馨气氛必然出现。俗话说，锅碗瓢盆都会相撞。每个人的脾气不一样，爱好不一样，习惯不一样，信念不一样，而且人是活人，喜怒哀乐，时有突变的情况，情绪也有不稳定的时候，特别是在自己的亲人面前，更容易表露出来。有时候为一点芝麻绿豆大的小事，也会意见相左，处理不得法，也能产生龃龉。天天耳鬓厮磨，谁也不敢保证这种情况不会发生。

那么，我们应当怎么办呢？就我个人来看，处理这样清官难断的家务事，说难极难，说不难也颇易。只要能做到“真”、“忍”二字，虽不中，不远矣。“真”者，真情也。“忍”者，容忍也。我归纳成了几句顺口溜：相互恩爱，相互诚恳，相互理解，相互容忍，出以真情，不杂私心，家庭和睦，其乐无垠。

有人可能不理解，我为什么把容忍强调到这样的高度。要知道，容忍是中华美德之一。我们的往圣先贤，大都教导我们要容忍。民间谚语中，也有不少容忍的内容，教人忍让。有的说法，看似消极，实有积极意义，比如“忍辱负重”，韩信就是一个有名的例子。《唐书》记载，张公艺九世同居，唐高宗问他睦族之道，公艺提笔写了一百多个“忍”字递给皇帝。从那以后，姓张的多自命为“百忍家声”。佛家也十分强调忍辱之要义，经中有很多忍辱仙人的故事。常言道：“小不忍则乱大谋”，在家庭中则是“小不忍则乱家庭”。夫妻、父母、子女之间，有时难免有不同的意见，如果一方发点小脾气，你让他（她）一下，风暴便可平息。等到他（她）心态平衡以后，自己会认错的。此时，如果你也不冷静，火冒三丈，轻则动嘴，重则动手，最终可能告到法庭，宣判离婚，岂不大可哀哉！父母兄弟姊妹之间，也有同样的情况。结果，一个好端端的家庭，会弄得分崩离析。这轻则会影响你暂时的情绪，重则影响你的生命前途。难道我这是危言耸听吗？

总之，温馨是家庭不可或缺的气氛，而温馨则是需要培养的。培养之道，不出两端，一真一忍而已。

1998 年 10 月 23 日

希望21世纪家庭更美好

家庭是组成社会的细胞，集无数细胞而成社会。家庭安则社会安；家庭不安，则社会必然动荡。这个道理明白易懂。

人类不是一开始就有家庭的。人类社会进步到某一个阶段而家庭出。在中国几千年的历史上，崇尚大家庭成风。四世同堂为一般人所艳羡。这通常指的是直系亲属。不是直系亲属而属于同一曾祖，或甚至祖父的叔伯兄弟，也往往集聚一个大家庭中。读一读《红楼梦》，这情况立即具体生动地展现在眼前。宁荣二府，以贾母为首的正头主子不过几十人，然而却楼台殿阁，千门万户，男仆如云，使女如雨，天天过着花天酒地的日子，享尽了人间荣华富贵。表面上看起来，繁荣兴盛，轰轰烈烈。然而，在内部却是钩心斗角，笑里藏刀，互相蒙骗，互相倾轧，除了宝玉一人外，大概没有人过得真正称心如意的。

《红楼梦》时代渺矣，遥矣。就在解放前，我还在济南见到一些聚族而居的大家庭。规模虽然不能像贾府那样大，但是，几个院子，几十口人，几十间房子总是有的。聚居的人，不是大爷，就是二婶，然而境遇却绝对不同。有的摆小摊，有的当县长，有的无所事事，天天鬼混。他们之间，恩恩怨怨，搅成一团。所谓“清官难断家务事”者，即此是也。

建国以来，由于社会的变化，这样的大家庭几乎全已失踪。家庭越变越小。儿女结婚后与父母同住者，也已少见。最典型的家庭是一夫一妻，再加上一个小孩。由于双职工多，生了小孩，没人照管，于是就请来男的母亲或女的母亲，住在一起，照管小孩，这样就产生了一个新名词儿“社会主义老太太”。

依我的推断，到了21世纪，这样的家庭还会继续下去。我不希望看到目前间或有的不办结婚登记手续而任意同居的家庭，这样的家庭是由“露水夫妻”组合成的，说聚就聚，说散就散，这不利于社会的安定团结。像美国那样的同性恋的“家庭”，中国目前似乎还没有，我在将来也不希望看到。这样的超时髦的玩意儿，还是没有的好。

1991年，季羡林在家中过八十岁生日，右为老伴彭德华。

一个人不可能没有一点缺点，也不可能不犯一点错误。只要到不了触犯刑律的程度，夫妻间就应该互相理解，互相原谅。相互理解是夫妻间最重要的行为。在热恋阶段往往看不到对方的缺点，俗话说：“情人眼中出西施。”一旦结婚，往往就会应了我们常说的两句话：“凡所难求皆绝好，及能如愿便平常。”西人说：“婚姻是爱情的坟墓”，我希望，中国不要让这一句话兑现。我希望，结婚以后，爱情的温度会以另外一种形式与日俱增，而不是渐趋冰冷。

我在很多地方被别人认为是保守派，我也以保守派自居。并不是一切时髦的东西都是好的。在婚姻和家庭问题上，我也宁愿保守。我还是宣传我那一套：家庭中必须有忍让精神，夫妇相互包涵，相互容忍，天天为了一点芝麻绿豆大的小事而吵架，我不认为是好现象。

一夫一妻一个孩子的家庭，是历史演变的结果，是当前以及以后相当长的时间内形势的需要。我现在还想不出将来的家庭形式会变成什么样子，21世纪也不会改变。我不希望，中国的社会有朝一日会改变复古，复古到没有家庭的社会，男女杂交，只知有母而不知有父。我希望，21世纪中国的家庭会在保留这种形式的基础上，多增加一些温馨，多增加一些理解，多增加一些和谐，多增加一些幸福。

1999年11月3日

梦游21世纪

21世纪就在眼前，不久我们就能够亲身莅临，何劳梦游？但是，我们眼前还毕竟是处在20世纪中，要谈21世纪，只能梦游了。

21世纪究竟是个什么样子呢？我不相信20世纪的最后一天和21世纪的最初一天会有什么区别。早晨，太阳照样从东方出来；晚上，太阳照样在西方落下，一切几乎都一模一样。

但是，我认为，既然是21世纪，必然有其特点，不过，这个特点决不会一下子就显露出来的，这是一个缓慢的逐渐显露的过程。在这个世纪的初叶，只能渐露端倪，到了2050年左右，它已如日中天，整个特点都会毫无保留地显露出来了。

对于那一些特点，我现在只能做梦。

我梦到，近几百年以来，西方的科学技术给人民，全世界人民带来了空前的幸福；但是，其基础是“征服自然”，与自然为敌，因而受到了大自然的惩罚，产生了许多弊端，比如大气污染、环境污染、生态失衡、物种灭绝，如此等等，不一而足，切盼到了21世纪能有所改变，能改恶向善。要想做到这一点，必须以东方“天人合一”的思想，济西方思想之穷，也就是说，人类必须同大自然为友，双方互相了解，增进友谊，然后再伸手向大自然要衣，要食，要住，要行。只有这样，人类才能避免现在面临的这一些灾难。

我梦到，我们的国家继续安定团结，繁荣昌盛下去。政府中减少了官气，社会上杜绝了假冒伪劣。人民的伦理道德水平提高，人文素质教育加强。五十六个民族团结得像一个人。南方不再洪水泛滥，北

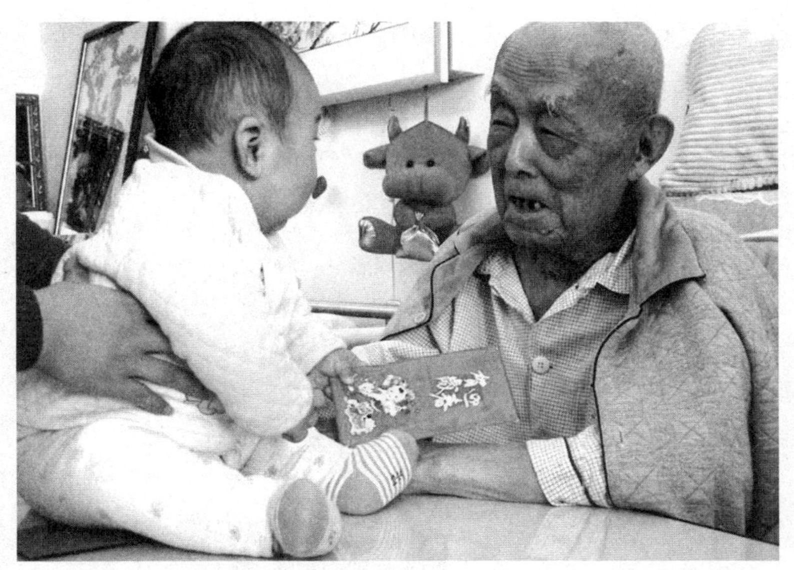

2009 年 1 月 25 日，季羡林给孙子发压岁钱。

方没有森林火灾。天比现在蓝，水比现在清，一片祥和气象。

我梦到，在每一个家庭里，父慈子孝，兄友弟恭，夫妻相敬相爱，相忍相让。像眼前这样的一些青年对恋爱和婚姻的轻率态度，再也看不到了。对待爱情坚贞真实，谁也不做露水夫妻，把离婚当做家常便饭。原本温馨的家庭更温馨了；原本不温馨的家庭变得逐渐温馨起来。在任何时代，人生都是一场搏斗，搏斗就难免惊涛骇浪。在这样的浪涛中，有胜利者，当然也有失败者。在整个社会中，家庭对这样的浪涛来说，就是一个安全的避风港。胜利者回到这个避风港中，在温馨的气氛中，细细品味这胜利的甜蜜：失败者回到这个避风港中，追忆和分析失败的教训，家庭的温馨会增强他的斗志。回忆之余，奋然而起，他又有了足够的勇气和力量，再回到社会中，继续拼搏，勇往直前，必须胜利在握而后止。家庭的作用大矣哉！

我梦到，个人也有了新的变化和起色。对世界来说，他是一个世界公民。对国家来说，他是一个国家公民。对社会来说，他是其中的一分子。他应当在道德方面不断修养和锻炼，能做到苟日新，又日新，日日新，成为一个有用的人，成为一个正直的人。对世界，对国家和社会，对家庭都能尽上应尽的责任。他决不应当像杨花柳絮一样，虽然一时能飞满春城，但是随风飘荡，毫无自主能力，到头来，虽然给骚人墨客增添一些灵感，写出了美妙绝伦的诗词，自己最终却落到泥土地上，化为尘埃，消逝得无影无踪。

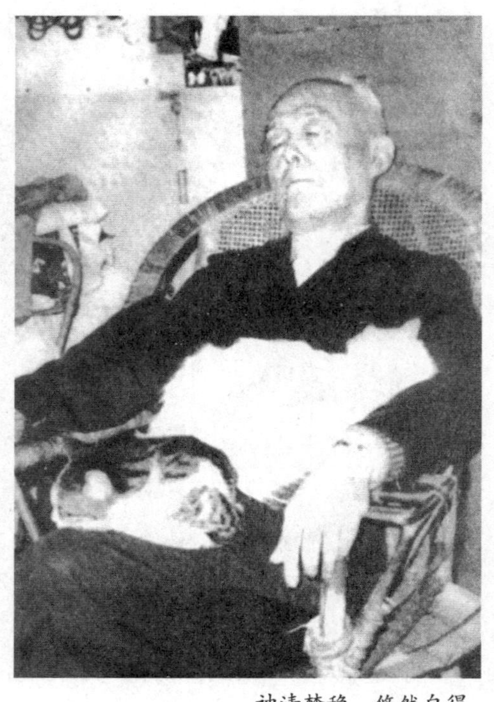
神清梦稳，悠然自得。

我想做和能做的梦还有很多很多，今天就先做这一些，至于能否成为现实，那就不能由我来决定，这要由每一个人自己决定，一方面要奋发图强，另一方面还必须靠点机遇，二者缺一不可。不管怎么样，我的梦是异常美妙的。我切盼，到了21世纪某一个时刻，我的梦能够完全实现，喜气盈大地，春色满寰中，全世界人民共庆升平。

1999年10月23日

爱 情

一

人们常说，爱情是文艺创作的永恒主题。不同意这个意见的人，恐怕是不多的。爱情同时也是人生不可缺少的东西，即使后来出家当了和尚，与爱情完全“拜拜”，在这之前也曾趟过爱河，受过爱情的洗礼，有名的例子不必向古代去搜求，近代的苏曼殊和弘一法师就摆在眼前。

可是为什么我写“人生漫谈”已经写了三十多篇还没有碰爱情这个题目呢？难道爱情在人生中不重要吗？非也。只因它太重要，太普遍，但却又太神秘，太玄乎，我因而不敢去碰它。

中国俗话说：“丑媳妇迟早要见公婆的”，我迟早也必须写关于爱情的漫谈的。现在，适逢有一个机会，我正读法国大散文家蒙田的随笔《论友谊》这一篇，里面谈到了爱情。我干脆抄上几段，加以引申发挥，借他人的杯，装自己的酒，以了此一段公案。以后倘有更高更深刻的领悟，还会再写的。蒙田说：

> 我们不可能将爱情放在友谊的位置上——我承认，爱情之火更活跃，更激烈，更灼热……但爱情是一种朝三暮四、变化无常的感情，它狂热冲动，时高时低，忽冷忽热，把我们系于一发之上。而友谊是一种普遍和通用的热情。……再者，爱情不过是一种疯狂的欲望，越是躲避的东西越要追求。……爱情一旦进入友

谊阶段，也就是说，进入意愿相投的阶段，它就会衰弱和消逝。爱情是以身体的快感为目的，一旦享有了，就不复存在。

总之，在蒙田眼中，爱情比不上友谊，不是什么好东西。我个人觉得，蒙田的话虽然说得太激烈，太偏颇，太极端；然而我们却不能不承认，它有合理的实事求是的一方面。

根据我个人的观察与思考，我觉得，世人对爱情的态度可以笼统分为两大流派：一派是现实主义，一派是理想主义。蒙田显然属于现实主义，他没有把爱情神秘化、理想化。如果他是一个诗人的话，他也决不会像一大群理想主义的诗人那样，写出些卿卿我我，鸳鸯蝴蝶，有时候甚至拿肉麻当有趣的诗篇，令普天下的才子佳人们击节赞赏。他干净利落地直言不讳，把爱情说成是“朝三暮四，变化无常的感情”。对某一些高人雅士来说，这实在有点大煞风景，仿佛在佛头上着粪一样。

我不才，窃自附于现实主义一派。我与蒙田也有不同之处，我认为，在爱情的某一个阶段上，可能有纯真之处，否则就无法解释。据说日本青年恋人在相爱达到最高潮时有的就双双跳入火山口中，让他们的爱情永垂不朽。

二

像这样的情况，在日本恐怕也是极少极少的。在别的国家，则未闻之也。

当然，在别的国家也并不缺少歌颂纯真爱情的诗篇、戏剧、小说，以及民间传说。莎士比亚的《罗密欧与朱丽叶》，中国的梁山伯与祝英台是世所周知的。谁能怀疑这种爱情的纯真呢？专就中国来说，民间类似梁祝爱情的传说，还能够举出不少来。至于“誓死不嫁”和“誓死不娶”的真实的故事，则所在多有。这样一来，爱情似乎真同蒙田的说法完全相违，纯真圣洁得不得了啦。

我在这里想分析一个有名的爱情的案例，这就是杨贵妃和唐玄宗的爱情故事，这是一个古今称艳的故事。唐代大诗人白居易的《长恨歌》歌颂的就是这一件事。你看，唐玄宗失掉了杨贵妃以后，他是多么想念，多么情深："夕殿萤飞思悄然，孤灯挑尽未成眠。"这一首歌最后两句诗是："天长地久有时尽，此恨绵绵无绝期。"写得多么动人心魄，多么令人同情，好像他们两人之间的爱情真正纯真到了无以复加的程度。但是，常识告诉我们，爱情是有排他性的，真正的爱情不容有一个第三者。可是唐玄宗怎样呢？"后宫佳丽三千人"，小老婆真够多的。即使是"三千宠爱在一身"，这"在一身"能可靠吗？白居易以唐代臣子，竟敢乱谈天子宫闱中事，这在明清是绝对办不到的。这先不去说它，白居易真正头脑简单到相信这爱情是纯真的才加以歌颂吗？抑或另有别的原因？

这些封建的爱情"俱往矣"，今天我们怎样对待爱情呢？我明人不说暗话，我是颇有点同意蒙田的意见的。中国古人说："食、色，性也。"爱情，特别是结婚，总是同"色"相联系的。家喻户晓的《西厢记》歌颂张生和莺莺的爱情，高潮竟是一幕"酬简"，也就是"以身相许"。个中消息，很值得我们参悟。

我们今天的青年怎样对待爱情呢？这我有点不大清楚，也没有什么青年人来同我这望九之年的老古董谈这类事情。据我所见所闻，那一套封建的东西早为今天的青年所扬弃。如果真有人想向我这爱情的盲人问道的话，我也可以把我的看法告诉他们的。如果一个人不想终生独身的话，他必须谈恋爱以至结婚，这是"人间正道"。但是千万别浪费过多的时间，终日卿卿我我，闹得神魂颠倒，处心积虑，不时闹点小别扭，学习不好，工作难成，最终还可能是"竹篮子打水一场空"，这真是何苦来！我并不提倡二人"一见倾心"，立即办理结婚手续。我觉得，两个人必须有一个互相了解的过程。这过程不必过长，短则半年，多则一年。余出来的时间应当用到刀刃上，搞点事业，为了个人，为了家庭，为了国家，为了世界。

三

已经写了两篇关于爱情的短文，但觉得仍然是言犹未尽，现在再补写一篇。像爱情这样平凡而又神秘的东西，这样一种社会现象或心理活动，即使再将篇幅扩大十倍，二十倍，一百倍，也是写不完的。补写此篇，不过聊补前两篇的一点疏漏而已。

在旧社会实行“父母之命，媒妁之言”的办法，男女青年不必伤任何脑筋，就入了洞房。我们可以说，结婚是爱情的开始。但是，不要忘记，也有“绿叶成荫子满枝”而终于不知爱情为何物的例子，而且数目还不算太少。到了现代，实行自由恋爱了，有的时候竟成了结婚是爱情的结束。西方和当前的中国，离婚率颇为可观，就是一个具体的例证。据说，有的天主教国家教会禁止离婚。但是，不离婚并不等于爱情能继续，只不过是外表上合而不离，实际上则各寻所欢而已。

爱情既然这样神秘，相爱和结婚的机遇——用一个哲学的术语就是偶然性——又极其奇怪，极其突然，决非我们个人所能掌握的。在

季羡林全家合影：儿子季承（左一）、孙子季泓（左二）、季羡林（左三）、老伴彭德华（左五）、女儿季婉如（左六）、外孙何巍（左七）、儿媳李庆之（左八）。

困惑之余，东西方的哲人俊士束手无策，还是老百姓有办法，他们乞灵于神话。

1991年，季羡林与夫人彭德华金婚留影。

一讲到神话，据我个人的思考，就有中外之分。西方人创造了一个爱神，叫做Jupiter或Cupid，是一个手持弓箭的童子，他的箭射中了谁，谁就坠入爱河。印度古代文化毕竟与欧洲古希腊、罗马有缘，他们也创造了一个叫做Kamaolliva的爱神，也是手持弓箭，被射中者立即相爱，决不敢有违。这个神话当然是同一来源，此不见论。

在中国，我们没有“爱神”的信仰，我们另有办法。我们创造了一个月老，他手中拿着一条红线，谁被红线拴住，不管是相距多么远，天涯海角，恍若比邻，二人必然走到一起，相爱结婚。从前西湖有一座月老祠，有一副对联是天下闻名的：“愿天下有情人都成了眷属，是前生注定事莫错过姻缘。”多么质朴，多么有人情味！只有对某些人来说，“前生”和“姻缘”显得有点渺茫和神秘。可是，如果每一对夫妇都回想一下你们当初相爱和结婚的过程的话，你能否定月老祠的这一副对联吗？

我自己对这副对联是无法否认的，但又找不到“科学根据”。我倒是想忠告今天的年轻人，不妨相信一下。我对现在西方和中国青年人的相爱和结婚的方式，无权说三道四，只是觉得不大能接受。我自知年已望九，早已属于博物馆中的人物，我力避发九斤老太之牢骚；但有时又如骨鲠在喉，不得不一吐为快耳。

1997年11月22日

人间第一爱

大千世界，爱有多端；但是最纯真、最无私、最无要求回报之心，几乎近于本能的爱，就是母爱。古今名人谈到母亲的文章，不胜枚举。我为什么只信“古今”而不讲“中外”呢？因为在这一方面，中外是不相同的。

谈到母亲，或回忆母亲的文章虽然极多，可是我在汗牛充栋的中国的古今典籍中，从来还没有见到哪一个文人学士把这方面的文章搜集在一起供人阅读的。我们不得不承认这是一件极大的憾事。

在年高德劭为众人所尊敬的钟敬文先生的启迪下，邓九平和他的友人们，付出很大的劳动和很多的时间，穷搜博采，搜集现当代数百位作家、学者、艺术家回忆母亲的文章，这种异想天开有如张骞凿空之盛举，完全弥补了上面提到的憾事。他们给学术界立了一大功，将会受到中国学术界以及一般人民大众的欢迎，这是毫无问题的。

谈母亲的文章有什么重要的价值和意义呢？每个人一生下来，受到人间的第一爱就是母爱，告诉他人间并不凄清而是充满了温暖的是母亲。但是人间毕竟不总是充满了温暖的，你前进的道路上也并不总是铺满了玫瑰花。“人有悲欢离合，月有阴晴圆缺，此事古难全。”遇到欢的时候，你会情不自禁地想到要分给母亲一份；遇到悲的时候，你只要一想到母亲，你就会立即喜上心头，化悲为喜，又抖擞精神，抬起头来，勇敢地冲向人生的前程。

我曾经有一个说法：回忆能净化人的灵魂，我至今仍坚持此说。你可以回忆你的老师，回忆你的朋友，回忆你的所有亲爱者，所有这一切回忆都能带给你甜蜜和温馨，甜蜜和温馨不正是净化和抚慰你的灵魂的醍醐吗？但是，对母亲的回忆又岂是对老师对朋友等的回忆所能媲美的呢？

无时不在思念母亲

我是一个从小就失去母爱的人。这是我心灵中最大的创伤，虽起华佗或岐伯于地下，也是无法治愈我这个创伤的。我一生走遍了大半个地球，不管到了什么地方，也不管是花前月下，只要想到我那可怜的母亲，眼泪便立即潸潸涌出。一直到了今天，我已是望九之年，还常有夜里梦见母亲哭着醒来的情况。嗟乎！此生已矣，我又不相信来生，奈之何哉！奈之何哉！

《韩诗外传》上说："树欲静而风不止，子欲养而亲不待。"这是古今同恨的事。唯愿读这一套书的读者们，仔细玩味每一篇文章中所蕴涵的意义，考虑一下自己对待父母的情况，再背诵一下孟郊那一首有名的诗：

慈母手中线，游子身上衣。
临行密密缝，意恐迟迟归。
谁言寸草心，报得三春晖。

读者们如能做出应有的结论，庶不致辜负这一套珍贵的书的期望。

1998年10月26日

我父我母

宗江的女公子（这是文雅的称呼）编选了这一部《我爸我妈》，要我写一篇序。这个书名就打动了我的心，我是一个过早地失去了母亲而终身怀有风木之悲的人。因此，我乐于承担这个任务。

我先对为子女的说几句话。

我本来想引经据典，洋洋洒洒，梦笔生花，大展文才，写上一大篇的。然而，我忽然想到，这个想法十分幼稚可笑。这是难以办到的。即使韩柳复生，李杜再出，也是困难的。何况谫陋如不佞者！

苦思之余，忽然顿悟：最有效、最简短、最有感染力、最能动人心魄的办法还是，抄唐代诗人孟郊的，去年曾在香港当选为历代最佳诗篇的《游子吟》：

慈母手中线，
游子身上衣。
临行密密缝，
意恐迟迟归。
谁言寸草心，
报得三春晖？

简单明了，明白如画。倘若加以解释，反属多余。为子女者应当认真体会其中的感情和涵义。这是我对他们的希望。

我再对做父母的说几句话。

我先引唐代韩愈《师说》中的几句话："是故弟子不必不如师，师不必贤于弟子，闻道有先后，术业有专攻，如是而已。"在这里，我不但必须说明解释，而且还要"改造"，改造韩愈的文句："子女不必不如父母，父母不必贤于子女，时代有先后，术业有专攻，如是而已。"

我的解释是，在中国这样的伦理社会中，父母对子女的感情，有时会十分矛盾与复杂。一方面，父母都"望子成龙"，这是十分正常的希望。但在另一方面，在有意与无意之间，几千年封建伦理思想又在那里作怪，"父道尊严"的内心活动又会时时有所萌动。在今天独生子女被社会上尊为"小太子"、"小公主"的情况下，表面上父母百依百顺，我却不相信，几千年的封建思想就能够一下子坚决、彻底、干净、全部地铲除净尽的。因此，做父母的很难正确处理好与子女的关系。特别是在穷乡僻壤文化比较落后的地区，更是如此。前几年，报纸上刊登了一条消息：一个母亲由于"望子成龙"的心情过于迫切，亲手把自己的儿子打死，事后头脑一清醒，又自杀身亡，追儿子于地下。还有一条消息，说的是一个父亲，也是出于"望子成龙"的心情，把自己的儿子捆绑起来，进行毒打。儿子在奄奄一息中哀求自己的父亲说："爸爸！以后我改了！别再打我了！"父亲置若罔闻，捆打了一夜之后，小孩子终于死去。但是小孩子这几句话真正震撼了我的灵魂，我当时痛哭失声。一直到今天，小男孩的这几句话还时时响在我的耳边。

我修改韩愈的那几句话，无非是希望当父母的能够正确处理同子女的关系，在亲情方面能做到"父慈子孝"。在处理人生一些问题方面，能做到互相尊重，父母不倚老卖老，子女不"倚少卖少"（这里我创造的词儿，将来要申请专利的）。"时代有先后"，这是自然规律，无法抗御的。父母都应当记住这一点。

这是我对父母，其中也包括了子女的一点希望。质诸宗江，以为如何？

1998年6月

老少之间

季羡林与学生在一起

在任何国家，任何时代的任何社会里，都会有老年人和青少年人同时并存。从年龄上来说，这是社会的两极，中间是中年，这样一些不同年龄的阶层，共同形成了我们的社会，所谓芸芸众生者就是。

从社会方面来讲，这个模式是不变的，是固定的。但是，从每一个人来说，它却是不固定的，经常变动的。今天你是少年，转瞬就是中年。你如果不中途退席的话，前面还有一个老年阶段在等候着你。老年阶段以后呢？那谁都知道，用不着细说。

想要社会安定，就必须处理好这三个年龄阶段之间的关系，特别是社会两极的老年与少年的关系。现在人们有时候讲到“代沟”——我看这也是舶来品——有人说有，有人说无，我是承认有的。因为事实就是如此，是否认不掉的。而且从某种意义上来说，有“代沟”正标明社会在不断前进。如果不前进，“沟”从何来？

承认有“代沟”，不就万事大吉。真要想保持社会的安定团结，还必须进一步对“沟”两边的具体情况加以分析。中年这一个中间阶段，我先不说，我只分析老少这两极。

一言以蔽之，这两极各有各的优缺点。老年人人生经历多，识多见广，这是优点。缺点往往是自以为是，执拗固执。动不动就是：我吃的盐比你吃的面还多，我走过的桥比你走过的路还长。个别人仕途失意，牢骚满腹："世人皆醉而我独醒，世人皆浊而我独清。"简直变成了九斤老太，唠唠叨叨，什么都是从前的好。结果惹得大家都不痛快。

我想在这里特别提出一个我个人观察到的老年人的缺点，就是喜欢说话，喜欢长篇发言。开一个会两小时，他先包办一半，甚至四分之三。别人不耐烦看表，他老眼昏花，不视不见，结果如何，一想便知。听说某大学有一位老教授，开会他一发言，有经验的人士就回家吃饭。酒足饭饱，回来看，老教授的发言还没有结束，仍然在那里"悬河泻水"哩。

因此，我对老年人有几句箴言：老年之人，血气已衰；刹车失灵，戒之在说。

至于年轻人，他们朝气蓬勃，进取心强。在他们眼前的道路上，仿佛铺满了玫瑰花。他们对任何事情都不畏缩，九天揽月，五洋捉鳖，易如反掌，唾手可得。这是一种非常可贵的精神，只能保护，不能挫伤。然而他们的缺点就正隐含在这种优点中。他们只看到玫瑰花的美，只闻到玫瑰花的香；他们却忘记了玫瑰花是带刺的，稍不留心，就会扎手。

那么，怎么办呢？我没有什么高招，我只有几句老生常谈：老年少年都要有自知之明，越多越好。老的不要"倚老卖老"，少的不要"倚少卖少"。后一句话是我杜撰出来的，我个人认为，这个杜撰是正确的。老少之间应当互相了解，理解，谅解。最重要的是谅解。有了这个谅解，我们社会的安定团结就有了保证。

1994 年 7 月 3 日

赞“代沟”

现在常常听到有人使用“代沟”这个词儿。这个词儿看起来像一个外来语。然而它表达的内容却不限于外国，而是有普遍意义的，中国当然也不能够例外。

青年人怎样议论“代沟”，我不清楚。老年人一谈起来，往往流露出不十分满意的神气，有时候甚至有类似“人心不古，世道浇漓”之类的慨叹。这种神气和慨叹我也有过。我现在是一个地地道道的老年人了。老年人的心理状态，我同样也是有的。我们大概都感觉到，在青年人身上有一些东西，我们看着不顺眼；青年人嘴里讲一些话，我们听上去不大顺耳，特别是那一些新造的名词更是特别刺耳。他们的衣着、他们的态度、他们的言谈举动以及接物待人的礼节、他们欣赏的对象和趣味，总之，一切的一切，我们无不觉得不那么顺溜。脾气好一点的老头儿摇一摇头，叹一口气，脾气不太好的就难免发发牢骚，成为九斤老太的同党了。

如果说有一条沟的话，那么，我们就站在沟的这一边，那一边站的是年轻人。但是若干年以前，我们也曾在沟的那一边站过，站在这一边的是我们的父母、老师、长辈。不知道从什么时候起，好像是在一夜之间，我们忽然站到这边来了。原来站在这边的人，由于自然规律不可抗御，一个个地让出了位置，走向涅槃，空出来的位置由我们来递补。有如秋后的树木，落叶渐多，枝头渐空，全身都在秋风里，只有日渐凋零了。这一个过程是非常非常微妙的，好像一点痕迹都没有留下，然而它确实是存在的。

1980年季羡林访问日本时，在京都西木愿寺拜会108岁高僧。

站在沟这一边的老人，往往有一些杞忧。过去老人喜欢说一些世风日下之类的话，其尤甚者甚至缅怀什么羲皇盛世。现在这种人比较少了，但是类似这样的感慨还是有的。我在这一方面似乎更特别敏感。最近几年，我曾数次访问日本。年纪大一点的日本朋友对于中国文化能够理解，能够欣赏，他们感谢中国文化带给日本的好处，感激之情，溢于言表。中国古代的诗词和书画，他们熟悉。他们身上有一股“老”味，让我们觉得很亲切。然而据日本朋友说，现在的年轻人可完全不是这个样子了。中国古代的那一套，他们全不懂，全不买账，他们喝咖啡，吃西餐，一切唯西方马首是瞻。同他们交往，他们身上有一股“新”味，这种“新”味使我觉得颇不舒服。我自己反复琢磨，中日交往垂二千年。到了近代，日本虽然进行了改革，成为世界上头号经济强国，但是在过去还多少有点共同语言。好像在一夜之间，忽然从地里涌出了一代“新人类”，同过去几乎完全割断了纽带联系。同这一群新人打交道，我简直手足无所措。这样下去，我们两国不是越来越疏远吗？为什么几千年没有变，而今天忽然变了呢？我冥思苦想，不得其解。

在中国，我也有这种杞忧。过去，当我站在沟的那一边的时候，我虽然也感到同沟这一边的老年人有点隔阂，但并不认为十分严重。然而到了今天，世界变化空前加速，真正是一天等于二十年，我来到了沟的这一边，顿时觉得沟那一边的年轻人也颇有“新人类”的味道。他们所作所为，很多我都觉得有点难以理解。男女自由恋爱，在封建时期是不允许的；在解放前允许了，但也多半不敢明目张胆。如果男女恋人之间接一个吻，恐怕也要秘密举行。然而今天呢，青年们在光天化日之下，大庭广众之间，公然拥抱接吻，坦然，泰然，甚至还有比这更露骨的举动，我看了确实感到吃惊，又觉得难以理解。我原来自认为脑筋还没有僵化，同九斤老太划清了界限。曾几何时，我也竟成了她的“同路人”，岂不大可异哉！又岂不大可哀哉！

不管从世界范围来看，还是从中国范围来看，代沟自古以来就存在的；任何国家，任何时代，都是不可避免的。然而，根据我个人的感觉，好像是“自古已然，于今为烈”，好像任何时候也没有今天这样明显。青年老年之间存在的好像已经不是沟，而是长江大河，其中波涛汹涌，难以逾越，我们两代人有点难以互相理解的势头了。为代沟而杞忧者自古就有，今天也决不乏人。我也是其中之一，而且还可能是“积极分子”。

说了上面这一些话以后，倘若有人要问：“你对代沟抱什么态度呢？”答曰：“坚决拥护，竭诚赞美！”

试想一想：如果没有代沟，青年人和老年人完全一模一样，人类的进步表现在什么地方呢？再往上回溯一下，如果在猴子中间没有代沟，所有的猴子都只能用四条腿在地上爬行，哪一只也决不允许站立起来，哪一只也决不允许使用工具劳动，某一类猴子如何能转变成人呢？从语言方面来讲，如果不允许青年们创造一些新词儿，我们的语言如何能进步呢？孔老夫子说的话如果原封不动地保留到今天，这种情况你能想象吗？如果我们今天的报刊杂志孔老夫子这位圣人都完全能懂，这是可能的吗？人类社会在不停地变化，世界新知识日新月异，如果不允许创造新词儿，那么，语言就不能表达新概念、新事物，语言就失去存在的意义了，这种情况是可取的吗？总之，代沟是不可避免的，而且是十分必要的。它标志着变化，它标志着进步，它标志着社会演化，它标志着人类前进。不管你是否愿意，它总是要存在的，过去存在，现在存在，将来也还要存在。

因此，我赞美代沟，用满腔热忱来赞美代沟。

1987年4月29日

希望在你们身上

人类社会的进步，有如运动场上的接力赛。老年人跑第一棒，中年人跑第二棒，青年人跑第三棒。各有各的长度，各有各的任务，互相协调，共同努力，以期获得最后胜利。这里面并没有高低之分，而只有前后之别。老年人不必“倚老卖老”，青年人也不必“倚少卖少”。老年人当然先走，青年人也会变老。如此循环往复，流转不息。这是宇宙和人世间的永恒规律，谁也改变不了一丝一毫。所谓社会的进步，就寓于其中。

中国古话说：“长江后浪推前浪，世上新人换旧人。”像我这样年届耄耋的老朽，当然已是“旧人”。我们可以说是已经交了棒，看你们年轻人奋勇向前了。但是我们虽无棒在手，也绝不会停下不走，“坐以待毙”；我们仍然要焚膏继晷，献上自己的余力，跟中青年人同心协力，把我们国家的事情办好。

我说的这一番道理，几近老生常谈，然而却是真理。人世间的真理都是明白易懂的。可是，芸芸众生，花花世界，浑浑噩噩者居多，而明明白白者实少。你们青年人感觉敏锐，英气蓬勃，首先应该认识这个真理。要想树立正确的人生观和价值观，也必须从这里开始。换句话说就是，要认清自己在人类社会进化的漫漫长河中的地位。人类的前途要由你们来决定，祖国的前途要由你们来创造。这就是你们青年人的责任。千万不要把人生观和价值观当做一个哲学命题来讨论，徒托空谈，无补实际。一切人生观和价值观，离开了这个责任感，都是空谈。

那么，我作为一个老人，要对你们说些什么座右铭呢？你们想要

季羡林在指导研究生

从我这里学些什么经验呢？我没有多少哲理，我也讨厌说些空话、废话、假话、大话。我一无灵丹妙药，二无锦囊妙计。我只有一点明白易懂简单朴素、迹近老生常谈又确实是真理的道理。我引一首宋代大儒朱子的诗：

少年易老学难成，
一寸光阴不可轻。
未觉池塘春草梦，
阶前梧叶已秋声。

明白易懂，用不着解释。这首诗的关键有二：一是要学习，二是要惜寸阴。朱子心目中的“学”，同我们的当然不会完全一样。这个道理也用不着多加解释，只要心里明白就行。至于爱惜光阴，更是易懂。然而真正能实行者，却不多见。

这就是一个耄耋老人对你们的肺腑之谈。

青年们，好自为之。世界是你们的。

1994年12月4日

对少年同学们说几句话

吴继路同志写信给我，要我给《启明星》写一篇序。我的第一个想法是：推掉。但是看到附来的《启明星》的目录，按年龄顺序排列，我的名字赫然站在首位。在这“铁”一般的事实面前，我只好屈服了。不屈服又怎么能行呢？我拿起笔来。

我拿起笔来，还有一个更重要的原因，这就是：有人给我机会让我对少年同学们说几句话，我简直觉得是莫大的幸福。我也是有过少年时代的；但是，到了今天，再回忆起那个时代来，云烟渺茫，真是恍如隔世了。

当我还是少年的时候，我并不觉得少年特别幸福，特别可爱。有时候，反而有些愤愤不平之意，很想赶快长大成人，好同大人分庭抗礼。以后进入青年、中年。辛稼轩词说：“少年不识愁滋味，爱上层楼，爱上层楼，为赋新词强说愁。”他这里说的“少年”，据我理解，实际上是指青年，甚至是中年的一部分。我在青年时期，愁滋味识得颇为充分。但我不赋新词，因而也不爱上层楼，只是觉得人生艰难而已。我对别的青年或中年，除了至亲好友之外，几乎是漠不关心的。然而时间只是流逝，一转瞬间，自己已经进入老境，再引辛稼轩的词：“而今识尽愁滋味，欲说还休，欲说还休，却道天凉好个秋。”我的心情完全不同。“文化大革命”中间，也确实识尽了愁滋味，但那只是暂时的现象。到了今天，尘霾已息，朗日重明，我没有什么愁可说，也用不着说“天凉好个秋”。只是对于少年儿童，感情却越来越深，深的程度可以说是同年龄成正比。这一点，在我青少年时代，是完全无法想象的。

这是什么原因呢？原因大概是，自己一进入老年，想的问题就多了起来。我从不叹老，也不嗟贫，认为“长江后浪推前浪，世上新人换旧人”这是自然规律，用不着嗟叹。不过自己毕竟有了一把子年纪，迟早会向地球告别的。但是地球决不停止转动，人类也不会停止进步，光明就在前面，希望在于将来。二三十年以后，担负起伟大建设任务的不就是今天的少年吗？因此，年龄增加一岁，对青少年的感情就增加一分。这种心情，我不说，青少年是未必知道的。而且我这种心情，我相信，也有一定的代表性，决不会为我一人所垄断。

就在这样的背景下，我能有一个机会对少年同学们说几句话，我认为是一种幸福，不是很自然的吗？

人人都有一个少年时代。本书的作者们当然不会例外。这些作者，很多我都是认识的。尽管年龄还有一定的差距，各个人的少年时代也不会完全相同。但是根据年龄计算一下，我们都在旧社会生活过一段时间。旧社会的那种情况，旧社会的“愁滋味”，我们都或多或少地尝过而且“识得”。这种滋味，今天的少年，做梦也不会梦到的。今天的少年有福了。你们是在蜜水中成长起来的。这有好的一面，也有坏的一面。好的是，你们的身体和精神都发育正常而健康，没有受过挫折

童心未泯，季羡林与年轻人在一起。

或打击。坏的是，你们社会经历太少，对好多事物，无从比较，难以鉴别。本书中所收的文章，有的记述了作者童年时代的一些经历。我相信，你们从中可以了解一些过去时代的情景，也许能间接识得一些旧时代的“愁滋味”。你们可以拿这些文章当做镜子，从中照见你们和我们的不同，过去和现在的不同。这会有利于扩大你们现在的远远超过我们当时水平的知识面，对社会认识更深刻，对生活体会更全面。当然，这些优美的散文也会给你们一些艺术享受。

你们听说过“代沟”这个名词吗？看样子，这是从外国翻译过来的一个名词。意思是两代人之间的鸿沟。我同你们从年龄上比起来，已经不是两代人，而可能是三代或者更多的代。我们之间有一条“沟”，这是很自然的，用不着大惊小怪。我们只有承认这个事实。

但是我们之间难道就没有共同的语言、共同的感情了吗？我认为，还是有的。我一生在教育界工作，天天同学生接触。我一向自认为是了解同学的。可是最近几年以来，我却越来越感觉到我们彼此互不了解，特别是我不了解学生。我常常以此为苦。但是我在这里想着重说一句：也并不是在所有的问题上都互不了解。在一些问题上，我们是心心相通的，比如爱国主义，就是其中之一。

我同别的人一样，也是既有优点，又有缺点的。我常常剖析自己，剖析自己的优缺点何在。我认为有一点是值得提出来的，就是热爱我们社会主义的祖国。我头脑里有时候也有一些畅想曲。我曾幻想，有朝一日，如果在祖国与个人生命之间非有所抉择不行的话，我究竟选择什么？我的回答简单而又坚决：祖国。即使把我烧成了灰，我的每一个灰分子也是热爱祖国，决不变节的。这当然都是瞎想，不过也略能表达我的心情。在这方面，我同许多大学生是有共同感情的。一提到振兴中华，他们就立刻来了劲。这不是一个有力的证明吗？

你们少年同学怎样呢？我没有同你们谈这个问题的机会，我不敢说。但是我坚决相信，你们也会同你们大学生哥哥姐姐是一样的。你们也热爱我们的祖国。这一点是环境决定的。中国过去是一个受剥削受压迫的国家，我们的知识分子大多数之所以有强烈的爱国心，其根

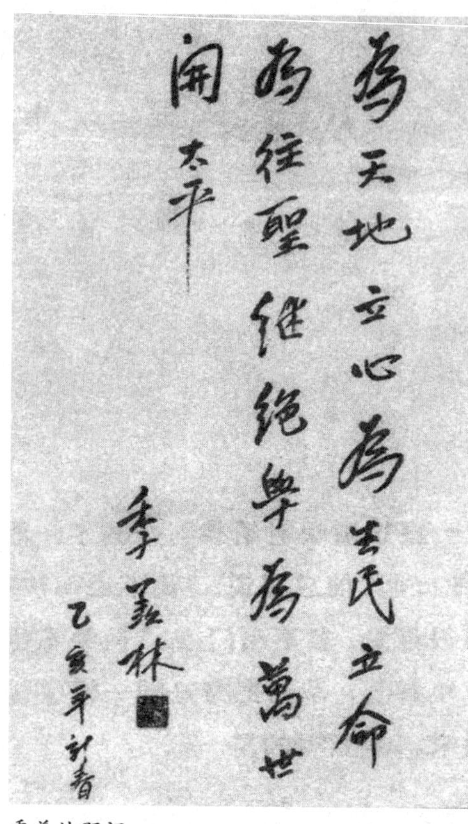

季羡林题词

源就在这里。你们当然没有识得旧社会那种愁，但是你们从家长、老师那里，从父辈、祖父辈那里，也会了解到，感觉到这一点的，所谓潜移默化、耳濡目染者就是。你们从这一集子中的某一些文章中也能领会到一点的。如果真是这样的话，我就会感到无限的欣慰。我在本文开始时，写出的那一句话：“有人给我机会让我对少年同学们说几句话，我简直觉得是莫大的幸福”就不至于落空。

今天我们的祖国，在克服了灾难之后，正大踏步地向前迈进。我们的日子越来越幸福，前途越来越光明。这一点，我们老年人感到了，你们少年同学们也不会感不到。现在我想改一改辛稼轩的词：“而今尝尽喜滋味，欲罢不能，欲罢不能，频说喜事千万重。”

1983年7月31日

多读一点中外文学作品

列宁有两句众所周知的名言："只有用人类创造的全部知识财富来丰富自己的头脑，才能成为共产主义者。"(《共青团的任务》) 什么叫"人类创造的全部知识财富"呢？顾名思义，内容一定是非常广泛的，生产斗争的知识、阶级斗争的知识等等一定都包括在里面。但我想文学作品在其中应该占极其重要的地位。文学作品能增长人的知识，开阔人的眼界，给人以美的享受，能在潜移默化中陶冶人的性灵，提高人的文化修养和鉴赏水平。而没有这种修养是很难完成自己的工作的。

但是，古今中外，文学作品浩如烟海，一个人即使用上毕生的精力也决不会都读完的。因此就需要介绍。我们编的这一套《中外文学书目答问》就是为了给爱好文学的青年提供一些常识性的介绍，并做些阅读辅导。俗话说："师父引进门，修行在个人。"青年们一定能够根据这些简单的介绍选出自己所喜爱的文学作品，再进一步阅读全书。如果只停留在阅读这些简单的介绍上，那不是我们的想法，也不是我们的希望。

阅读文学作品是不是只限于文学青年呢？不，不是这样。我在这里不谈理论，只举两个现实的例子，因为现实的例证最有说服力。一个例证是北京一所搞工业的学院。院领导给学生开了一门有关唐诗宋词的课。原意只不过想给他们增加点中国文学的常识，结果却收到了完全为始料所不及的效果：青年学生学了这些诗词大为激动，大为兴奋，他们原来不十分知道我们伟大祖国竟有这样一些伟大的作家和作品。现在他们觉得祖国更加可爱了，无形中却成了一门最好的爱国主

季羡林在书房（1985 年）

义教育的课程。此外，在陶冶性灵方面也起到了积极的作用。我们相信，这对他们以后搞纯技术的工作也会有很大帮助的。

另一个例证是一个钢琴家，他旅居国外，名震遐迩。外国的音乐批评家都说他的弹奏中有一种说不出的优美深刻、从容大度的风格，是欧美钢琴家所没有的，使听者耳目为之一新。这种风格是从哪里来的呢？这位钢琴家自己说，这得力于他的父亲，他年幼时，父亲每天让他背一首唐诗宋词之类的旧诗词。积之既久，心中烂熟的那几百首旧诗词对他心灵的陶冶，不觉形之于钢琴弹奏中，从而产生让人赞叹的效果。

这两个例子生动地说明了，阅读文学作品不应只限于文学青年，其他各科的青年，不管学的是工程、技术，是自然科学，是房屋建筑，无一不需要读点文学作品。一般人的看法，认为学习理工的青年可以不必分心去读什么文学作品，这种看法是完全错误的。我们常常有这样的经验，走进一个家庭，走进一家旅馆，只要看一看他们房中的陈设，就可以知道这家的主人和旅馆的主持人或建筑师有没有文化修养，文化修养是高还是低。至于园林的布置，建筑物的设计，更与这种修养有密不可分的联系，这是大家都承认的，用不着多说。有没有文化修养，文化修养之高与低，不但表现在上面说的这种情况上，也表现在一个人的言谈举止，

“除了自己专门的业务之外，一定要读一点中外文学作品。”(季羡林)

应对进退上，有与没有，是高是低，给人的印象迥乎不同。

总而言之，我的用意只是想说，青年是我们未来希望之所寄托，他们的任务一是要不断提高自己的思想觉悟，由爱国主义、国际主义，进而走向共产主义，另一方面还要努力学习业务。除了自己专门的业务之外，一定要读一点中外文学作品，这同他们的终生事业有关，决不可以等闲视之。成为一个共产主义者是今天我们广大青年的抱负，但是想达到这个目的，光靠政治觉悟还是不够的，必须掌握“人类创造的全部知识财富”。

1983 年 4 月 14 日晨

我最喜爱的书

我在下面介绍的只限于中国文学作品。外国文学作品不在其中。我的专业书籍也不包括在里面，因为太冷僻。

一、司马迁《史记》

《史记》这一部书，很多人都认为它既是一部伟大的史籍，又是一部伟大的文学作品。我个人同意这个看法。平常所称的《二十四史》中，尽管水平参差不齐，但是哪一部也不能望《史记》之项背。

《史记》之所以能达到这个水平，司马迁的天才当然是重要原因；但是他的遭遇起的作用似乎更大。他无端受了宫刑，以致郁闷激愤之情溢满胸中，发而为文，句句皆带悲愤。他在《报任少卿书》中已有充分的表露。

二、《世说新语》

这不是一部史书，也不是某一个文学家和诗人的总集，而只是一部由许多颇短的小故事编纂而成的奇书。有些篇只有短短几句话，连小故事也算不上。每一篇几乎都有几句或一句隽语，表面简单淳朴，内容却深奥异常，令人回味无穷。六朝和稍前的一个时期内，社会动乱，出了许多看来脾气相当古怪的人物，外似放诞，内实怀忧。他们的举动与常人不同。此书记录了他们的言行，短短几句话而栩栩如生，令人难忘。

三、陶渊明的诗

有人称陶渊明为“田园诗人”。笼统言之，这个称号是恰当的。他的诗确实与田园有关。“采菊东篱下，悠然见南山”，这样的名句几乎是家喻户晓的。从思想内容上来看，陶渊明颇近道家，中心是纯任自然。从文体上来看，他的诗简易淳朴，毫无雕饰，与当时流行的镂金错彩的骈文迥异其趣。因此，在当时以及以后的一段时间内，对他的诗的评价并不高，在《诗品》中，仅列为中品。但是，时间越后，评价越高，最终成为中国伟大诗人之一。

季羡林在书房（1988 年）

四、李白的诗

李白是中国文学史上最伟大的天才之一，这一点是谁都承认的。杜甫对他的诗给予了最高的评价："白也诗无敌，飘然思不群。清新庾开府，俊逸鲍参军。"李白的诗风飘逸豪放。根据我个人的感受，读他的诗，只要一开始，你就很难停住，必须读下去。原因我认为是，李白的诗一气流转，这一股"气"不可抗御，让你非把诗读完不行。这在别的诗人作品中，是很难遇到的现象。在唐代，以及以后的一千多年中，对李白的诗几乎只有赞誉，而无批评。

五、杜甫的诗

杜甫也是一个伟大的诗人，千余年来，李杜并称。但是二人的创作风格却迥乎不同：李是飘逸豪放，而杜则是沉郁顿挫。从使用的格律上，也可以看出二人的不同。七律在李白集中比较少见，而在杜甫集中则颇多。摆脱七律的束缚，李白是没有枷锁跳舞；杜甫善于使用七律，则是带着枷锁跳舞，二人的舞都达到了极高的水平。在文学批评史上，杜甫颇受到一些人的指摘，而对李白则绝无仅有。

六、南唐后主李煜的词

后主词传留下来的仅有三十多首，可分为前后两期：前期仍在江南当小皇帝，后期则已降宋。后期词不多，但是篇篇都是杰作，纯用白描，不作雕饰，一个典故也不用，话几乎都是平常的白话，老妪能解；然而意境却哀婉凄凉，千百年来打动了千百万人的心。在词史上巍然成一大家，受到了文艺批评家的赞赏。但是，对王国维在《人间词话》中赞美后主有佛祖的胸怀，我却至今尚不能解。

七、苏轼的诗文词

中国古代赞誉文人有三绝之说。三绝者，诗、书、画三个方面皆能达到极高水平之谓也，苏轼至少可以说已达到了五绝：诗、书、画、文、词。因此，我们可以说，苏轼是中国文学史和艺术史上最全面的伟大天才。论诗，他为宋代一大家。论文，他是唐宋八大家之一。笔墨凝重，大气磅礴。论书，他是宋代苏、黄、宋、蔡四大家之首。论词，他摆脱了婉约派的传统，创豪放派，与辛弃疾并称。

八、纳兰性德的词

宋代以后，中国词的创作到了清代又掀起了一个新的高潮。名家辈出，风格不同，又都能各极其妙，实属难能可贵。在这群灿若列星的词家中，我独独喜爱纳兰性德。他是大学士明珠的儿子，生长于荣华富贵中，然而却胸怀愁思，流溢于楮墨之间。这一点我至今还难以得到满意的解释。从艺术性方面来看，他的词可以说是已经达到了完美的境界。

九、吴敬梓的《儒林外史》

胡适之先生给予《儒林外史》极高的评价。诗人冯至也酷爱此书。我自己也是极为喜爱《儒林外史》的。

此书的思想内容是反科举制度，昭然可见，用不着细说，它的特点在艺术性上。吴敬梓惜墨如金，从不作冗长的描述。书中人物众多，各有特性，作者只讲一个小故事，或用短短几句话，活脱脱一个人就仿佛站在我们眼前，栩栩如生。这种特技极为罕见。

十、曹雪芹的《红楼梦》

在古今中外众多的长篇小说中，《红楼梦》是一颗璀璨的明珠，是状元。中国其他长篇小说都没能成为“学”，而“红学”则是显学。内容描述的是一个大家族的衰微的过程。本书特异之处也在它的艺术性上。书中人物众多，男女老幼，主子奴才，五行八作，应有尽有。作者有时只用寥寥数语而人物就活灵活现，让读者永远难忘。读这样一部书，主要是欣赏它的高超的艺术手法。那些把它政治化的无稽之谈，都是不可取的。

2001年3月21日

谈老年

一

老年之乐

我已经到了望九之年，无论怎样说都只能说是老了。但是，除了眼有点不明，耳有点不聪，走路有点晃悠之外，没有什么老相。每天至少还能工作七八个小时。我没有什么老的感觉，有时候还会有点沾沾自喜。

可是我原来并不是这个样子的。

我生来就是一个性格内向，胆小怕事的人。我之所以成为现在这样一个人，完全是环境逼迫出来的。我向无大志。小学毕业后，我连报考赫赫有名的济南省立第一中学的勇气都没有，只报了一个“破正谊”。那种“大丈夫当如是也”的豪言壮语，我认为，只有英雄才能有，与我是不沾边的。

在寿命上，我也是如此。我的第一本账是最多能活到五十岁，因为我的父母都只活到四十几岁，我绝不会超过父母的。然而，不知道怎么一来，五十之年在我身边倏忽而过，没有留下任何痕迹，我也根本没有想到过。接着是中国老百姓最忌讳的两个年龄：七十三岁，孔子之寿；八十四岁，孟子之寿，这两个年龄也像白驹过隙一般在我身旁飞过，也没有留下任何痕迹，我也根本没有想到过，到了现在，我就要庆祝米寿了。

早在50年代，我才四十多岁，不知为什么忽发奇想，想到自己是否能活到21世纪。我生于1911年。必须能活到八十九岁才能见到21世纪，而八十九这个数字对于我这个素无大志的人来说，简直就是个天文数字。我阅读中外学术史和文学史，有一个别人未必有的习惯，就是注意传主的生年卒月，我吃惊地发现，古今中外的大学者和大文学家活到九十岁的简直如凤毛麟角。中国宋代的陆游活到八十五岁，可能就是中国诗人之冠了。胆怯如我者，遥望21世纪，遥望八十九这个数字，有如遥望海上三山，山在虚无缥缈间，可望而不可即了。

陈岱孙先生长我十一岁，是世纪的同龄人。当年在清华时，我是外语系的学生，他是经济系主任兼法学院院长，我们可以说是有师生关系。解放后，很长一段时间，我们俩同在全国政协，而且同在社会科学组，我们可以说又成了朋友，成了忘年交。陈先生待人和蔼，处世谨慎，从不说过分过激的话；但是，对我说话，却是相当随便的。他九十岁的那一年，我还不到八十岁。有一天，他对我说："我并没有感到自己老了"。我当时颇有点吃惊：难道九十岁还不能算是老吗？可是，人生真如电光石火，时间真是转瞬即逝，曾几何时，我自己也快到九十岁了。不可能的事情成为可能了；不可信的事情成为可信了。"此中有真意，欲辩已无言。"奈之何哉！

晚年陈岱孙

二

即使自己没有老的感觉，但是老毕竟是一个事实。于是我也就常常考虑老的问题，注意古今中外诗人、学者涉及老的篇章。在这方面，篇章异常多，内容异常复杂。约略言之，可能有以下几种情况：最普遍最常见的是叹老嗟贫。这种态度充斥于文人的文章中和老百姓的俗话中。老与贫皆非人之所愿，然而谁也回天无力，在万般无奈的情况下，只能叹而且嗟，聊以抒发郁闷而已，其次是故作豪言壮语，表面强硬，内实虚弱。最有名的最为人所称誉的曹操的名句：

> 老骥伏枥，志在千里。
> 烈士暮年，壮心不已。

初看起来气粗如牛，仔细品味，实极空洞。这有点像在深夜里一个人独行深山野林中故意高声唱歌那样，流露出来的正是内心的胆怯。

对老年这种现象进行平心静气的肌擘理分的文章，在中国好像并不多。最近偶尔翻看杂书，读到了两本书，其中有两篇关于老年的文章，合乎我提到的这个标准，不妨介绍一下。

先介绍古罗马西塞罗（公元前 106～前 43 年）的《论老年》。他是有名的政治家、演说家和散文家。《论老年》是他的《三论》之一。西塞罗先介绍了一位活到一百零七岁的老人的话：“我并没有觉得老年有什么不好”，这就为本文定了调子。接着他说：

> 老年之所以被认为不幸福有四个理由：第一是，它使我们不能从事积极的工作；第二是，它使身体衰弱；第三是，它几乎剥夺了我们所有感官上的快乐；第四是，它的下一步就是死。

他接着分析了这些说法有无道理。他逐项进行了细致的分析，并得出了有积极意义的答复。我在这里只想对第四项做一点补充。老年的下一步就是死，这毫无问题。然而中国俗话说：“黄泉路上无老少”，任何年龄的人都可能死的，也可以说，任何人的下一步都是死。

最后，西塞罗讲到他自己老年的情况。他编纂《史源》第七卷，搜集资料，撰写论文。他接着说：

> 此外，我还在努力学习希腊文；并且，为了不让自己的记忆力衰退，我仿效毕达哥拉斯派学者的方法，每天晚上把我一天所说的话、所听到或所做的事情再复述一遍……我很少感到自己丧失体力。……我做这些事情靠的是脑力，而不是体力。即使我身体很弱，不能做这些事情，我也能坐在沙发上享受想象之乐……因为一个总是在这些学习和工作中讨生活的人，是不会察觉自己老之将至的。

这些话说得多么具体而真实呀。我自己的做法同西塞罗差不多。我总不让自己的脑筋闲着，我总在思考着什么，上至宇宙，下至苍蝇，我无所不想。思考锻炼看似是精神的，其实也是物质的。我之所以不感到老之已至，与此有紧密关联。

三

我现在介绍一下法国散文大家蒙田关于老年的看法。蒙田大名鼎鼎，昭如日月。但是，我对他的散文随笔却有与众不同的看法。他的随笔极多，他愿意怎样写，就怎样写；愿停就停，愿起就起。颇符合中国一些评论家的意见。我则认为，文章必须惨淡经营，这样松松散散，是没有艺术性的表现。尽管蒙田的思想十分深刻，入木三分，但是这是哲学家的事。文学家可以有这种本领；但文学家最关键的本领是艺术性。

在《蒙田随笔》中有一篇论西塞罗的文章，意思好像是只说他爱好虚荣，对他的文章则只字未提。《蒙田随笔》三卷集最后一篇随笔是

《论年龄》，其中涉及老年。在这篇随笔中，同其他随笔一样，文笔转弯抹角，并不豁亮，有古典，也有“今典”，颇难搞清他的思路。蒙田先讲，人类受大自然的摆布，常遭不测，不容易活到预期的寿命。他说：“老死是罕见的、特殊的、非一般的。”这话不易理解。下面他又说道，人的活力二十岁时已经充分显露出来。他还说，人的全部丰功伟业，不管何种何类，不管古今，都是三十岁以前而非以后创立的。这意见，我认为也值得商榷。最后，蒙田谈到老年：“有时是身躯首先衰老；有时也会是心灵。”这是符合实际情况的。

蒙田就介绍到这里。

我在上面说到，古今中外谈老年的诗文极多极多，不可能，也不必一一介绍。在这里，我想，有的读者可能要问：“你虽然不感老之已至，但是你对老年的态度怎样呢?”

这问题问得好，是地方，也是时候，我不妨回答一下。我是曾经死过一次的人。读者诸君，千万不要害怕，我不是死鬼显灵，而是活生生的人。所谓“死过一次”，只要读过我的《牛棚杂忆》就能明白，不必再细说。总之，从 1967 年 12 月以后，我多活一天就等于多赚了一天，算到现在，我已经多活了，也就是多赚了三十多年了，已经超过了我满意的程度。死亡什么时候来临，对我来说都是无所谓的，我随时准备着开路，而且无悔无恨。我并不像一些魏晋名士那样，表面上放浪形骸，不怕死亡。其实他们的狂诞正是怕死的表现。如果真正认为死亡是微不足道的事，何必费那么大劲装疯卖傻呢?

根据我上面说的那个理由，我自已的确认为死亡是微不足道，极其自然的事。连地球，甚至宇宙有朝一日也会灭亡。戋戋者人类何足挂齿！我是陶渊明的信徒，是听其自然的，“应尽便须尽，何必独多虑!”但是，我还想说明，活下去，我是高兴的。不过，有一个条件，我并不是为活着而活着。我常说，吃饭为了活着，但活着并不是为了吃饭。我对老年的态度约略如此，我并不希望每个人都跟我抱同样的态度。

1999 年 7 月 21 日

老年十忌

我已经在本栏写过谈老年的文章，意犹未尽，再写“十忌”。

忌，就是禁忌，指不应该做的事情。人的一生，都有一些不应该做的事情，这是共性。老年是人生的一个阶段，有一些独特的不应该做的事情，这是特性。老年禁忌不一定有十个，我因受传统的“十全大补”、“某某十景”之类的“十”字迷的影响，姑且先定为十个。将来或多或少，现在还说不准。骑驴看唱本，走着瞧吧。

一忌——说话太多

说话，除了哑巴以外，是每人每天必有的行动。有的人喜欢说话，有的人不喜欢，这决定于一个人的禀性，不能强求一律。我在这里讲忌说话太多，并没有“祸从口出”或“金人三缄其口”的含义。说话惹祸，不在话多话少，有时候，一句话就能惹大祸。口舌惹祸，也不限于老年人，中年和青年都可能由此致祸。

我先举几个例子。

某大学有一位老教授，道德文章，有口皆碑。虽年逾耄耋，而思维敏锐，说话极有条理。不足之处是：一旦开口，就如悬河泻水，滔滔不绝；又如开了闸，再也关不住，水不断涌出。在那个大学里流传着一个传说：在学校召开的会上，某老一开口发言，有的人就退席回家吃饭，饭后再回到会场，某老谈兴正浓。据说有一次博士生答辩会，规定开会时间为两个半小时，某老参加，一口气讲了两个小时。这个会会是什么结果，答辩委员会的主席会有什么想法和措施，他会怎样抓耳挠腮，坐立不安，概可想见了。

另一个例子是一位著名的敦煌画家。他年轻的时候，头脑清楚，并不喜欢说话。一进入老境，脾气大变，也许还有点老年痴呆症的原因，说话既多又不清楚。有一年，在北京国家图书馆新建的大礼堂中召开中国敦煌吐鲁番学会的年会，开幕式必须请此老讲话。我们都知道他有这个毛病，预先请他夫人准备了一个发言稿，简短而扼要，塞入他的外衣口袋里，再三叮嘱他，念完就退席。然而，他一登上主席台，就把此事忘得一干二净，摆开架势，开口讲话，听口气是想从开天辟地讲起，如果讲到那一天的会议，中间至少有三千年的距离。主席有点沉不住气了。我们连忙采取紧急措施，把他夫人请上台，从他口袋里掏出发言稿，让他照念，然后下台如仪，会议才得以顺利进行。

类似的例子还可以举出一些来，我不再举了。根据我个人的观察，不是每一个老人都有这个小毛病，有的人就没有。我说它是“小毛病”，其实并不小。试问，我上面举出的几个开会的例子，难道那还不会制造极为尴尬的局面吗？当然，话又说了回来，爱说长话的人并不限于老年，中青年都有，不过以老年为多而已。因此，我编了四句话奉献给老人：年老之人，血气已衰；刹车失灵，戒之在说。

二忌——倚老卖老

50年代和60年代前半叶，中国政治生活还比较（我只说是“比较”）正常的时候，周恩来总理招待外宾后，有时候会把参加招待的中国同志在外宾走后留下来，谈一谈招待中有什么问题或纰漏，有点总结经验的意味。这时候刚才外宾在时严肃的场面一变而为轻松活泼，大家都争着发言，谈笑风生，有时候一直谈到深夜。

有一次，总理发言时使用了中国常见的“倚老卖老”这个词儿。翻译一时有点迟疑，不知道怎样恰如其分地译成英文。总理注意到了，于是在客人走后就留下中国同志，议论如何翻译好这个词儿。大家七嘴八舌，最终也没能得出满意的结论。我现在查了两部《汉英词典》，都把这个词儿译为 To take advantage of one's seniority or old age. 意思是利用自己的年老，得到某一些好处，比如脱落形迹之类。我认为基本是能令人满意的，但是“达到脱落形迹的目的”，似乎还太狭隘了一点，应该是“达到对自己有利的目的”。

人世间确实不乏“倚老卖老”的人。学者队伍中更为常见。眼前请大家自己去找。我讲点过去的事情，故事就出在清吴敬梓的《儒林外史》中。吴敬梓有刻画人物的天才，着墨不多，而能活灵活现。第十八回他写了两个时文家。胡三公子请客：

> 四位走进书房，见上面席间先坐着两个人，方巾白须，大模大样，见四位进来，慢慢立起身。严贡生认得，便上前道：“卫先生、随先生都在这里，我们公揖。”当下作过了揖，请诸位坐。那卫先生、随先生也不谦让，仍旧上席坐了。

倚老卖老，架子可谓十足。然而本领却并不怎么样，他们的诗，“且夫”、“尝谓”都写在内，其余也就是文章批语上采下来的几个字眼。一直到今天，倚老卖老，摆老架子的人大都如此。

平心而论，人老了，不能说是什么好事，老态龙钟，惹人厌恶；但也不能说是什么坏事，人一老，经验丰富，识多见广。他们的经验，有时会对个人，甚至对国家有些用处的。但是，这种用处是必须经过事实证明的，自己一相情愿地认为有用处，是不会取信于人的。另外，根据我个人的体验与观察，一个人，老年人当然也包括在里面，最不喜欢别人瞧不起他。一感觉到自己受了怠慢，心里便不是滋味，甚至怒从心头起，拂袖而去。有时闹得双方都不愉快，甚至结下怨仇。这是完全要不得的。一个人受不受人尊敬，完全决定于你有没有值得别人尊敬的地方。在这里，摆架子，倚老卖老，都是枉然的。

三忌——思想僵化

人一老，在生理上必然会老化；在心理上或思想上，就会僵化。此事理之所必然，不足为怪。要举典型，有鲁迅的九斤老太在。

从生理上来看，人的躯体是由血、肉、骨等物质的东西构成的，是物质的东西就必然要变化、老化，以至消逝。生理的变化和老化必然影响心理或思想，这是无法抗御的。但是，变化、老化或僵化却因人而异，并不能一视同仁。有的人早，有的人晚；有的人快，有的人慢。所谓老年痴呆症，只是老化的一个表现形式。

空谈无补于事，试举一标本，加以剖析。远在天边，近在眼前，标本就是我自己。

我已届九旬高龄，古今中外的文人能活到这个年龄者只占极少数。我不相信这是由于什么天老爷、上帝或佛祖的庇佑，而是享了新社会的福。现在，我目虽不太明，但尚能见物；耳虽不太聪，但尚能闻声。看来距老年痴呆和八宝山还有一段距离，我也还没有这样的计划。

但是，思想僵化的迹象我也是有的。我的僵化同别人或许有点不同：它一半自然，一半人为；前者与他人共之，后者则为我所独有。

季羡林和他的爱猫

我不是九斤老太一党，我不但不认为“一代不如一代”，而且确信“雏凤清于老凤声”。可是最近几年来，一批“新人类”或“新新人类”脱颖而出，他们好像是一批外星人，他们的思想和举止令我迷惑不解，惶恐不安。这算不算是自然的思想僵化呢？

至于人为的思想僵化，则多一半是一种逆反心理在作祟。就拿穿中山装来做例子，我留德十年，当然是穿西装的。解放以后，我仍然有时改着西装。可是改革开放以来，不知从哪儿吹来了一股风，一夜之间，西装遍神州大地矣。我并不反对穿西装；但我不承认西装就是现代化的标志，而且打着领带锄地，我也觉得滑稽可笑。于是我自己就“僵化”起来，从此再不着西装，国内国外，大小典礼，我一律蓝色卡其布中山装一袭，以不变应万变矣。

还有一个“化”，我不知道怎样称呼它。世界科技进步，一日千里，没有科技，国难以兴，事理至明，无待赘言。科技给人类带来的幸福，也是有目共睹的。但是，它带来了危害，也无法掩饰。世界各国现在都惊呼环保，环境污染难道不是科技发展带来的吗？犹有进者。我突然感觉到，科技好像是龙虎山张天师镇妖瓶中放出来的妖魔，一旦放出来，你就无法控制。只就克隆技术一端言之，将来能克隆人，指日可待。一旦实现，则人类社会迄今行之有效的法律准则和伦理规范，必遭破坏。将来的人类社会变成什么样的社会呢？我有点不寒而栗。这似乎不尽属于“僵化”范畴，但又似乎与之接近。

四忌——不服老

服老，《现代汉语词典》的解释是“承认年老”，可谓简明扼要。人上了年纪，是一个客观事实，服老就是承认它，这是唯物主义的态度。反之，不承认，也就是不服老，倒迹近唯心了。

中国古代的历史记载和古典小说中，不服老的例子不可胜数，尽人皆知，无须列举。但是，有一点我必须在这里指出来：古今论者大都为不服老唱赞歌，这有点失于偏颇，绝对地无条件地赞美不服老，有害无益。

空谈无补，举几个实例，包括我自己。

1949 年春夏之交，解放军进城还不太久，忘记了是出于什么原因，毛泽东的老师徐特立约我在他下榻的翠明庄见面。我准时赶到，徐老当时年已过八旬，从楼上走下，卫兵想去扶他，他却不停地用胳膊肘捣卫兵的双手，一股不服老的劲头至今给我留下了难忘的印象。

再一个例子是北大 20 年代的教授陈翰笙先生。陈先生生于 1896 年，跨越了三个世纪，至今仍然健在。他晚年病目失明，但这丝毫也没有影响了他的活动，有会必到。有人去拜访他，他必把客人送到电梯门口。有时还会对客人伸一伸胳膊，踢一踢腿，表示自己有得是劲儿。前几年，每天还安排时间教青年英文，分文不取。这样的不服老我是钦佩的。

也有人过于服老。年不到五十，就不敢吃蛋黄和动物内脏，怕胆固醇增高。这样的超前服老，我是不敢钦佩的。

季羡林与陈翰笙（1985 年）

至于我自己，我先讲一段经历。是在 1995 年，当时我已经达到了八十四岁高龄。然而我却丝毫没有感觉到，不知老之已至，正处在平生写作的第二个高峰中。每天跑一趟大图书馆，几达两年之久，风雪无阻。我已经有点忘乎所以了。一天早晨，我照例四点半起床，到东边那一单元书房中去写作。一转瞬间，肚子里向我发出信号：该填一填它了。一看表，已经六点多了。于是我放下笔，准备回西房吃早点。可是不知是谁把门从外面锁上了，里面开不开。我大为吃惊，回头看到封了顶的阳台上有一扇玻璃窗可以打开。我于是不假思索，立即开窗跳出，从窗口到地面约有一米八高。我一堕地就跌了一个大马趴，脚后跟有点痛。旁边就是洋灰台阶的角，如果脑袋碰上，后果真不堪设想，我后怕起来了。我当天上下午都开了会，第二天又长驱数百里到天津南开大学去作报告。脚已经肿了起来。第三天，到校医院去检查，左脚跟有点破裂。

我这样的不服老，是昏聩糊涂的不服老，是绝对要不得的。

我在上面讲了不服老的可怕，也讲到了超前服老的可笑。然则何去何从呢？我认为，在战略上要不服老，在战术上要服老，二者结合，庶几近之。

五忌——无所事事

这是一个比较复杂的问题，必须细致地加以分析，区别对待，不能一概而论。

达官显宦在退出政治舞台之后，幽居府邸，“庭院深深深几许”，我辈槛外人无法窥知，他们是无所事事呢，还是有所事事，无从谈起，姑存而不论。

富商大贾一旦钱赚够了，年纪老了，把事业交给儿子、女儿或女婿，他们是怎样度过晚年的，我们也不得而知，我们能知道的只是钞票不能拿来炒着吃。这也姑且存而不论。

说来说去，我所能够知道的只是工、农和知识分子这些平头老百姓。中国古人说：“一事不知，儒者之耻。”今天，我这个“儒者”却无论如何也没有胆量说这样的大话。我只能安分守己，夹起尾巴来做人，老老实实地只谈论老百姓的“无所事事”。

我曾到过承德，就住在避暑山庄对面的一旅馆里。每天清晨出门散步，总会看到一群老人，手提鸟笼，把笼子挂在树枝上，自己则分坐在山庄门前的石头上，“闲坐说玄宗”。一打听，才知道他们多是旗人，先人是守卫山庄的八旗兵，而今老了，无所事事，只有提鸟笼子。试思：他们除了提鸟笼子外还能干什么呢？他们这种无所事事，不必深究。

北大也有一批退休的老工人，每日以提鸟笼为业。过去他们常聚集在我住房附近的一座石桥上，鸟笼也是挂在树枝上，笼内鸟儿放声高歌，清脆嘹亮。我走过时，也禁不住驻足谛听，闻而乐之。这一群工人也可以说是无所事事，然而他们又怎样能有所事事呢？

现在我只能谈我自己也是其中一分子，因而我最了解情况的知识分子。国家给年老的知识分子规定了退休年龄，这是合情合理的，应该感激的。但是，知识分子行当不同，身体条件也不相同。是否能做到老有所为，完全取决于自己，不取决于政府。自然科学和技术，我不懂，不敢瞎说。至于人文社会科学，则我是颇为熟悉的。一般说来，社会科学的研究不靠天才火花一时的迸发，而靠长期积累。一个人到了六十多岁退休的关头，往往正是知识积累和资料积累达到炉火纯青的时候。一旦退下，对国家和个人都是一个损失。有进取心有干劲者，可能还会继续干下去的。可是大多数人则无所事事。我在南北几个大学中都听到了有关“散步教授”的说法，就是，一个退休教授天天在校园里溜达，成了全校著名的人物。我没同“散步教授”谈过话，不知道他们是怎样想的，估计他们也不会很舒服。锻炼身体，未可厚非。但是，整天这样“锻炼”，不也太乏味太单调了吗？学海无涯，何妨再跳进去游泳一番，再扎上两个猛子，不也会身心两健吗？蒙田说得好：“如果大脑有事可做，有所制约，它就会在想象的旷野里驰骋，有时就会迷失方向。”

六忌——提当年勇

我做了一个梦。

我驾着祥云或别的什么云，飞上了天宫，在凌霄宝殿多功能厅里，参加了一个务虚会。第一个发言的是项羽。他历数早年指挥雄师数十万，横行天下，各路诸侯皆俯首称臣，他是诸侯盟主，颐指气使，没有敢违抗者。鸿门设宴，吓得刘邦像一只小耗子一般。说到尽兴处，手舞足蹈，唾沫星子乱溅。这时忽然站起来了一位天神，问项羽：四面楚歌，乌江自刎是怎么一回事呀？项羽立即垂下了脑袋，仿佛是一个泄了气的皮球。

第二个发言的是吕布，他手握方天画戟，英气逼人。他放言高论，大肆吹嘘自己怎样戏貂蝉，杀董卓，为天下人民除害；虎牢关力敌关、张、刘三将，天下无敌。正吹得眉飞色舞，一名神仙忽然高声打断了他的发言："白门楼上向曹操下跪，恳求饶命，大耳贼刘备一句话就断送了你的性命，是怎么一回事呢?"吕布面色立变，流满了汗，立即下台，像一只斗败了的公鸡。

第三个发言的是关羽。他久处天宫，大地上到处都有关帝庙，房子多得住不过来。他威仪俨然，放不下神架子。但发言时，一谈到过五关斩六将，用青龙偃月刀挑起曹操捧上的战袍时，便不禁圆睁丹凤眼，猛抖卧蚕眉，兴致淋漓，令人肃然。但是又忽然站起了一位天官，问道："夜走麦城是怎么一回事呢?"关公立即放下神架子，神色仓皇，脸上是否发红，不得而知，因为他的脸本来就是红的。他跳下讲台，在天宫里演了一出夜走麦城。

我听来听去，实在厌了，便连忙驾祥云回到大地上，正巧落在绍兴，又正巧阿 Q 被小 D 抓住辫子往墙上猛撞，阿 Q 大呼："我从前比你阔得多了!"可是小 D 并不买账。

谁一看都能知道，我的梦是假的。但是，在芸芸众生中，特别是在老年中，确有一些人靠自夸当年勇来过日子。我认为，这也算是一种自然现象。争胜好强也许是人类一种本能。但一旦年老，争胜有心，好强无力，便难免产生一种自卑情结。可又不甘心自卑，于是只有自夸当年勇一途，可以聊以自慰。对于这种情况，别人是爱莫能助的。"解铃还是系铃人"，只有自己随时警惕。

现在有一些得了世界冠军的运动员有一句口头禅：从零开始。意思是，不管冠军或金牌多么灿烂辉煌，一旦到手，即成过去，从现在起又要从零开始了。

我觉得，从零开始是唯一正确的想法。

七忌——自我封闭

这里专讲知识分子，别的界我不清楚。但是，行文时也难免涉及社会其他阶层。

中国古人说："人生识字忧患始"，其实不识字也有忧患。道家说，万物方生方死。人从生下的一刹那开始，死亡的历程也就开始了。这个历程可长可短，长可能到一百年或者更长，短则几个小时、几天，少年夭折者有之，英年早逝者有之，中年弃世者有之，好不容易，跌跌撞撞，坎坎坷坷，熬到了老年，早已心力交瘁了。

能活到老年，是一种幸福，但也是一种灾难。并不是每一个人都能活到老年，所以说是幸福；但是老年又有老年的难处，所以说是灾难。

老年人最常见的现象或者灾难是自我封闭。封闭，有行动上的封闭，有思想感情上的封闭，形式和程度又因人而异。老年人有事理广达者，有事情欠通达者。前者比较能认清宇宙万物以及人类社会发展的规律，了解到事物的改变是绝对的，不变是相对的，千万不要要求事物永恒不变。后者则相反，他们要求事物永恒不变；即使变，也是越变越坏，上面讲到的九斤老太就属于此类人。这一类人，即使仍然活跃在人群中，但在思想感情方面他们却把自己严密地封闭起来了。这是最常见的一种自我封闭的形式。

空言无益，试举几个例子。

我在高中读书时，有一位教经学的老师，是前清的秀才或举人。五经和四书背得滚瓜烂熟，据说还能倒背如流。他教我们《书经》和《诗经》，从来不带课本，业务是非常熟练的。可学生并不喜欢他。因为他张口闭口："我们大清国怎样怎样。"学生就给他起了一个诨名"大清国"，他真实的姓名反隐而不彰了。我们认为他是老顽固，他认为我们是新叛逆。我们中间不是代沟，而是万丈深渊，是他把自己完全封闭起来了。

再举一个例子。我有一位老友，写过新诗，填过旧词，毕生研究中国文学史，都达到了相当高的水平。他为人随和，性格开朗，并没

2008年冬，季羡林与儿子、孙子在一起。

有什么乖僻之处。可是，到了最近几年，突然产生了自我封闭的现象，不参加外面的会，不大愿意见人，自己一个人在家里高声唱歌。我曾几次以老友的身份，劝他出来活动活动，他都婉言拒绝。他心里是怎样想的，至今对我还是一个谜。

我认为，老年人不管有什么形式的自我封闭现象，都是对个人健康不利的。我奉劝普天下老年人力矫此弊。同青年人在一起，即使是“新新人类”吧，他们身上的活力总会感染老年人的。

八忌——叹老嗟贫

叹老嗟贫，在中国的读书人中，是常见的现象，特别是所谓怀才不遇的人们中，更是特别突出。我们读古代诗文，这样的内容随时可见。在现代的知识分子中，这种现象比较少见了，难道这也是中国知识分子进化或进步的一种表现吗？

我认为，这是一个十分值得研究的课题。它是中国知识分子学和中西知识分子比较学的重要内容。

我为什么又拉扯上了西方知识分子呢？因为他们与中国的不同，

是现成的参照系。

西方的社会伦理道德标准同中国不同，实用主义色彩极浓。一个人对社会有能力作贡献，社会就尊重你。一旦人老珠黄，对社会没有用了，社会就丢弃你，包括自己的子孙也照样丢弃了你，社会舆论不以为忤。当年我在德国哥廷根时，章士钊的夫人也同儿子住在那里，租了一家德国人的三楼居住。我去看望章伯母时，走过二楼，经常看到一间小屋关着门，门外地上摆着一碗饭，一丝热气也没有。我最初认为是喂猫或喂狗用的，后来一打听，才知道是给小屋内卧病不起的母亲准备的饭菜。同时，房东还养了一条大狼狗，一天要吃一斤牛肉。这种天上人间的情况无人非议，连躺在小屋内病床上的老太太大概也会认为所有这一切都是顺理成章的吧。

在这种狭隘的实用主义大潮中，西方的诗人和学者极少极少写叹老嗟贫的诗文。同中国比起来，简直不成比例。

在中国，情况则大大地不同。中国知识分子一向有“学而优则仕”的传统。过去一千多年以来，仕的途径只有一条，就是科举。“千军万马独木桥”，所有的读书人都拥挤在这一条路上，从秀才举人向上爬，爬到进士参加殿试，僧多粥少，极少数极幸运者可以爬完全程，

季羡林在书房（1996年）

“仕宦而至将相，富贵而归故乡”，达到这个目的万中难得一人。大家只要读一读《儒林外史》，便一目了然。在这样的情况下，倘若科举不利，老而又贫，除了叹老嗟贫以外，实在无路可走了。古人说：“诗必穷而后工”，其中“穷”字也有科举不利这个含义。古代大官很少有好诗文传世，其原因实在耐人寻味。

今天，时代变了。但是“学而优则仕”的幽灵未泯，学士、硕士、博士、院士代替了秀才、举人、进士、状元。骨子里并没有大变。在当今知识分子中，一旦有了点成就，便立即披上一顶乌纱帽，这现象难道还少见吗?

今天的中国社会已能跟上世界潮流，但是，封建思想的残余还不容忽视。我们都要加以警惕。

九忌——老想到死

好生恶死，为所有生物之本能。我们只能加以尊重，不能妄加评论。

作为万物之灵的人，更是不能例外。俗话说：“黄泉路上无老少”，可是人一到了老年，特别是耄耋之年，离开那一个长满了野百合花的地方越来越近了，此时常想到死，更是非常自然的。

今人如此，古人何独不然！中国古代的文学家、思想家、骚人、墨客大都关心生死问题。根据我个人的思考，各个时代是颇不相同的。两晋南北朝时期似乎更为关注。粗略地划分一下，可以分为三派。第一派对死十分恐惧，而且敢于十分坦荡地说了出来。这一派可以江淹为代表。他的《恨赋》一开头就说：“试望平原，蔓草萦骨，拱木敛魂。人生到此，天道宁论。”最后几句话是：“自古皆有死，莫不饮恨而吞声。”话说得再清楚不过了。

第二派可以“竹林七贤”为代表。《世说新语·任诞等二十三》第一条就讲到阮籍、嵇康、山涛、刘伶、阮咸、向秀和王戎“常集于竹林之中，肆意酣畅”，这是一群酒徒。其中最著名的刘伶命人荷锹跟着他，说：“死便埋我！”对死看得十分豁达。实际上，情况正相反，他

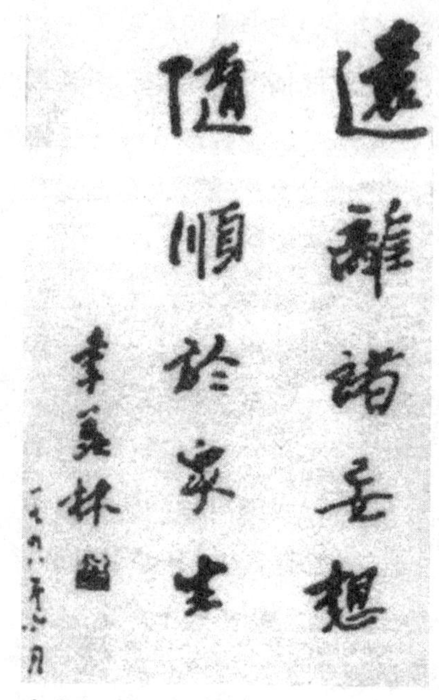

季羡林题词

们怕死怕得发抖，聊作姿态以自欺欺人耳。其中当然还有逃避残酷的政治迫害的用意。

第三派可以陶渊明为代表。他的意见具见他的诗《神释》中。诗中有这样的话：

> 老少同一死，贤愚无复数。日醉或能忘，将非促龄具！立善常所欣，谁当为此举？甚念伤吾生，正宜委运去。纵浪大化中，不喜亦不惧。应尽便须尽，无复独多虑。

他反对酗酒麻醉自己，也反对常想到死。我认为，这是最正确的态度。最后四句诗成了我的座右铭。

我在上面已经说到，老年人想到死，是非常自然的。关键是：想到以后，自己抱什么态度。惶惶不可终日，甚至饮恨吞声，是最要不得，这样必将成陶渊明所说的“促龄具”。最正确的态度是顺其自然，泰然处之。

鲁迅不到五十岁就写了有关死的文章。王国维则说：“五十之年，只欠一死。”结果投了昆明湖。我之所以能泰然处之，有我的特殊原因。“十年浩劫”中，我已走到过死亡的边缘上，一个千钧一发的偶然性救了我。从那以后，多活一天，我都认为是多赚的。因此就比较能对死从容对待了。

我在这里诚挚奉劝普天之下的年老又通达事情的人，偶尔想一下死，是可以的，但不必老想。我希望大家都像我一样，以陶渊明《神释》诗最后四句为座右铭。

十忌——愤世嫉俗

愤世嫉俗这个现象，没有时代的限制，也没有年龄的限制。古今皆有，老少俱备，但以年纪大的人为多。它对人的心理和生理都会有很大的危害，也不利于社会的安定团结。

世事发生必有其因。愤世嫉俗的产生也自有其原因。归纳起来，约有以下诸端：

首先，自古以来，任何时代，任何朝代，能完全满足人民大众的愿望者，绝对没有。不管汉代的文景之治怎样美妙，唐代的贞观之治和开元之治怎样理想，宫廷都难免腐败，官吏都难免贪污，百姓就因而难免不满，其尤甚者就是愤世嫉俗。

其次，“学而优则仕”达不到目的，特别是科举时代名落孙山者，人不在少数，必然愤世嫉俗。这在中国古代小说中可以找出不少的典型。

再次，古今中外都不缺少自命天才的人。有的真有点天才或者才干，有的则只是个人妄想，但是别人偏不买账，于是就愤世嫉俗。其尤甚者，如西方的尼采要“重新估定一切价值”，又如中国的徐文长。结果无法满足，只好自己发了疯。

最后，也是最常见的，对社会变化的迅猛跟不上，对新生事物看不顺眼，是九斤老太一党。九斤老太不识字，只会说：“一代不如一代”，识字的知识分子，特别是老年人，便表现为愤世嫉俗，牢骚满腹。

以上只是一个大体的轮廓，不足为据。

在中国文学史上，愤世嫉俗的传统，由来已久。《楚辞》的“黄钟毁弃，瓦釜雷鸣”等语就是最早的证据之一。以后历代的文人多有愤世嫉俗之作，形成了知识分子性格上的一大特点。

我也算是一个知识分子，姑以我自己为麻雀，加以剖析。愤世嫉俗的情绪和言论，我也是有的。但是，我又有我自己的表现方式。我往往不是看到社会上的一些不正常现象而牢骚满腹，怪话连篇，而是迷惑不解，惶恐不安。我曾写文章赞美过“代沟”，说代沟是人类进步的象征。这是我真实的想法。可是到了目前，我自己也傻了眼，横亘在我眼前的像我这样老一代人和一些“新人类”、“新新人类”之间的代沟，突然显得其阔无限，其深无底，简直无法逾越了，仿佛把人类历史断成了两截。我感到恐慌，我不知道这样发展下去将伊于胡底。我个人认为，这也是愤世嫉俗的一种表现形式，是要不得的；可我一时又改变不过来，为之奈何！

我不知道，与我想法相同或者相似的有没有人在，有的话，究竟有多少人。我想来想去，觉得还是毛泽东的两句诗好：“牢骚太盛防肠断，风物常宜放眼量。”

2000年2月22日

难得糊涂

“我也是难得糊涂党的成员。”（季羡林）

清代郑板桥提出来亦书写出来的“难得糊涂”四个大字，在中国，真可以说是家喻户晓，尽人皆知的。一直到今天，二百多年过去了，但在人们的文章里，讲话里，以及嘴中常用的口语中，这四个字还经常出现，人们都耳熟能详。

我也是难得糊涂党的成员。

不过，在最近几个月中，在经过了一场大病之后，我的脑筋有点开了窍。我逐渐发现，糊涂有真假之分，要区别对待，不能眉毛胡子一把抓。

什么叫真糊涂，而什么又叫假糊涂呢?

用不着作理论上的论证，只举几个小事例就足以说明了。例子就从郑板桥举起。

郑板桥生在清代乾隆年间，所谓康乾盛世的下一半。所谓盛世历代都有，实际上是一块其大无垠的遮羞布。在这块布下面，一切都照常进行。只是外寇来得少，人民作乱者寡，大部分人能勉强吃饱了肚子，“不识不知，顺帝之则”了。最高统治者的宫廷斗争，仍然是血腥淋漓，外面小民是不会知道的。历代的统治者都喜欢没有头脑没有思想的人；有这两个条件的只是士这个阶层。所以士一直是历代统治者的眼中钉。可离开他们又不行。于是胡萝卜与大棒并举。少部分争取到皇帝帮闲或帮忙的人，大致已成定局。等而下之，一大批士都只有一条向上爬的路——科举制度。成功与否，完全看自己的运气。翻一翻《儒林外史》，就能洞悉一切。但同时皇帝也多以莫须有的罪名大兴文字狱，杀鸡给猴看。统治者就这样以软硬兼施的手法，统治天下。看来大家都比较满意。但是我认为，这是真糊涂，如影随形，就在自己身上，并不“难得”。

我的结论是：真糊涂不难得，真糊涂是愉快的，是幸福的。

此事古已有之，历代如此。楚辞所谓“举世皆浊我独清，众人皆醉我独醒。”所谓“醉”，就是我说的糊涂。

可世界上还偏有郑板桥这样的人，虽然人数极少极少，但毕竟是有的。他们为天地留了点正气。他已经考中了进士。据清代的一本笔记上说，由于他的书法不是台阁体，没能点上翰林，只能外放当一名知县，“七品官耳”。他在山东潍县做了一任县太爷，又偏有良心，同情小民疾苦，有在潍县衙斋里所做的诗为证。结果是上官逼，同僚挤，他忍受不了，只好丢掉乌纱帽，到扬州当八怪去了。他一生诗书画中都有一种愤懑不平之气，有如司马迁的《史记》。他倒霉就倒在世人皆醉而他独醒，也就是世人皆真糊涂而他独必须装糊涂，假糊涂。

我的结论是：假糊涂才真难得，假糊涂是痛苦，是灾难。

现在说到我自己。

我初进301医院的时候，始终认为自己患的不过是癣疥之疾。隔壁房间里主治大夫正与北大校长商议发出病危通告，我这里却仍然嬉皮笑脸，大说其笑话。在医院里的四十六天，我始终没有危机感。现在想起来，真正后怕。原因就在，我是真糊涂，极不难得，极为愉快。

我虔心默祷上苍。今后再也不要让真糊涂进入我身，我宁愿一生背负假糊涂这一个十字架。

2002年12月2日在301医院于大夫护士嘈杂声中写成，亦一快事也

糊涂一点潇洒一点

最近一个时期，经常听到人们的劝告：要糊涂一点，要潇洒一点。

关于第一点糊涂问题，我最近写过一篇短文《难得糊涂》。在这里，我把糊涂分为两种，一个叫真糊涂，一个叫假糊涂。普天之下，绝大多数的人，争名于朝，争利于市。尝到一点小甜头，便喜不自胜，手舞足蹈，心花怒放，忘乎所以。碰到一个小钉子，便忧思焚心，眉头紧皱，前途暗淡，哀叹不已。这种人滔滔者天下皆是也。他们是真糊涂，但并不自觉。他们是幸福的，愉快的。愿老天爷再向他们降福。

至于假糊涂或装糊涂，则以郑板桥的“难得糊涂”最为典型。郑板桥一流的人物是一点也不糊涂的。但是现实的情况又迫使他们非假糊涂或装糊涂不行。他们是痛苦的。我祈祷老天爷赐给他们一点真糊涂。

谈到潇洒一点的问题，首先必须对这个词儿进行一点解释。这个词儿圆融无碍，谁一看就懂，再一追问就糊涂。给这样一个词儿下定义，是超出我的能力的。还是查一下词典好。《现代汉语词典》的解释是：“（神情、举止、风貌等）自然大方、有韵致，不拘束”，看了这个解释，我吓了一跳。什么“神情”，什么“风貌”，又是什么“韵致”，全是些抽象的东西，让人无法把握。这怎么能同我平常理解和使用的“潇洒”挂上钩呢？我是主张模糊语言的，现在就让“潇洒”这个词儿模糊一下吧。我想到中国六朝时代一些当时名士的举动，特别是《世说新语》等书所记载的，比如刘伶的“死便埋我”，什么雪夜访戴，等等，应该算是“潇洒”吧。可我立刻又想到，这些名士，表面

俞平伯

上潇洒，实际上心中如焚，时时刻刻担心自己的脑袋。有的还终于逃不过去，嵇康就是一个著名的例子。

写到这里，我的思维活动又逼迫我把“潇洒”，也像糊涂一样，分为两类：一真一假。六朝人的潇洒是装出来的，因而是假的。

这些事情已经“俱往矣”，不大容易了解清楚。我举一个现代的例子。上一个世纪30年代，我在清华读书的时候，一位教授（姑隐其名）总想充当一下名士，潇洒一番。冬天，他穿上锦缎棉袍，下面穿的是锦缎棉裤，用两条彩色丝带把棉裤紧紧地系在腿的下部。头上头发也故意不梳得油光发亮。他就这样飘飘然走进课堂，顾影自怜，大概十分满意。在学生们眼中，他这种矫揉造作的潇洒，却是丑态可掬，辜负了他一番苦心。

同这位教授唱对台戏的——当然不是有意的——是俞平伯先生。有一天，平伯先生把脑袋剃了个精光，高视阔步，昂然从城内的住处出来，走进了清华园。园内几千人中这是唯一的一个精光的脑袋，见者无不骇怪，指指点点，窃窃私议，而平伯先生则全然置之不理，照样登上讲台，高声朗诵宋代名词，摇头晃脑，怡然自得。朗诵完了，连声高呼：“好！好！就是好！”此外再没有别的话说。古人说：“是真名士自风流。”同那位教英文的教授一比，谁是真风流，谁是假风流；谁是真潇洒，谁是假潇洒，昭然呈现于光天化日之下。

这一个小例子，并没有什么深文奥义，只不过是想辨真伪而已。

为什么人们提倡糊涂一点，潇洒一点呢？我个人觉得，这能提高人们的和为贵的精神，大大地有利于安定团结。

写到这里，这一篇短文可以说是已经写完了。但是，我还想加上一点我个人的想法。

当前，我国举国上下，争分夺秒，奋发图强，巩固我们的政治，发展我们的经济，期能在预期的时间内建成名副其实小康社会。哪里容得半点糊涂、半点潇洒！但是，我们中国人一向是按照辩证法的规律行动的。古人说："文武之道，一张一弛。"有张无弛不行，有弛无张也不行。张弛结合，斯乃正道。提倡糊涂一点，潇洒一点，正是为了达到这个目的的。

"提倡糊涂一点，潇洒一点。"（季羡林）

2002年12月18日

八十述怀

我从来没有想到，我能活到八十岁；如今竟然活到了八十岁，然而又一点也没有八十岁的感觉。岂非咄咄怪事！

我向无大志，包括自己活的年龄在内。我的父母都没有能活过五十，因此，我自己的原定计划是活到五十。这样已经超过了父母，很不错了。不知怎么一来，宛如一场春梦，我活到了五十岁。那时正值所谓三年自然灾害。我流年不利，颇挨了一阵子饿。但是，我是“曾经沧海难为水”，在第二次世界大战时，我正在德国，我经受了而今难以想象的饥饿的考验，以致失去了饱的感觉。我们那一点灾害，同德国比起来，真如小巫见大巫；我从而顺利地度过了那一场灾难，而且我当时的精神面貌是我一生最好的时期，一点苦也没有感觉到，于不知不觉中冲破了我原定的年龄计划，度过了五十岁大关。

五十一过，又仿佛一场春梦似的，一下子就到了古稀之年，不容我反思，不容我踟蹰。其间跨越了一个“十年浩劫”。我当然是在劫难逃，被送进“牛棚”。我现在不知道应当感谢哪一路神灵：佛祖、上帝、安拉；由于一个万分偶然的机缘，我没有走上绝路，活下来了。活下来了，我不但没有感到特别高兴，反而时有悔愧之感在咬我的心。活下来了，也许还是有点好处的。我一生写作翻译的高潮，恰恰出现在这个期间。原因并不神秘：我获得了余裕和时间。在“浩劫”期间，我被打得一佛出世，二佛升天。后来不打不骂了，我却变成了“不可接触者”。在很长时间内，我被分配掏大粪，看门房，守电话，发信件。没有以前的会议，没有以前的发言。没有人敢来找我，很少人有

1991 年，季羡林在家乡过八十岁生日。

勇气同我谈上几句话。一两年内，没收到一封信。我服从任何人的调遣与指挥，只敢规规矩矩，不敢乱说乱动。然而我的脑筋还在，我的思想还在，我的感情还在，我的理智还在。我不甘心成为行尸走肉，我必须干点事情。三百多万字的印度大史诗《罗摩衍那》，就是在这时候译完的。“雪夜闭门写禁文”，自谓此乐不减羲皇上人。

又仿佛是一场缥缈的春梦，一下子就活到了今天，行年八十矣，是古人称之为耄耋之年了。倒退二三十年，我这个在寿命上胸无大志的人，偶尔也想到耄耋之年的情况：手拄拐杖，白须飘胸，步履维艰，老态龙钟。自谓这种事情与自己无关，所以想得不深也不多。哪里知道，自己今天就到了这个年龄了。今天是新年元旦。从夜里零时起，自己已是不折不扣的八十老翁了。然而这老景却真如古人诗中所说的“青霭人看无”，我看不到什么老景。看一看自己的身体，平平常常，同过去一样。看一看周围的环境，平平常常，同过去一样。金色的朝阳从窗子里流了进来，平平常常，同过去一样。楼前的白杨，确实粗了一点，但看上去也是平平常常，同过去一样。时令正是冬天，叶子落尽了；但是我相信，它们正蜷缩在土里，做着春天的梦。水塘里的

1991 年，季羡林参加北大举行的庆祝季羡林八十寿辰活动。

荷花只剩下残叶，“留得残荷听雨声”，现在雨没有了，上面只有白皑皑的残雪。我相信，荷花们也蜷缩在淤泥中，做着春天的梦。总之，我还是我，依然故我；周围的一切也依然是过去的一切……

我是不是也在做着春天的梦呢？我想，是的。我现在也处在严寒中，我也梦着春天的到来。我相信英国诗人雪莱的两句话：“既然冬天已经到了，春天还会远吗?”我梦着楼前的白杨重新长出了浓密的绿叶：我梦着池塘里的荷花重新冒出了淡绿的大叶子；我梦着春天又回到了大地上。

可是我万万没想到，“八十”这个数目字竟有这样大的威力，一种神秘的威力。“自己已经八十岁了!”我吃惊地暗自思忖。它逼迫着我向前看一看，又回头看一看。向前看，灰蒙蒙一团，路不清楚，但也不是很长。确实没有什么好看的地方。不看也罢。

而回头看呢，则在灰蒙蒙的一团中，清晰地看到了一条路，路极长，是我一步一步地走过来的，这条路的顶端是在清平县的官庄。我看到了一片灰黄的土房，中间闪着苇塘里的水光，还有我大奶奶和母亲的面影。这条路延伸出去，我看到了泉城的大明湖。这条路又延伸出去，我看到了水木清华，接着又看到德国小城哥廷根斑斓的秋色，上面飘动着我那母亲似的女房东和祖父似的老教授的面影。路陡然又从万里之外折回到神州大地，我看到了红楼，看到了燕园的湖光塔影。令人泄气而且大煞风景的是，我竟又看到了“牛棚”的牢头禁子那一副牛头马面似的狞恶的面孔。再看下去，路就缩住了，一直缩到我的脚下。

在这一条十分漫长的路上，我走过阳关大道，也走过独木小桥。路旁有深山大泽，也有平坡宜人；有杏花春雨，也有塞北秋风；有山重水复，也有柳暗花明；有迷途知返，也有绝处逢生。路太长了，时间太长了，影子太多了，回忆太重了。我真正感觉到，我负担不了，也忍受不了，我想摆脱掉这一切，还我一个自由自在身。

回头看既然这样沉重，能不能向前看呢？我上面已经说到，向前看，路不是很长，没有什么好看的地方。我现在正像鲁迅的散文诗《过客》中的那一个过客。他不知道是从什么地方走来的，终于走到了老翁和小女孩的土屋前面，讨了点水喝。老翁看他已经疲惫不堪，劝他休息一下。他说：“从我还能记得的时候起，我就在这么走，要走到一个地方去，这地方就在面前。我单记得走了许多路，现在来到这里了。我接着就要走向那边去……况且还有声音在前面催促我，叫唤我，使我息不下。”那边，西边是什么地方呢？老人说：“前面，是

1991年8月，北大图书馆举办“庆祝季羡林教授八十寿辰展览”。

坟。”小女孩说：“不，不，不的。那里有许多野百合，野蔷薇，我常常去玩，去看他们的。”

我理解这个过客的心情。我自己也是一个过客。但是却从来没有什么声音催着我走，而是同世界上任何人一样，我是非走不行的，不用催促，也是非走不行的。走到什么地方去呢？走到西边的坟那里，这是一切人的归宿。我记得屠格涅夫的一首散文诗里，也讲了这个意思。我并不怕坟，只是在走了这么长的路以后，我真想停下来休息片刻。然而我不能，不管你愿意不愿意，反正是非走不行。聊以自慰的是，我同那个老翁还不一样，有的地方颇像那个小女孩，我既看到了坟，也看到野百合和野蔷薇。

我面前还有多少路呢？我说不出，也没有仔细想过。冯友兰先生说：“何止于米？相期以茶。”“米”是八十八岁，“茶”是一百零八岁。我没有这样的雄心壮志，我是“相期以米”。这算不算是立大志呢？我是没有大志的人，我觉得这已经算是大志了。

我从前对穷通寿夭也是颇有一些想法的。“十年浩劫”以后，我成了陶渊明的志同道合者。他的一首诗，我很欣赏：

纵浪大化中
不喜亦不惧
应尽便须尽
无复独多虑

我现在就是抱着这种精神，昂然走上前去。只要有可能，我一定做一些对别人有益的事，决不想成为行尸走肉。我知道，未来的路也不会比过去的更笔直，更平坦。但是我并不恐惧。我眼前还闪动着野百合和野蔷薇的影子。

1991年1月1日

新年抒怀

除夕之夜，半夜醒来，一看表，是一点半钟，心里轻轻地一颤：又过去一年了。

小的时候，总希望时光快快流逝，盼过节，盼过年，盼迅速长大成人。然而，时光却偏偏好像停滞不前，小小的心灵里溢满了愤愤不平之气。

但是，一过中年，人生之车好像是从高坡上滑下，时光流逝得像电光一般。它不饶人，不了解人的心情，愣是狂奔不已。一转眼间，“两岸猿声啼不住，轻舟已过万重山”，滑过了花甲，滑过了古稀，少数幸运者或者什么者，滑到了耄耋之年。人到了这个境界，对时光的流逝更加敏感。年轻的时候考虑问题是以年计，以月计。到了此时，是以日计，以小时计了。

我是一个幸运者或者什么者，眼前正处在耄耋之年。我的心情不同于青年，也不同于中年，纷纭万端，决不是三两句就能说清楚的。我自己也理不出一个头绪来。

过去的一年，可以说是我一生最辉煌的年份之一。求全之毁根本没有，不虞之誉却多得不得了，压到我身上，使我无法消化，使我感到沉重。有一些称号，初戴到头上时，自己都感到吃惊，感到很不习惯。就在除夕的前一天，也就是前天，在解放后第一次全国性国家图书奖会议上，在改革开放以来十几年的，包括文理法农工医以及军事等等方面的五十一万多种图书中，在中宣部和财政部的关怀和新闻出版署的直接领导下，经过全国七十多位专家的认真细致的评审，共评出国家图书奖四十五种。只要看一看这个比例数字，就能够了解获奖之困难。我自始至终参加了评选工作。至于自己同获奖有份，一开始时，我连做梦都没有梦到。然而结果我却有两部书获奖。在小组会上，我曾要求撤出我那一本书，评委不同意。我只能以不投自己的票的办法来处理此事。对这个结果，要说自己不高兴，那是矫情，那是虚伪，为我所不取。我更多地感觉到的是惶恐不安，感觉到惭愧。许多非常有价值的图书，由于种种原因，没能评上，自己却一再滥竽。这也算是一种机遇，也是一种幸运吧。我在这里还要补上一句：在旧年的最后一天的《光明日报》上，我读到老友邓广铭教授对我的评价，我也是既感且愧。

我过去曾多次说到，自己向无大志，我的志是一步步提高的，有如水涨船高。自己决非什么天才，我自己评估是一个中人之才。如果自己身上还有什么可取之处的话，那就是，自己是勤奋的，这一点差堪自慰。我是一个富于感情的人，是一个自知之明超过需要的人，是一个思维不懒惰，脑筋永远不停地转动的人。我得利之处，恐怕也在这里。过去一年中，在我走的道路上，撒满了玫瑰花；到处是笑脸，到处是赞誉。我成为一个"很可接触者"。要了解我过去一年的心情，必须把我的处境同我的性格，同我内心的感情联系在一起。

现在写《新年抒怀》，我的"怀"，也就是我的心情，在过去一年我的心情是什么样子的呢？

首先是，我并没有被鲜花和赞誉冲昏了头脑，我的头脑是颇为清醒的。一位年轻的朋友说我似乎忘记了自己的年龄。这只是一个表面现象。尽管从表面上来看，我似乎是朝气蓬勃，在学术上野心勃勃，我揽的工作远远超过一个耄耋老人所能承担的，我每天的工作量在同辈人中恐怕也居上乘。但是我没有忘乎所以，我并没有忘记自己的年龄。在朋友欢笑之中，在家庭聚乐之中，在灯红酒绿之时，在奖誉纷至沓来之时，我满面含笑，心旷神怡，却蓦地会在心灵中一闪念："这一出戏快结束了！"我像撞客的人一样，这一闪念紧紧跟随着我，我摆脱不掉。

是我怕死吗？不，不，决不是的。我曾多次讲过：我的性命本应该在“十年浩劫”中结束的。在比一根头发丝还细的偶然性中，我侥幸活了下来。从那以后，我所有的寿命都是白捡来的；多活一天，也算是“赚了”。而且对于死，我近来也已形成了一套完整的看法：“应尽便须尽，无复独多虑。”死是自然规律，谁也违抗不得。用不着自己操心，操心也无用。

那么我那种快煞戏的想法是怎样来的呢？记得在大学读书时，读过俞平伯先生的一篇散文《重过西园码头》，时隔六十余年，至今记忆犹新。其中有一句话：“从现在起我们要仔仔细细地过日子了”，这就说明，过去日子过得不仔细，甚至太马虎。俞平伯先生这样，别的人也是这样，我当然也不例外。日子当前，总过得马虎。时间一过，回忆又复甜蜜。宋词中有一句话：“当时只道是寻常”，真是千古名句，道出了人们的这种心情。我希望，现在能够把当前的日子过得仔细一点，认为不寻常一点。特别是在走上了人生最后一段路程时，更应该这样。因此，我的快煞戏的感觉，完全是积极的，没有消极的东西，更与怕死没有牵连。

在这样的心情的指导下，我想得很多很多，我想到了很多的人。首先是想到了老朋友。清华时代的老朋友胡乔木，最近几年曾几次对我说，他想要看一看年轻时候的老朋友。他说：“见一面少一面了！”初听时，我还觉得他过于感伤。后来逐渐品味出他这一句话的分量。可惜他前年就离开了我们，走了。去年我用实际行动响应了他的话，我邀请了六七位有五六十年友谊的老友聚了一次。大家都白发苍苍了，但都兴会淋漓。我认为自己干了一件好事。我哪里会想到，参加聚会的吴组缃现已病卧医院中。我听了心中一阵颤动。今年元旦，我潜心默祷，祝他早日康复，参加我今年准备的聚会。没有参加会的老友还有几位。我都一一想到了，我在这里也为他们的健康长寿祷祝。

我想到的不只有老年朋友，年轻的朋友，包括我的第一代、第二代、第三代的学生，无论是在国内，还是在国外，我也都一一想到了。我最近颇接触了一些青年学生，我认为他们是我的小友。不知道为什么我对这一群小友的感情越来越深，几乎可以同我的年龄成正比。他们朝气蓬勃，前程似锦。我发现他们是动脑筋的一代，他们思考着许许多多的问题。淳朴，直爽，处处感动着我。俗话说："长江后浪推前浪，世上新人换旧人。"我们祖国的希望和前途就寄托在他们身上，全人类的希望和前途也寄托在他们身上。对待这一批青年，唯一正确的做法是理解与爱护，诱导与教育，同时还要向他们学习。这是就公而言。在私的方面，我同这些生龙活虎般的青年们在一起，他们身上那一股朝气，充盈洋溢，仿佛能冲刷掉我身上这一股暮气，我顿时觉得自已年轻了若干年。同青年们接触真能延长我的寿命。古诗说："服食求神仙，多为药所误。"我一不服食，二不求神。青年学生就是我的药石，就是我的神仙。我企图延长寿命，并不是为了想多吃人间几千顿饭。我现在吃的饭并不特别好吃，多吃若干顿饭是毫无意义的。我现在计划要做的学术工作还很多，好像一个人在日落西山的时分，前面还有颇长的路要走。我现在只希望多活上几年，再多走几程路，在学术上再多做点工作，如此而已。

在家庭中，我这种煞戏的感觉更加浓烈。原因也很简单，必然是因为我认为这一出戏很有看头，才不希望它立刻就煞住，因而才有这种浓烈的感觉。如果我认为这一出戏不值一看，它煞不煞与已无干，淡然处之，这种感觉从何而来？过去几年，我们家屡遭大故。老祖离开我们，走了。女儿也离我而去。这在我的感情上留下了永远无法弥补的伤痕。尽管如此，我仍然有一个温馨的家。我的老伴、儿子和外孙媳妇仍然在我的周围。我们和睦相处，相亲相敬。每一个人都是一个最可爱的人。除了人以外，家庭成员还有两只波斯猫，一只顽皮，一只温驯，也都是最可爱的猫。家庭的空气怡然，盎然。可是，前不久，老伴突患脑溢血，住进医院。在她没病的时候，她已经不良于行，整天坐在床上。我们平常没有多少话好说。可是我每天从大图书馆走回家来，好像总嫌路长，希望早一点到家。到了家里，在破藤椅上一坐，两只波斯猫立即跳到我的怀里，让我搂它们睡觉。我也眯上眼睛，小憩一会儿。睁眼就看到从窗外流进来的阳光，在地毯上流成一条光带，慢慢地移动，在百静中，万念俱息，怡然自得，此乐实不足为外人道也。然而老伴却突然病倒了。在那些严重的日子里，我在从北大图书馆走回家来，我在下意识中，总嫌路太短，我希望它长，更长，让我永远走不到家。家里缺少一个虽然坐在床上不说话却散发着光与热的人。我感到冷清，我感到寂寞，我不想进这个家门。在这样的情况下，我心里就更加频繁地出现那一句话："这一出戏快煞戏了！"但是，就目前的情况来看，老伴虽然仍然住在医院里，病情已经有了好转。我在盼望着，她能很快回到家来，家里再有一个虽然不说话但却能发光发热的人，使我再能静悄悄地享受沉静之美，让这一出早晚要煞戏的戏再继续下去演上几幕。

季羡林的老伴彭德华

按世俗算法，从今天起，我已经达到八十三岁的高龄了，几乎快到一个世纪了。我虽然不爱出游，但也到过三十个国家，应该说是见多识广。在国内将近半个世纪，经历过峰回路转，经历过柳暗花明，快乐与苦难并列，顺利与打击杂陈。我脑袋里的回忆太多了，过于多了。眼前的工作又是头绪万端，谁也说不清我究竟有多少名誉职称，说是打破纪录，也不见得是夸大，但是，在精神上和身体上的负担太重了。我真有点承受不住了。尽管正如我上面所说的，我一不悲观，二不厌世，可是我真想休息了。古人说："大丈夫劳我以生，息我以死。"德国伟大诗人歌德晚年有一首脍炙人口的诗，最后一句是："你也休息"，仿佛也表达了我的心情，我真想休息一下了。

心情是心情，活还是要活下去的。自己身后的道路越来越长，眼前的道路越来越短，因此前面剩下的这短短的道路，更加珍贵。我现在过日子是以天计，以小时计。每一天每一个小时都是可贵的。我希望真正能够仔仔细细地过，认认真真地过，细细品味每一分钟每一秒钟，我认为每一分每一秒都不“寻常”。我希望千万不要等到以后再感到“当时只道是寻常”，空吃后悔药，徒唤奈何。对待自己是这样，对待别人，也是这样。我希望尽上自己最大的努力，使我的老朋友，我的小朋友，我的年轻的学生，当然也有我的家人，都能得到愉快。我也决不会忘掉自己的祖国。只要我能为她做到的事情，不管多么微末，我一定竭尽全力去做。只有这样，我心里才能获得宁静，才能获得安慰。“这一出戏就要煞戏了”，它愿意什么时候煞，就什么时候煞吧。

现在正是严冬。室内春意融融，窗外万里冰封。正对着窗子的那一棵玉兰花，现在枝干光秃秃的一点生气都没有。但是枯枝上长出的骨朵儿却象征着生命，蕴含着希望。花朵正蜷缩在骨朵儿内心里，春天一到，东风一吹，会立即绽开白玉似的花。池塘里，眼前只有残留的枯叶在寒风中在层冰上摇曳。但是，我也知道，只等春天一到，坚冰立即化为粼粼的春水。现在蜷缩在黑泥中的叶子和花朵，在春天和夏天里都会蹿出水面。在春天里，“莲叶何田田”；到了夏天，“接天莲叶无穷碧，映日荷花别样红”，那将是何等光华烂漫的景色啊。“既然冬天到了，春天还会远吗?”我现在一方面脑筋里仍然会不时闪过一个念头：“这一出戏快煞戏了”，这丝毫也不含糊，但是，另一方面我又觉得这一出戏的高潮还没有到，恐怕在煞戏前的那一刹那才是真正的高潮，这一点也决不含糊。

1994 年 1 月 1 日

虎年抒怀

真没有想到，一转瞬间，自己竟已到了望九之年。前几年，初进入耄耋之年时，对光阴之荏苒，时序之飘逸，还颇有点“逝者如斯夫”之感。到最近二三年来，对时间的流逝神经似乎已经麻痹了，即使是到了新年或旧年，原来觉得旧年的最后一天和新年的第一天，其间宛若有极深的鸿沟，仿佛天不是一个颜色，地不是一个状态，自己憬然醒悟：要从头开始了，要重新“做人”了；现在则觉得虽然是“一元复始”，但“万象”并没有“更新”，今天同昨天完完全全一模一样，自己除了长了一岁之外，没有感到有丝毫变化。什么“八十述怀”之类的文字，再也写不出，因为实在无“怀”可“述”了。

但是，到了今天，时序正由大牛变成老虎，也许是由于老虎给我的印象特深，几年来对时间淡漠的心情，一变而为对时间的关注，“天增岁月人增寿”，我又增了一年寿。我陡然觉得，这一年实在是非同小可，它告诉我，我明确无误地是增加了一岁。李白诗：“高堂明镜悲白发”，我很少照镜子，头顶上的白色是我感觉到的，而不是我亲眼看到的，白色仿佛有了重量，沉甸甸地压在我的头上。至于脸上的皱纹，则我连感觉都没有，我想也不去想它。

不管我的感觉怎样，反正我已经老了，这是一个丝毫也不容怀疑的事实。我已经老到了超过我的计划，超过我的期望。我父亲和母亲都只活了四十多岁。我原来的第一本账是活到五十岁。据说人的寿限是遗传的，我决不会活得超过父母太多。然而，五六十年，倏尔而过。六十还甲子，那时刚从“牛棚”里放出来，无暇考虑年龄。孔子的七

“我道人生有再少。”(季羡林)

十三，孟子的八十四，也如电光石火，一闪即逝。我已经忘记了原来的计划，只有预算，而没有决算，这实在是与法律手续不合。可是再一转瞬，我已经变成了今天的我，已经是孑然一翁矣。按照洋办法，明年应该庆米寿了。

我活过的八十七年是短是长呢？从人的寿命来说，是够长的了。俗话说：“人生七十古来稀”，我已经过了古稀之年十七岁，难道还能不算长吗？从另一个观点上来看，它也够长的。这个想法我从来没有过，我也从来没有见任何中外文人学士有过。是我“天才的火花”一闪，闪出来这一个“平凡的真理”。现在，世界文明古国的中国的历史充其量不过说到了五千年，而我活的时间竟达到了五千年的五十分之一，你能说还不够长吗？遥想五千年前，人类可能从树上下来已经有些时候了，早就发明了火，能够使用工具，玩出了许多花样，自称为“万物之灵”。可是，从今天看来，花样毕竟有限，当时所谓“天上宫阙”，可能就是指的月亮，原是可望而不可即的。可是今天人类已经登上了月球。原来笼罩在月宫上的一团神秘的迷雾，今天已经大白于天下了。人世沧桑，不可谓不大，而在这漫长的五千年中，我竟占了将近一百年，难道还能说不够长吗？

人类的两只眼睛长在脸上，不长在后脑勺上，只能向前看，想要向后看，必须回头转身。但是，在我回忆时，我是能向后看的。我看到的是一条极其漫长的隐在云雾中的道路，起点是山东的一个僻远的小村庄。从那里出发，我走到了济南，走到了北京，又走到迢迢万里的德国和瑞士。这一条路始终跟在我的身后，或者毋宁被我拖在身后。在国外待了十年多以后，我又拖着这一条路，或者说这一条路拖着我重又回到了我亲爱的祖国。然后，在几十年之内，我的双足又踏遍了亚洲的、非洲的以及欧洲的许多国家，我行动的轨迹当然又变成了路。这一条路一寸也没有断过，它有时曲曲折折，坎坎坷坷，有时又顺顺利利，痛痛快快，在现在的一瞬间，它就终止在我的脚下。但是，我知道，只要我一抬腿，这一条路立即就会开始延伸，一直延伸到那一个长满了野百合花的地方。什么时候延伸到那里，我不知道。但是看来还不会就到的。

近几年来，我读中外学术史和文学史，我有一个还没有听说别人有过的习惯：我先不管这些灿如流星的学者和诗人们的学术造诣，什么人民性，什么艺术性，这性，那性，我都置之不理，我先看他们的生卒年月。结果我有了一个令人吃惊的发现：他们绝大多数活的年龄都不大，一般都是四十、五十、六十岁。那少数著名的夭折的诗人，比如中国的李长吉，英国的雪莱和济慈等暂且不谈。活过古稀之年的真的不多。我年轻时知道德国伟大诗人歌德活了八十二岁，印度伟大的诗人泰戈尔活了八十岁，英国的萧伯纳、俄罗斯的托尔斯泰都活到了超过了八十岁，当时大为赞叹和羡慕，我连追赶他们，步他们后尘的念

季羡林在书房

头，一点也没有，几乎认为那无疑是“天方夜谭”。然而，正如我在上面说过的那样，曾几何时，蓦回头，那一条极长极长的用我的双脚踩成的路，竟把我拖到了眼前。我大吃一惊：我今天的年龄早已超过了他们。我从灵魂深处感到一阵震颤。

我现在的心情是一方面觉得自己还年轻，在北大教授的年龄排名榜上，我离开状元、榜眼，还有一大截。我至多排在十五名以后。而且，我还说过到八宝山去的路上，我决不“加塞”。然而，在另一方面，我真觉得自己活得太久了，太累了。几十年的老友不时有人会突然离开了人间，这种“后死者”的滋味是极难忍受的。而且意内和意外的工作，以及不虞的荣誉，纷至沓来。有时候一天接待六七起来访者和采访者。我好像成了医院里的主治大夫，吃饭的那一间大房子成了候诊室，来访的求诊者呼名鱼贯入诊。我还成了照相的道具，“审问”（采访）的对象。排班轮流同我照相。我最怕摄影者那一声棒喝：“笑一笑！”同老友照相，我由衷地含笑。但对某一些素昧平生的人，我笑得起来吗？这让我想到电视剧《瞧这一家子》中那个假笑或苦笑镜头，心中觳觫不安。

每天还有成捆成包的信件报刊。来信的人几乎遍布全国。男女老少都有。信的内容五花八门，匪夷所思，我简直成了无所不能，无所不知的圣人、神人。我的一位老友在他的文中说：“季羡林有信必复”，这真让我吃了苦头。我不想让老友“食言”，自己又写不了那么多信，只有乞灵于我的一位多年的助手，还有我的学生，请他们代复，这样才勉强过关。我曾向我的助手说，从今以后再不接受采访，再不答应当什么“主编”、“顾问”，再不写序了。然而话声还

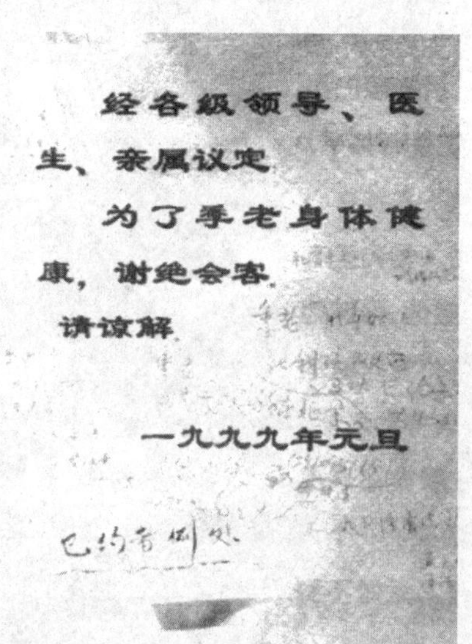
经各级领导、医生、亲属议定

为了季老身体健康，谢绝会客

请谅解

一九九九年元旦

季羡林寓所门上贴的公告

没有落地，又来了。来了，再三斟酌，哪一个也拒绝不了，只好自食其言，委曲求全。

这就是我产生矛盾心情的根源。我非常忆念“十年浩劫”中“不可接触者”的生活，那时候除了有时被批斗一下以外，实在很逍遥自在。走在路上，同谁也不打招呼，谁也不同我打招呼，谁也不会怪我，我也不怪任何人。我现在常常想到庄子的话：“大块劳我以生，息我以死。”这是真正的见道之言。

我现在有时候真想到死。请大家千万不要误会，我决不会自杀，不必对我严加戒备。人人都是怕死的，我对于死却并不怎样害怕。在1967年，我被“老佛爷”抄了家，头顶上戴的帽子之多之大，令人一看就胆战心惊。我一时想不开，制定了自杀的计划，口袋里装满了安眠药水和药片。我是“资产阶级反动权威”，我只能采用资产阶级的自杀方式，决不能采用封建主义的自杀方式，比如跳水、上吊、跳楼之类。我选择好了自杀的地方，那地方是在圆明园芦苇丛中，轻易不会被人发现的。大概等到秋后割芦苇时我才能被发现，那时我的尸体恐怕已经腐烂得不像样子了。想到这里，我的心能不震动吗？但是我死前的心情却异常平静，我把仅有的一点钱交给婶母和德华，意思是让她们苟延残喘地活下去。然后我正想跳墙逃走时，雄赳赳的红卫兵踹门进来，押解我到大饭厅去批斗。批斗不是好事，然而却救了我一条命。提前批斗的原因是想打我的威风，因为我对“老佛爷”手下那一批喽啰态度“恶劣”。总之，我已到过死亡的边缘上，离死亡的距离间不容发。我知道死前的感觉如何，我觉得没有什么了不起的。因此，从那以后，我认为，死并不可怕，而我能活到今天，多活的这几十年都是白捡的。多活一天，就是白捡一天。我还有一个教训：对恶人或坏人，态度一定要“恶劣”。态度和蔼会导致死亡，态度恶劣则能救命。

我是一个平凡的人。如果说有什么优点的话，那就是我比较勤奋。我一生没有敢偷过懒。一直到今天，我每天仍然必须工作七八个小时。碰巧有一天我没有读书或写作，我在夜间往往辗转反侧难以入睡，痛责自己虚度一天。曹操有一首著名的诗：“老骥伏枥，志在千里，烈士暮年，壮心不已。”我对此诗是非常欣赏的。我的毛病是忘乎所以，忘记了自己的年龄。我的所作所为，是“老骥伏枥，志在万里。”我仿佛像英国人所说的teenager。我好像还不知道有多少年好活，脑筋里还不知道有多少读书计划，有多少写作计划好做。一个老年人忘记了自己的年龄，一方面可以说是好事；另一方面，则只能说是坏事。这简直近于头脑发昏，头脑一发昏，就敢于无所不为。前两年，我从一米八高窗台上跳下，就是一个好例子，朋友们都替我捏一把“后汗”，我自己也不禁后怕不已。

就这样，我现在的心情是经常在矛盾中：一方面觉得自己活得太久了，太累了，一方面又忘记了自己的年龄；一方面也常提到死，一方面又觉得自己并不怕死，死亡离开自己还颇远。可是矛盾的结果，后者往往占了上风。

在中国古代诗人中，苏东坡是我最喜欢者之一。记得十几岁做诗谜时，我采用的就是苏东坡全集。虽然不全懂，但糊里糊涂地翻了一遍。最近一两年来，又特爱苏东坡的词，我能够背诵不少首。我独爱其中一首“浣溪沙”。题目是《游蕲水清泉寺，寺临兰溪，溪水西流》。原文是：

> 山下兰芽短浸溪，松间沙路净无泥。潇潇暮雨子规啼。谁道人生无再少？门前流水尚能西。休将白发唱黄鸡。

东坡问：“谁道人生无再少？”我答曰：“我道人生有再少。”我现在就有“再少”的感觉。这是我的现身说法。但是，我的“再少”在我的内心中似乎还是有条件的：吃饭为了活着，但是活着不是为了吃饭，而是为了工作。如果活着只是为了吃饭，还不如不活为佳。值此新年来临之际，我现在虔心祝愿我们全国安定团结，国泰民安。我祝愿全世界不再像现在这样乱糟糟的，狼烟四起，五洲震荡。祝福自己：虎年大吉。

1998年1月27日旧历元旦前夕

九十述怀

杜甫诗“人生七十古来稀”，对旧社会来说，这是完全正确的，因为它符合实际情况。但是，到了今天，老百姓却创造了三句顺口溜：“七十小弟弟，八十多来兮，九十不稀奇。”这也是完全正确的，因为它符合实际情况。

但是，对我来说，却另有一番纠葛。我行年九十矣，是不是感到不稀奇呢？答案是：不是，又是。不是者，我没有感到不稀奇，而是感到稀奇，非常地稀奇。我曾在很多地方都说过，我在任何方面都是一个没有雄心壮志的人，我不会说大话，不敢说大话，在年龄方面也一样。我的第一本账只计划活四十岁到五十岁。因为我的父母都只活了四十多岁，遵照遗传的规律，遵照传统伦理道德，我不能也不应活

2001年，季羡林九十华诞与友人钟敬文、张岱年、启功、张中行、林庚等合影。

2001 年，季羡林在“庆祝季羡林九十华诞暨从事东方学研究六十六周年大会”上。

得超过了父母。我又哪里知道，仿佛一转瞬间，我竟活过了从心所欲不逾矩之年，又进入了耄耋的境界，要向期颐进军了。这样一来，我能不感到稀奇吗？

但是，为什么又感到不稀奇呢？从目前的身体情况来看，除了眼睛和耳朵有点不算太大的问题和腿脚不太灵便外，自我感觉还是良好的，写一篇一两千字的文章，倚椅可待。待人接物，应对进退，还是“难得糊涂”的。这一切都同十年前，或者更长的时间以前，没有什么两样。李太白诗：“高堂明镜悲白发”，我不但发已全白（有人告诉我，又有黑发长出），而且秃了顶。这一切也都是事实，可惜我不是电影明星，一年照不了两次镜子，那一切我都不视不见。在潜意识中，自己还以为是“朝如青丝”哩。对我这样无知无识、麻木不仁的人，连上帝也没有办法。在这样的情况下，我怎么能会不感到不稀奇呢？

但是，我自己又觉得，我这种精神状态之所以能够产生，不是没有根据的。我国现行的退休制度，教授年龄是六十岁到七十岁。可是，就我个人而论，在学术研究上，我的冲刺起点是在八十岁以后。开了几十年的会，经过了不知道多少次政治运动，做过不知道多少次自我检查，也不知道多少次对别人进行批判，最后又经历了“十年浩劫”，“对酒当歌，人生几何？”我自己的一生就是这样白白地消磨过去了。如果不是造化小儿对我垂青，制止了我实行自己年龄计划的话，在我八十岁以前（这也算是高寿了）就“遽归道山”，我留给子孙后代的东西恐怕是不会多的。不多也不一定就是坏事。留下一些不痛不痒、灾祸梨枣的所谓著述，对任何人都没有好处。但是，对我自己来说，恐怕就要“另案处理”了。

在从八十岁到九十岁这个十年内，在我冲刺开始以后，颇有一些值得纪念的甜蜜的回忆。在撰写我一生最长的一部长达八十万字的著作《糖史》的过程中，颇有一些情节值得回忆，值得玩味。在长达两年的时间内，我每天跑一趟北大图书馆，风雨无阻，寒暑无碍。燕园风光旖旎，四时景物不同。春天姹紫嫣红，夏天荷香盈塘，秋天红染霜叶，冬天云出蔽空。称之为人间仙境，也不为过。然而，在这两年中，我几乎天天都在这样瑰丽的风光中行走。可是我都视而不见，甚至不视不见。未名湖的涟漪，博雅塔的倒影，被外人视为奇观的胜景，也未能逃过我的漠然，懵然，无动于衷。我心中想到的只是大图书馆中的盈室满架的图书，鼻子里闻到的只有那里的书香。

《糖史》的写作完成以后，我又把阵地从北大图书馆移到家中来。运筹于斗室之中，决战于几张桌子之上。我研究的对象变成了吐火罗文A方言的《弥勒会见记剧本》。这也不是一颗容易咬的核桃，非用上全力不行。最大的困难在于缺乏资料，而且多是国外的资料。没有办法，只有时不时地向海外求援。现在虽然号称为信息时代，可是我要的消息多是刁钻古怪的东西，一时难以搜寻，我只有耐着性子恭候。舞笔弄墨的朋友，大概都能体会到，当一篇文章正在进行写作时，忽然断了电，你心中真如火烧油浇，然而却毫无办法，只盼喜从天降了，只能听天由命了。此时燕园旖旎的风光，对于我似有似无，心里想到的，切盼的只有海外的来信。如此又熬了一年多，《弥勒会见记剧本》英译本终于在德国出版了。

两部著作完了以后，我平生大愿算是告一段落。痛定思痛，蓦地想到了，自己已是望九之年了。这样的岁数，古今中外的读书人能达到的只有极少数。我自己竟能置身其中，岂不大可喜哉!

我想停下来休息片刻，以利再战。这时就想到，我还有一个家。在一般人心目中，家是停泊休息的最好的港湾。我的家怎样呢？直白地说，我的家就我一个孤家寡人，我就是家，我一个人吃饱了，全家不害饿。这样一来，我应该感觉很孤独了吧。然而并不。我的家庭“成员”

“让猫们的自由主义‘恶性’发展。”(季羡林)

实际上并不止我一个“人”。我还有四只极为活泼可爱的、一转眼就偷吃东西的、从我家乡山东临清带来的白色波斯猫，眼睛一黄一蓝。它们一点礼节都没有，一点规矩都不懂，时不时地爬上我的脖子，为所欲为，大胆放肆，有一只还专在我的裤腿上撒尿。这一切我不但不介意，而且顾而乐之，让猫们的自由主义恶性发展。

我的家庭“成员”还不止这样多，我还养了两只山大小校友张衡送给我的乌龟。乌龟这玩意儿，现在名声不算太好，但在古代却是长寿的象征。有些人的名字中也使用“龟”字，唐代就有李龟年、陆龟蒙等等。龟们的智商大概低于猫们，它们决不会从水中爬出来爬上我的肩头。但是，龟们也自有龟之乐，当我向它喂食时，它们伸出了脖子，一口吞下一粒，它们显然是愉快的。可惜我遇不到惠施，他决不会同我争辩，我何以知道龟之乐。

我的家庭“成员”还没有到此为止，我还饲养了五只大甲鱼。甲鱼，在一般老百姓嘴里叫“王八”，是一个十分不光彩的名称，人们讳言之。然而我却堂而皇之地养在大瓷缸内，一视同仁，毫无歧视之心。是不是我神经出了毛病？用不着请医生去检查，我神经十分正常。我认为，甲鱼同其他动物一样有生存的权利。称之为“王八”，是人类对它的诬蔑，是向它头上泼脏水。可惜甲鱼无知，不会向世界最高法庭上去状告人类，还要要求赔偿名誉费若干美元，而且要登报声明。我个人觉得，人类在新世纪，新千年中最重要的任务是处理好与大自然的关系。恩格斯已经警告过我们，不要过分陶醉于我们对自然界的胜利。对每一次这样的胜利，自然界都报复了我们。一百多年来的历史事实，日益证明了恩格斯警告之正确与准确。在新世纪中，人类首先必须改恶向善，改掉乱吃其他动物的恶习。人类必须遵守宋代大儒张载的话："民吾同胞，物吾与也"，把甲鱼也看成是自己的伙伴，把大自然看成是自己的朋友，而不是征服的对象。这样一来，人类庶几能有美妙光辉的前途。至于对我自己，也许有人认为我是《世说新语》中的人物，放诞不经。如果真正有的话，那就，那就——由它去吧。

再继续谈我的家和我自己。

我在"十年浩劫"中，自己跳出来反对那位倒行逆施的"老佛爷"，被打倒在地，被戴上了无数顶莫须有的帽子，天天被打，被骂。最初也只觉得滑稽可笑。但"谎言说上一千遍，就变成了真理"，最后连我自己都怀疑起来了："此身合是坏人未？泪眼迷离问苍天。"其实我并没有那么坏；但在许多人眼中，我已经成了一个"不可接触者"。

然而，世事多变，人间正道。不知道是怎么一来，我竟转身一变成了一个"极可接触者"。我常以知了自比。知了的幼虫最初藏在地下，黄昏时爬上树干，天一明就脱掉了旧壳，长出了翅膀，长鸣高枝，成了极富诗意的虫类，引得诗人"倚杖柴门外，临风听暮蝉"了。我现在就是一只长鸣高枝的蝉，名声四被，头上的桂冠比"文革"中头上戴的高帽子还要高出多多，有时候我自己都觉得脸红。其实我自己深知，我并没有那么好。然而，我这样发自肺腑的话，别人是不会相信的。这样一来，我虽孤家寡人，其实家里每天都是热闹非凡。有一位多年的老同事，天天到我家里来"打工"，处理我的杂务，照顾我的生活，最重要的事情是给我读报，读信，因为我眼睛不好。还有就是同不断打电话来或者亲自登门来的自称是我的"崇拜者"的人们打交道。学校领导因为觉得我年纪已大，不能再招待那么多的来访者，在我门上贴出了通告，想制约一下来访者的袭来，但用处不大，许多客人都视而不见，照样敲门不误。有少数人竟在门外荷塘边上等上几个钟头。除了来访者打电话者外，还有扛着沉重的录像机而来的电视台的导演和记者，以及每天都收到的数量颇大的信件和刊物。有一些年轻的大中学生，把我看成了有求必应的土地爷，或者能预言先知的季铁嘴，向我请求这请求那，向我倾诉对自己父母都不肯透露的心中的苦闷。这些都要我那位“打工”的老同事来处理，我那位打工者此时就成了拦驾大使。想尽花样，费尽唇舌，说服那些想来采访，想来拍电视的好心和热心又诚心的朋友们，请他们稍安毋躁。这是极为繁重而困难的工作，我能深切体会。其忙碌困难的情况，我是能理解的。

最让我高兴的是，我结交了不少新朋友。他们都是著名的书法家、画家、诗人、作家、教授。我们彼此之间，除了真挚的感情和友谊之外，决无所求于对方。我是相信缘分的，“有缘千里来相会，无缘对面不相识”，缘分是说不明道不白的东西，但又确实存在。我相信，我同朋友之间就是有缘分的。我们一见如故，无话不谈。没见面时，总惦记着见面的时间；既见面则如鱼得水，心旷神怡；分手后又是朝思暮想，忆念难忘。对我来说，他们不是亲属，胜似亲属。有人说：“人生得一知己足矣”，我得到的却不只是一个知己，而是一群知己。有人说我活得非常滋润。此情此景，岂是“滋润”二字可以了得！

我是一个呆板保守的人，秉性固执。几十年养成的习惯，我决不改变。一身卡其布的中山装，国内外不变，季节变化不变。别人认为是老顽固，我则自称是“博物馆的人物”，以示“抵抗”，后发制人。生活习惯也决不改变。四五十年来养成了早起的习惯，每天早晨四点半起床，前后差不了五分钟。古人说“黎明即起”，对我来说，这话夏天是适合的；冬天则是在黎明之前几个小时，我就起来了。我五点吃早点，可以说是先天下之早点而早点。吃完立即工作。我的工作主要是爬格子。几十年来，我已经爬出了上千万的字。这些东西都值得爬

“爬格不知老已至，名利于我如浮云。”（季羡林）

吗？我认为是值得的。我爬出的东西不见得都是精金粹玉，都是甘露醍醐，吃了能让人升天成仙。但是其中决没有毒药，决没有假冒伪劣，读了以后至少能让人获得点享受，能让人爱国，爱乡，爱人类，爱自然，爱儿童，爱一切美好的东西。总之一句话，能让人在精神境界中有所收益。我常常自己警告说：人吃饭是为了活着，但活着决不是为了吃饭。人的一生是短暂的，决不能白白把生命浪费掉。如果我有一天工作没有什么收获，晚上躺在床上就疚愧难安，认为是慢性自杀。爬格子有没有名利思想呢？坦白地说，过去是有的。可是到了今天名利对我都没有什么用处了，我之所以仍然爬，是出于惯性，其他冠冕堂皇的话，我说不出。“爬格不知老已至，名利于我如浮云。”或可能道出我现在的心情。

你想到过死没有呢？我仿佛听到有人在问。好，这话正问到节骨眼上。是的，我想到过死，过去也曾想到死，现在想得更多而已。在“十年浩劫”中，在1967年，一个千钧一发般的小插曲使我避免了走上“自绝于人民”的道路。从那以后，我认为，我已经死过一次，多活一天，都是赚的，到现在已经三十多年了。我真赚了个满堂满贯，真成为一个特殊的大富翁了。但人总是要死的，在这方面，谁也没有特权，没有豁免权。虽然常言道：“黄泉路上无老少”，但是老年人毕竟有优先权。燕园是一个出老寿星的宝地。我虽年届九旬，但按照年龄顺序排队，我仍落在十几名之后。我曾私自发下宏愿大誓：在向八宝山的攀登中，我一定按照年龄顺序鱼贯而登，决不抢班夺权，硬去加塞。至于事实究竟如何，那就请听下回分解了。

既然已经死过一次，多少年来，我总以为自己已经参悟了人生。我常拿陶渊明的四句诗当做座右铭：“纵浪大化中，不喜亦不惧，应尽便须尽，无复独多虑。”现在才逐渐发现，我自己并没能完全做到。常常想到死，就是一个证明，我有时幻想，自己为什么不能像朋友送给我摆在桌上的奇石那样，自己没有生命，但也决不会有死呢？我有时候也幻想：能不能让造物主勒住时间前进的步伐，让太阳和月亮永远明亮，地球上一切生物都停住不动，不老呢？哪怕是停上十年八年呢？大家

2001年，季羡林在庆祝九十华诞晚宴上。

千万不要误会，认为我怕死怕得要命。决不是那样。我早就认识到，永远变动，永不停息，是宇宙根本规律，要求不变是荒唐的。万物方生方死，是至理名言。江文通《恨赋》中说："自古皆有死，莫不饮恨而吞声。"那是没有见地的庸人之举，我虽庸陋，水平还不会那样低。即使我做不到热烈欢迎大限之来临，我也决不会饮恨吞声。

但是，人类是心中充满了矛盾的动物，其他动物没有思想，也就不会有这样多的矛盾。我忝列人类的一分子，心里面的矛盾总是免不了的。我现在是一方面眷恋人生，一方面却又觉得，自己活得实在太辛苦了，我想休息一下了。我向往庄子的话："大块载我以形，劳我以生，息我以死。"大家千万不要误会，以为我就要自杀。自杀那玩意儿我决不会再干了。在别人眼中，我现在活得真是非常非常惬意了。不虞之誉，纷至沓来；求全之毁，几乎绝迹。我所到之处，见到的只有笑脸，感到的只有温暖。时时如坐春风，处处如沐春雨，人生至此，实在是真应该满足了。然而，实际情况却并不完全是这样惬意。古人说："不如意事常八九"，这话对我现在来说也是适用的。我时不时地总会碰到一些令人不愉快的事情，让自己的心情半天难以平静。即使在春风得意中，我也有自己的苦恼。我明明是一头瘦骨嶙峋的老牛，却有时被认成是日产鲜奶千磅的硕大的肥牛。已经挤出了奶水五百磅，还求索不止，认为我打了埋伏。其中情味，实难以为外人道也。这逼得我不能不想到休息。

我现在不时想到，自己活得太长了，快到一个世纪了。九十年前，山东临清县一个既穷又小的官庄出生了一个野小子，竟走出了官庄，走出了临清，走到了济南，走到了北京，走到了德国；后来又走遍了几个大洲，几十个国家。如果把我的足迹画成一条长线的话，这条长线能绕地球几周。我看过埃及的金字塔，看过两河流域的古文化遗址，看过印度的泰姬陵，看过非洲的撒哈拉大沙漠，以及国内外的许多名山大川。我曾住过总统府之类的豪华宾馆，会见过许多总统、总理一级的人物，在流俗人的眼中，真可谓极风光之能事了。然而，我走过的漫长的道路并不总是铺着玫瑰花的，有时也荆棘丛生。我经过山重水复，也经过柳暗花明；走过阳关大道，也走过独木小桥。我曾到阎王爷那里去报到，没有被接纳。终于曲曲折折，颠颠簸簸，坎坎坷坷，磕磕碰碰，走到了今天。现在就坐在燕园朗润园中一个玻璃窗下，写着《九十述怀》。窗外已是寒冬。荷塘里在夏天接天映日的荷花，只剩下干枯的残叶在寒风中摇曳。玉兰花也只留下光秃秃的枝干在那里苦撑。但是，我知道，我仿佛看到荷花蜷曲在冰下淤泥里做着春天的梦；玉兰花则在枝头梦着“春意闹”。它们都在活着，只是暂时地休息，养精蓄锐，好在明年新世纪，新千年中开出更多更艳丽的花朵。

我自己当然也在活着。可是我活得太久了，活得太累了。歌德暮年在一首著名的小诗中想到休息。我也真想休息一下了。但是，这是绝对不可能的。我就像鲁迅笔下的那一位“过客”那样，我的任务就是向前走，向前走。前方是什么地方呢？老翁看到的是坟墓，小女孩看到的是野百合花。我写《八十述怀》时，看到的是野百合花多于坟墓，今天则倒了一个个儿，坟墓多而野百合花少了。不管怎样，反正我是非走上前去不行的，不管是坟墓，还是野百合花，都不能阻挡我的步伐。冯友兰先生的“何止于米”，我已经越过了米的阶段。下一步就是“相期以茶”了。我觉得，我目前的选择只有眼前这一条路，这一条路并不遥远。等到我十年后再写《百岁述怀》的时候，那就离“茶”不远了。

2000 年 12 月 20 日

九三述怀

前几天，在医院里过了一个生日，心里颇为高兴；但猛然一惊：自己已经又增加了一岁，现在是九十三岁了。

在五十多年前，当我处在四十岁阶段的时候，九十三这个数字好像是一个天文数字，可望而不可即。我当时的想法是：我大概只能活到四五十岁。因为我的父母都没有超过这个年龄，由于 x 基因或 y 基因的缘故，我决不能超过这个界限的。

然而人生真如电光石火，一转瞬间已经到了九十三岁。只有在医院里输液的时候感到时间过得特别慢以外，其余的时间则让我感到快得无法追踪。

近两年来，运交华盖，疾病缠身，多半是住在医院中。医院里的生活，简单而又烦琐。我是因一种病到医院里来的。入院以后，又患上了其他的病。在我入院前后所患的几种病中最让人讨厌的是天疱疮。手上起泡出水，连指甲盖下面都充满了水，是一种颇为危险的病。从手上向臂上发展，发展到一定的程度，就有性命危险。来到 301 医院，经李恒进大夫诊治，药到病除，真正是妙手回春。后来又患上了几种别的病。有一种是前者的发展，改变了地方，改变了形式，长在了右脚上，黑黢黢脏兮兮的一团，大概有一斤多重。我自己看了都恶心。有时候简直想把右脚砍掉，看你这些丑类到何处去藏身！幸亏老院长牟善初的秘书周大夫不知从哪里弄到了一种平常的药膏，抹上，立竿见影，脏东西除掉了。为了对付这一堆脏东西，301 医院曾组织过三次专家会诊，可见院领导对此事之重视。

你想到了死没有？想到过的，而且不止一次。不这样也是不可能的。人类是生物的一种。凡是生物，莫不好生而恶死，包括植物在内，一概如此。人们常说：好死不如赖活着。江淹《恨赋》中说：“自古皆有死，莫不饮恨而吞声。”我基本上也不能脱这个俗。但是，我有我的特殊经历，因此，我有我的生死观。我在“十年浩劫”中，实际上已经死过一次。在《牛棚杂忆》中对此事有详细的叙述。我在这里不再重复。现在回忆起来，让我吃惊的是，临死前心情竟是那样平静，那样和谐。什么“饮恨”，什么“吞声”，根本不沾边儿。有了这样的独特的经历，即使再想到死，一点恐惧之感也没有了。

季羡林在301医院

总起来说，我的人生观是顺其自然，有点接近道家。我生平信奉陶渊明的四句诗：“纵浪大化中，不喜亦不惧。应尽便须尽，无复独多虑。”在这里一个关键的字是“应”。谁来决定“应”“不应”呢？一个人自己，除了自杀以外，是无权决定的。因此，我觉得，对个人的生死大事不必过分考虑。

我最近又发明了一个公式：无论什么人，不管是男是女，不管是外国人还是中国人，也不管是处在什么年龄阶段，同阎王爷都是等距离的。中国有两句俗话：“阎王叫你三更死，不能留人到五更。”这都说明，人们对自己的生死大事是没有多少主动权的。但是，只要活着，就要活得像个人样子。尽量多干一些好事，千万不要去干坏事。

人们对自己的生命也并不是一点主观能动性都没有的。人们不都在争取长寿吗？在林林总总的民族之林中，中国人是最注重长寿，甚至长生的。在过去几千年的历史上，我们创造了很多长寿甚至长生的故事。什么“王子去求仙，丹成入九天。山中方七日，世上几千年。”这实在没有什么意义。一些历史上的皇帝，甚至英明之主，为了争取长生，“为药所误”。唐太宗就是一个好例子。

中国古代文人对追求长生有自己的表达方式。苏东坡词：“谁道人生无再少？门前流水尚能西。休将白发唱黄鸡。”在这里出现“再少”这个词儿。肉体上的再少，是不可能的。时间不能倒转的。我的理解是，如果老年人能做出像少年的工作，这就算是“再少”了。

我现在算不算是“再少”，我自己不敢说。反正我从来不敢懈怠，从来不倚老卖老。我现在既向后看，回忆过去的九十年；也向前看，看到的不是八宝山，而是活过一百岁。眼前就有我的好榜样。上海的巴金，长我七岁；北京的臧克家，长我六岁，都仍然健在。他们的健在给了我信心，给了我勇气，也给了我灵感。我想同他们竞赛，我们都会活到一百多岁的。

但是，我并不是为活着而活着。活着不是我的目的，而是我的手段。前辈学人陈翰笙先生，当他一百岁时人们为他在人民大会堂祝寿的时候，他眼睛已经失明多年，身体也不见得怎么好。可是，请他讲话的时候，他第一句话就是：“我要工作。”全堂为之振奋不已。

我觉得，中国人民在过去几千年的历史上成就了许多美德，其中一条是：“鞠躬尽瘁，死而后已。”(出自《三国志·蜀志·诸葛亮传》)这能代表我们中华民族伟大的一个方面。在几千年的历史上起着作用，至今不衰。

在历史上，我们的先人对人生还有一些细致入微而又切中要害的感悟。我举一个例子。多少年来，社会上流传着两句话：不如意事常八九，能与言人无二三。根据我们每一个人的亲身体会，这两句话是完全没有错的。在我们的生活中，在我们的社会交往中，尽管有不少令人愉快的如意的事情，但也不乏不愉快不如意的事情。年年如此，月月如此，天天如此。这个平凡的真理也不是最近才发现的。宋代的伟大词人辛稼轩就曾写道："肘后俄生柳，叹人生，不如意事，十常八九。"这颇能道出古今人人心中都会有的想法。我们老年人对此更应该加强警惕。因为不如意事有的是人招惹出来的。老年人，由于生理的制约，手和脑都会不太灵光，招惹不如意事的机会会更多一些。我原来的原则是随遇而安，近来我又提高了一步：知足常乐，能忍自安。境界显然提高了一步。

写到这里，我想写一个看来与我的主题无关而实极有关的问题：中西高级知识分子比较研究。所谓高级知识分子，无非是教授、研究员、著名的艺术家——画家、音乐家、歌唱家、演员等等。这个题目，在过去似乎还没有人研究过。我个人经过比较长期的思考，觉得其间当然有共性，都是知识分子嘛；但是区别也极大。简短截说，西方高级知识分子大多数是自了汉，就是只管自己那一亩三分地里的事情，有点像过去中国老农那一种"老婆、孩子、热炕头，外加二亩地、一头牛"的样子。只要不发生战争，他们的工资没有问题，可以安心治学，因此成果显著地比我们多。他们也不像我们几乎天天开会，天天在运动中。我们的高知继承了中国自古以来知识分子（士）的传统，家事、国事、天下事，事事关心。中国古代的皇帝们最恨知识分子这种毛病。他们希望士们都能夹起尾巴做人。知识分子偏不听话，于是在中国历史上，所谓"文字狱"这种玩意儿就特别多。很多皇帝都搞文字狱。到了清朝，又加上了个民族问题。于是文字狱更特别多。

最后，我还必须谈一谈服老与不服老的辩证关系。所谓服老，就是，一个老人必须承认客观现实。自己老了，就要老实承认。过去能做到的事情，现在做不到了，就不要勉强去做。但是，如果完完全全让老给吓住，什么事情都不做，这无异于坐而待毙，是极不可取的行为。人们的主观能动性的能量是颇为可观的，真正把主观能动性发挥出来，就能产生一种不服老的力量。正确处理服老与不服老的关系并不容易，二者之间的关系有点恍兮惚兮，其中有物。但是，这个物是什么，我却说不清楚。领悟之妙，在于一心。普天下善男信女们会想出办法的。

我已经写了不少。为什么写这样多呢？因为我感觉到，我们的生活环境和生活条件日益改善，将来老年人会越来越多。我现在把自己的一点经历写了出来，供老人们参考。

千言万语，不过是一句话：我们老年人不要一下子躺在老字上，无所事事。我们的活动天地还是够大的。

有道是：

走过独木桥，
跳过火焰山。
豪情依然在，
含笑颂九三！

2003年8月18日于301医院

“我们老年人不要一下子躺在老字上，无所事事。我们的活动天地还是够大的。”(季羡林)

九十五岁初度

又碰到了一个生日。一副常见的对联的上联是："天增岁月人增寿。"我又增了一年寿。庄子说：万物方生方死。从这个观点上来看，我又死了一年，向死亡接近了一年。

不管怎么说，从表面上来看，我反正是增长了一岁，今年算是九十五岁了。

在增寿的过程中，自己在领悟、理解等方面有没有进步呢?

仔细算，还是有的。去年还有一点叹时光之流逝的哀感，今年则完全没有了。这种哀感在人们中是最常见的，然而也是最愚蠢的。

2006 年 8 月 6 日，301 医院医护人员给季羡林过九十五岁生日。

“人间正道是沧桑。”时光流逝，是万古不易之理。人类，以及一切生物，是毫无办法的。“夫天地者，万物之逆旅；光阴者，百代之过客。”对于这种现象，最好的办法是听之任之，用不着什么哀叹。

我现在集中精力考虑的一个问题是：如何避免“当时只道是寻常”的这种尴尬情况。“当时”是指过去的某一个时间。“现在”，过一些时候也会成为“当时”的。这样一来，我们就会永远有这样的哀叹。我认为，我们必须从事实上，也可以说是从理论上考察和理解这个问题。我想谈两个问题，第一个是如何生活？第二个是如何回忆生活？

先谈第一个问题。

一般人的生活，几乎普遍有一个现象，就是倥偬。用习惯的说法就是匆匆忙忙。“五四”运动以后，我在济南读到了俞平伯先生的一篇文章。文中引用了他夫人的话：“从今以后，我们要仔仔细细过日子了。”言外之意就是嫌眼前日子过得不够仔细，也许就是日子过得太匆匆的意思。怎样才叫仔仔细细呢？俞先生夫妇都没有解释，至今还是个谜。我现在不揣冒昧，加以解释。所谓仔仔细细就是：多一些典雅，少一些粗暴；多一些温柔，少一些莽撞。总之，多一些人性，少一些兽性，如此而已。

至于如何回忆生活，首先必须指出：这是古今中外一个常见的现象。一个人，不管活得多长多短，一生中总难免有什么难以忘怀的事情。这倒不一定都是喜庆的事情，比如洞房花烛夜，金榜题名时之类，这固然使人终生难忘；反过来，像夜走麦城这样的事，如果关羽能够活下来，他也不会忘记的。

总之，我认为，回想一些俱往矣类的事情，总会有点好处。回想喜庆的事情，能使人增加生活的情趣，提高向前进的勇气；回忆倒霉的事情，能使人引以为鉴，不至再蹈覆辙。

现在，我在这里，必须谈一个无论如何也绕不过去的问题：死亡问题。我已经活了九十五年。无论如何也必须承认这是高龄。但是，在另一方面，它离开死亡也不会太远了。

一谈到死亡，没有人不厌恶的。我虽然还不知道，死亡究竟是什么样子，我也并不喜欢它。

写到这里，我想加上一段非无意义的话。对于寿命的态度，东西方是颇不相同的。中国人重寿，自古已然。汉瓦当文延年益寿，可见汉代的情况。人名李龟年之类，也表示了长寿的愿望。从长寿再进一步，就是长生不老。李义山诗：“嫦娥应悔窃灵药，碧海青天夜夜心。”灵药当即不死之药。这也是一些人，包括几个所谓英主在内，所追求的境界。汉武帝就是一个狂热的长生不老的追求者。精明如唐太宗者，竟也为了追求长生不老而服食玉石散之类的矿物，结果是中毒而死。

上述情况，在西方是找不到的。没有哪一个西方的皇帝或国王会追求长生不老。他们认为，这是无稽之谈，不屑一顾。

我虽然是中国人，长期在中国传统文化熏陶下成长起来的；但是，在寿与长生不老的问题上，我却倾向西方的看法。中国民间传说中有不少长生不老的故事，这些东西侵入正规文学中，带来了不少的逸趣，但始终成不了正果。换句话说，就是，中国人并不看重这些东西。

中国人是讲求实际的民族。人一生中，实际的东西是不少的。其中最突出的一个东西就是死亡。人们都厌恶它，但是却无能为力。

上文中我已经涉及死亡问题，现在再谈一谈。一个九十五岁的老人，若不想到死亡，那才是天下之怪事。我认为，重要的事情，不是想到死亡，而是怎样理解死亡。世界上，包括人类在内，林林总总，生物无虑上千上万。生物的关键就在于生，死亡是生的对立面，是生的大敌。既然是大敌，为什么不铲除之而后快呢？铲除不了的。有生必有死，是人类进化的规律。是一切生物的规律，是谁也违背不了的。

对像死亡这样的谁也违背不了的灾难，最有用的办法是先承认它，不去同它对着干，然后整理自己的思想感情。我多年以来就有一个座右铭：“纵浪大化中，不喜亦不惧。应尽便须尽，无复独多虑。”是陶渊明的一首诗。“该死就去死，不必多嘀咕。”多么干脆利落！我目前的思想感情也还没有超过这个阶段。江文通《恨赋》最后一句话是：“自古皆有死，莫不饮恨而吞声。”我相信，在我上面说的那些话的指

“人吃饭是为了活着，但活着决不是为了吃饭。”（季羡林）

引下，我一不饮恨，二不吞声。我只是顺其自然，随遇而安。

我也不信什么轮回转世。我不相信，人们肉体中还有一个灵魂。在人们的躯体还没有解体的时候灵魂起什么作用，自古以来，就没有人说得清楚。我想相信，也不可能。

对你目前的九十五岁高龄有什么想法？我既不高兴，也不厌恶。这本来是无意中得来的东西，应该让它发挥作用。比如说，我一辈子舞笔弄墨，现在为什么不能利用我这一支笔杆子来鼓吹升平，增强和谐呢？现在我们的国家是政通人和、海晏河清。可以歌颂的东西真是太多太多了。歌颂这些美好的事物，九十五年是不够的。因此，我希望活下去。岂止于此，相期以茶。

2006年8月8日

在病中

我是在病中。

我是在病中吗？才下结论，立即反驳，常识判断，难免滑稽。但其中不是没有理由的。

早期历史

对于我这一次病的认识，有一个漫长的过程。不但我自己和我身边的人是这个样子，连大夫看来也不例外。这是符合认识事物的规律的，不足为怪。

我患的究竟是一种什么病呢？这件事三言两语说不清楚。

约摸在三四十年以前，身上开始有了发痒的毛病。每年到冬天，气候干燥时，两条小腿上就出现小水泡，有时溃烂流水，我就用护肤膏把它贴上，有时候贴得横七竖八，不成体系，看上去极为可笑。我们不懂医学，就胡乱称之为皮炎。我的学生张保胜曾陪我到东城宽街中医研究院去向当时的皮肤科权威赵炳南教授求诊。整整等候了一个上午，快到十二点了，该加的塞都加过以后，才轮到了我。赵大夫在一群大夫和研究生的围拥下，如大将军八面威风。他号了号脉，查看了一下，给我开了一服中药，回家煎服后，确有效果。

后来赵大夫去世，他的接班人是姓王的一位大夫，名字忘记了。我们俩同是全国人大代表北京代表团的成员，平常当然会有所接触。但是，他那一副权威像让我不大愿意接近他。后来，皮炎又发作了，非接触不行了，只好又赶到宽街向他求诊。到了现在，我才知道，我患的病叫做老年慢性瘙痒症。不正名倒也罢了，一正名反而让我感到滑稽，明明已经流水了，怎能用一个“瘙痒”了之！但这是他们医学专家的事，吾辈外行还以闭嘴为佳。

西苑医院

以后，出我意料地平静了一个时期。大概在两年前，全身忽然发痒，夜里更厉害。问了问身边的友人，患此症者，颇不乏人。有人试过中医，有人试过西医，大都不尽如人意。只能忍痒负重，勉强对付。至于我自己，我是先天下之痒而痒，而且双臂上渐出红点。我对病的政策一向是拖，不是病拖垮了我，就是我拖垮了病。这次也拖了几天。但是，看来病的劲比我大，决心似乎也大。有道是“好汉不吃眼前亏”，我还是屈服吧。

屈服的表现就是到了西苑医院。

西苑医院几乎同北大是邻居，在全国中医院中广有名声。而且那里有一位大夫是公认为皮肤科的权威，他就是邹铭西大夫。我对他的过去了解不多，我不知道他同赵炳南的关系。是否有师弟之谊，是否同一个门派，统统不知道。但是，从第一次看病起，我就发现邹大夫的一些特点。他诊病时，诊桌旁也是坐满了年轻的大夫、研究生、外来的学习者。邹大夫端居中央，众星拱之。按常识，存在决定意识，他应该傲气凌人，顾盼自雄。然而，实际却正相反。他对病人笑容满面，和颜悦色，一点大夫容易有的超自信都不见踪影。有一位年老的身着朴素的女病人，腿上长着许多小水泡，有的还在流着脓。但是，邹大夫一点也不嫌脏，亲手抚摩患处。我是个病人，我了解病人心态。大夫极细微的面部表情，都能给病人极大的影响。眼前他的健康，甚至于生命就攥在大夫手里，他焉得而不敏感呢？中国有一个词儿，叫做“医德”。医德是独立于医术之外的一种品质。我个人想，在治疗过程中，医德和医术恐怕要平分秋色吧。

我把我的病情向邹大夫报告清楚，并把手臂上的小红点指给他看。他伸手摸了摸，号了号脉，然后给我开了一服中药。回家煎服，没有过几天，小红点逐渐消失了。不过身上的痒还没有停止。我从邹大夫处带回来几瓶止痒药水，使用了几次，起初有用，后来就逐渐失效。接着又从友人范曾先生处要来几瓶西医的止痒药水，使用的结果同中医的药水完全相同，我没有别的办法，只好交替使用，起用了我的“拖病”的政策。反正每天半夜里必须爬起来，用自己的指甲，浑身乱搔。痒这玩意儿也是会欺负人的：你越搔，它越痒。实在不胜其烦了，决心停止，强忍一会儿，也就天下太平了。后背自己搔不着，就使用一种山东叫痒痒挠的竹子做成的耙子似的东西，古代文人好像把这玩意儿叫“竹夫人”。

这样对付了一段时间，我没有能把病拖垮，病却似乎要占上风。我两个手心里忽然长出了一层小疙瘩，有点痒，摸上去皮粗，极不舒服。这使我不得不承认，我的拖病政策失败了，赶快回心向善，改弦更张吧。

西苑二进宫

又由玉洁和杨锐陪伴着走进了邹大夫的诊室。他看了看我的手心，自言自语地轻声说：“典型的湿疹”，又站起来，站在椅子背后，面对我说：“我给你吃一服苦药，很苦很苦的！”

取药回家，煎服以后，果然是很苦很苦的。我服药虽非老将，但生平也服了不少。像这样的苦药还从来没有服过。我服药一向以勇士自居，不管是丸药还是汤药，我向来不问什么味道，拿来便吃，眉头从没有皱过。但是，这一次碰到邹大夫的“苦药”，我才真算是碰到克星。药杯到口，苦气猛冲，我下定决心，不怕牺牲，排除万难，几口喝净，又赶快要来冰糖两块，以打扫战场。

服药以后，一两天内，双手手心皮肤下大面积地充水。然后又转到手背，在手背和十个指头上到处起水泡，有大有小，高低不一。但是泡里的水势都异常旺盛，不慎碰破，水能够滋出很远很远，有时候滋到头上和脸上。有时候我感到非常腻味，便起用了老办法，土办法：用消过毒的针把水泡刺穿，放水流出。然而殊不知这水泡斗争性极强，元气淋漓。你把它刺破水出，但立即又充满了水，让你刺不胜刺。有时候半夜醒来。瞥见手上的水泡——我在这里补一句，脚上后来也长起了水泡——心里别扭得不能入睡，便起身挑灯夜战。手持我的金箍狼牙棒，对水泡一一宣战。有时候用一个多小时的时间才只能刺破一小部分，人极疲烦，只好废然而止。第二天早晨起来，又看到满手的水泡颗粒饱圆，森然列队，向我示威。我连剩勇都没有了，只能徒唤负负，心甘情愿地承认自己是败兵之将，不敢言战矣。

西苑三进宫

不敢言战，是不行的。水泡家族，赫然犹在，而且鼎盛辉煌，傲视一切。我于是又想到了邹铭西大夫。

邹大夫看了看我的双手，用指头戳了戳什么地方，用手指着我左手腕骨上的几个小水泡，轻声地说了一句什么，群弟子点头会意。邹大夫面色很严肃，说道："水泡一旦扩张到了咽喉，事情就不好办了！"这是不是意味着，在邹大夫眼中我的病已经由量变到质变了呢？玉洁请他开一个药方。此时，邹大夫的表情更严肃了。"赶快到大医院去住院观察！"

我听说——只是听说。旧社会有经验的医生，碰到重危的病人，一看势头不对，赶快敬谢不迭，让主人另请高明，一走了事。当时好像没有什么抢救的概念和举措，事实上没有设备，何从抢救！但是，我看，今天邹大夫决不是这样子。

我又臆测这次发病的原因。最近半年多以来，不知由于什么缘故，总是不想吃东西，从来没有饿的感觉。一坐近饭桌，就如坐针毡。食品的色香味都引不起我的食欲。严重一点的话，简直可以称之为厌食症——有没有这样一个病名？我猜想，自己肚子里毒气或什么不好的气窝藏了太多，非排除一下不行了。邹大夫嘴里说的极苦极苦的药，大概就是想解决这个问题的。可能是在估计方面有了点差距，所以排除出来的变为水泡的数量，大大地超过了预计。邹大夫成了把魔鬼放出禁瓶的张天师了。挽回的办法只有一个：劝我进大医院住院观察。

只可惜我没有立即执行，结果惹起了一场颇带些危险性的大患。

张衡插曲

张衡，是我山东大学的小校友。毕业后来北京从事书籍古玩贸易，成绩斐然。他为人精明干练，淳朴诚悫。多少年来，对我帮助极大，我们成为亲密的忘年交。

对于我的事情，张衡无不努力去办，何况这一次水泡事件可以说是一件大事，他哪能袖手旁观？他不知道从什么地方得知了这个消息。7 月 27 日晚上，我已经睡下，在忙碌了一天之后，张衡风风火火地跑了进来，手里拿着白矾和中草药。他立即把中药熬好，倒在脸盆里，让我先把双手泡进去，泡一会儿，把手上的血淋淋的水泡都用白矾末埋起来。双脚也照此处理，然后把手脚用布缠起来，我不太安然地进入睡乡。半夜里，双手双脚实在缠得难受，我起来全部抖搂掉了，然后又睡。第二天早晨一看，白矾末确实起了作用，它把水泡粘住或糊住了一部分，似乎是凝结了。然而，且慢高兴，从白矾块的下面或旁边又突出了一个更大的水泡，生意盎然，笑傲东风。我看了真是啼笑皆非。

张衡决不是鲁莽的人，他这一套做法是有根据的。他在大学里学的是文学，不知什么时候又学了中医，好像还给人看过病。他这一套似乎是民间验方和中医相结合的产物。根据我的观察，一开始他信心十足，认为这不过是小事一端，用不着担心。但是，试了几次之后，他的锐气也动摇了。有一天晚上，他也提出了进医院观察的建议，他同邹铭西大夫成了“同志”了。可惜我没有立即成为他们的“同志”，我不想进医院。

艰苦挣扎

在从那时以后的十几二十天里是我一生思想感情最复杂最矛盾最困惑的时期之一。总的心情，可以归纳成两句话：侥幸心理，掉以轻心、蒙混过关的想法与担心恐惧、害怕病情发展到不知伊于胡底的心理相纠缠；无病的幻象与有病的实际相磨合。

中国人常使用一个词儿“癣疥之疾”，认为是无足轻重的。我觉得自己患的正是“癣疥之疾”，不必大惊小怪。在身边的朋友和大夫口中也常听到类似的意见。张衡就曾说过，只要撒上白矾末，第二天就能一切复原。北大校医院的张大夫也说，过去某校长也患过这样的病，住在校医院里输液，一个礼拜后就出院走人。同时，大概是由于张大夫给了点激素吃，胃口忽然大开，看到食品，就想狼吞虎咽，自己认为是个吉兆。又听我的学生上海复旦的钱文忠说，毒水流得越多，毒气出得越多，这是好事，不是坏事。所有这一切都是我爱听的话，很符合我当时苟且偷安的心情。

但这仅仅是事情的一面，事情还有另外一面。水泡的声威与日俱增，两手两脚上布满了泡泡和黑痂。然而客人依然不断，采访的、录音、录像的，络绎不绝。虽经玉洁奋力阻挡，然而，撼山易，撼这种局面难。客人一到，我不敢伸手同人家握手，怕传染了人家，而且手也太不雅观。道歉的话一天不知说多少遍，简直可以录音播放。我最怕的还不是说话，而是照相，然而照相又偏偏成了应有之仪，有不少人就是为了照一张相，不远千里跋涉而来。从前照相，我可以大大方方，端坐在那里，装模作样，电光一闪，大功告成。现在我却嫌我多长了两只手。手上那些东西能够原封不动地让人照出来吗？这些东西，一旦上了报，上了电视，岂不是一失足成千古恨了吗？因此，我一听照相就觳觫不安，赶快把双手藏在背后，还得勉强“笑一笑”哩。

这样的日子好过吗？

静夜醒来，看到自己手上和脚上这一群丑类，心里要怎么恶心就怎么恶心；要怎样头痛就怎样头痛。然而却是束手无策。水泡长到别的地方，我已经习惯了。但是，我偶尔摸一下指甲盖，发现里面也充满了水，我真有点毛了。这种地方一般是不长什么东西的。今天忽然发现有了水，即使想用针去扎，也无从下手。我泄了气。

季羡林在 301 医院

我蓦地联想到一件与此有点类似的事情。上个世纪 50 年代后期全国人民头脑发热的时候，在北京号召全城人民打麻雀的那一天，我到京西斋堂去看望下放劳动的干部，适逢大雨。下放干部告诉我，此时山上树下出现了无数的蛇洞，每一个洞口都露出一个蛇头，漫山遍野，蔚为宇宙奇观。我大吃一惊，哪敢去看！我一想到那些洞口的蛇头，身上就起鸡皮疙瘩。我眼前手脚上的丑类确不是蛇头，然而令我厌恶的程度决不会小于那些蛇头。可是，蛇头我可以不想不看，而这些丑类却就长在我身上，如影随形，时时跟着你。我心里烦到了要发疯的程度。我真想拿一把板斧，把双手砍掉，宁愿不要双手，也不要这些丑类！

我又陷入了病与不病的怪圈。手脚上长了这么多丑恶的东西，时常去找医生，还要不厌其烦地同白矾和中草药打交道，能说不是病吗？即使退上几步，说它不过是癣疥之疾，也没能脱离了病的范畴。可是，在另一方面，能吃能睡，能接待客人，能畅读，能照相，还能看书写字，读傅彬然的日记，张学良的口述历史，怎么能说是病呢？

左右考虑，思绪不断，最后还是理智占了上风，我不得不承认，自己是在病中了。

301 医院

结论一出，下面的行动就顺理成章了：首先是进医院。

于是就在我还有点三心二意的情况下，玉洁和杨锐把我裹挟到了301 医院，找我的老学生这里的老院长牟善初大夫，见到了他和他的助手、学生和秘书——那位秀外慧中活泼开朗的周大夫。

这里要加上一段插曲。

去年 12 月我曾来这里住院，治疗小便便血。在 12 月 31 日一年的最后一天，我才离开医院。那一次住的是南八楼，算是准高干病房，设备不错而收费却高。再上一层，才是真正的高干病房，病人须是部队少将以上的首长，文职须是副部级以上的干部。玉洁心有所不平，见人就嚷嚷，以至最后传到了中央几个部的领导耳中。中组部派了一位局长来到我家，说 1982 年我已经被定为副部级待遇。由于北大方面在某一个环节上出了点问题，在过去二十年中，校领导更换了几度，谁也不知此事。现在真相既已大白，我可以名正言顺地住进真正的高干病房来了。但是，这里的病房异常紧张。我们坐在善初的办公室里，他亲自打电话给林副院长，林立即批准，给我在呼吸道科病房里挤出了一间房子，我们就住了进来，正式名称是 301 医院南楼一病

季羡林在 301 医院“准高干病房”。

室（ward）十三床。据说，许多部队的高级将领都曾在这里住过。病室占了整整一层楼，共有十八个房间，每间约有五六十平方米。这样大的病房，我在北京各大医院还没有看到过。还有一点特别之处，这里把病人都称为“首长”，连书面通知文件上也不例外。事实上，这里的病人确乎都是首长。只有现在我一个文职人员。一个教书匠，无端挤了进来，自己觉得有点滑稽而已，有时也有受宠若惊之感。这里警卫极为森严，楼外日夜有解放军站岗，想进来是不容易的。

人虽然住进来了，但是问题还并没有最后解决。医院的皮肤科主任李恒进大夫心头还有顾虑，他不大愿意接受我这个病人。刚搬进十三号病房时，本院的眼科主任魏世辉大夫有事来找我，他们俩是很要好的朋友。李大夫说，北大三院水平高，那里还有皮肤科研究所。但是魏大夫却笑着说：“你是西医皮肤科权威大夫之一。你是怕给季羡林治病治不好，砸了牌子！”最后，李大夫无话可说，笑了一笑，大局就这样敲定了。

皮肤科群星谱

说老实话，过去我对 301 医院的皮肤科毫无所知，这次我来投奔的是 301 三个大字。既然生的是皮肤病，当然就要同皮肤科打交道。打交道的过程，也就是我认识皮肤科的过程。

本科的人数不是太多，只有十几个人。主任就是李恒进大夫。副主任是冯峥大夫，还有一位年轻的汪明华大夫，平常跟我打交道的就是他们三位。我们过去从来没有见过面，彼此是陌生的。互相认识，要从头开始。不久我就发现了他们身上一些优秀的亮点。我在上面已经提到过，李大夫原来是不想收留我的，是我赖着不走，才得以留下的。一旦留下，李大夫就显露出他那在别人身上少见的细致与谨慎，这都是责任心的表现。有一次，我坐在沙发上，他站在旁边，我看到他陷入沉思，面色极其庄严，自言自语地说道：“药用多了，这么老的老人怕受不了。用少了，则将旷日持久，治不好病。”最后我看他下了决心，又稍稍把药量加重了点。这是一件小事，无形中却感动了我这个病人。以后，我逐渐发现在冯峥大夫身上这种小心谨慎的作风也十分突出。一个不大的医疗集体中两位领导人的医风和医德，一定会起着决定性的作用。因此，我可以断定，301 医院的皮肤科一定是一个可以十分信赖的集体。

两次大会诊

我究竟患的是什么病？进院时并没有结论。李大夫看了以后，心中好像是也没有多少底，但却轻声提到了病的名称，完全符合他那小心谨慎对病人绝对负责的医德医风，他不惜奔波劳碌，不怕麻烦，动员了全科和全院的大夫，再加上北京其他著名医院的一些皮肤科名医，组织了两次大会诊。

我是 8 月 15 日下午四时许进院的，搬入南楼，人生地疏，心里迷离模糊，只睡了一夜，第二天早晨，第一次会诊就举行了，距我进院还不到十几个小时，中间还隔了一个夜晚，可见李大夫心情之迫切，会诊的地点就在我的病房里。在扑朔迷离中，我只看到满屋白大褂在闪着白光，人却难以分辨。我偶一抬头，看到了邹铭西大夫的面孔，原来他也被请来了。我赶快向他做检讨，没有听他的话，早来医院，致遭今日之困难与周折，他一笑置之，没有说什么。每一位大夫对我查看了一遍。李大夫还让我咳一咳喉咙，意思是想听一听，里面是否已经起了水泡。幸而没有，大夫们就退到会议室里去开会了。

紧接着在第二天上午就举行了第二次会诊。这一次是邀请院内的一些科系的主治大夫，研究一下我皮肤病以外的身体的情况。最后确定了我患的是天疱疮。李大夫还在当天下午邀请了北大校长许智宏院士和副校长迟惠生教授来院，向他们说明我的病可能颇有点麻烦，让他们心中有底，免得以后另生枝节。

在我心中，我实在异常地感激李大夫和 301 医院。我算一个什么重要的人物！竟让他们这样惊师动众。我从内心深处感到愧疚。

301英雄小聚义

但是，我并没有愁眉苦脸，心情郁闷。我内心里依然平静，我并没有意识到我现在的处境有什么潜在的危险性。

我的学生刘波，本来准备一次盛大宴会，庆祝我的九二华诞。可偏在此时，我进了医院。他就改变主意，把祝寿与祝进院结合起来举行，被邀请者都是1960年我开办梵文班以来四十余年的梵文弟子和再传弟子，济济一堂，时间是我入院的第三天，8月18日。事情也真凑巧，远在万里之外大洋彼岸的任远正在国内省亲，她也赶来参加了，凭空增添了几分喜庆。我个人因为满手满脚的丑类尚未能消灭，只能待在病房里，不能参加。但是，看到四十多年来我的弟子们在许多方面都卓有建树，印度学的中国学派终于形成了，在国际上我们中国的印度学者有了发言权了，湔雪了几百年的耻辱，快何如之！

死的浮想

但是，我心中并没有真正达到我自己认为的那样的平静，对生死还没有能真正置之度外。

就在住进病房的第四天夜里，我已经上了床躺下，在尚未入睡之前我偶尔用舌尖舔了舔上腭，蓦地舔到了两个小水泡。这本来是可能已经存在的东西，只是没有舔到过而已。今天一旦舔到，忽然联想起邹铭西大夫的话和李恒进大夫对我的要求，舌头仿佛被火球烫了一下，立即紧张起来。难道水泡已经长到咽喉里面来了吗？

我此时此刻迷迷糊糊，思维中理智的成分已经所余无几，剩下的是一些接近病态的本能的东西。一个很大的“死”字突然出现在眼前，在我头顶上飞舞盘旋。在燕园里，最近十几年来我常常看到某一个老教授的门口开来救护车，老教授登车的时候心中作何感想，我不知道，但是，在我心中，我想到的却是“风萧萧兮易水寒，壮士一去兮不复还！”事实上，复还的人确实少到几乎没有。我今天难道也将变成了荆轲吗？我还能不能再见到我离家时正在十里飘香绿盖擎天的季荷呢！我还能不能再看到那一个对我依依不舍的白色的波斯猫呢？

其实，我并不是怕死。我一向认为，我是一个几乎死过一次的人。“十年浩劫”中，我曾下定决心“自绝于人民”。我在上衣口袋里，在裤子口袋里装满了安眠药片和安眠药水，想采用先进的资本主义自杀方式，以表示自己的进步。在这千钧一发之际，押解我去接受批斗的牢头禁子猛烈地踢开了我的房门，从而阻止了我到阎王爷那里去报到的可能。批斗回来以后，虽然被打得鼻青脸肿，帽子丢掉了，鞋丢掉了一只，身上全是革命小将、也或许有中将和老将吐的痰。游街仪式完成后，被一脚从汽车上踹下来的时候，躺在十一月底的寒风中，半天爬不起来。然而，我“顿悟”了。批斗原来是这样子呀！是完全可以忍受的。我又下定决心，不再自寻短见，想活着看一看，“看你横行到几时”。

一个人临死前的心情，我完全有感性认识。我当时心情异常平静，平静到一直到今天我都难以理解的程度。老祖和德华谁也没有发现，我的神情有什么变化。我对自己这种表现感到十分满意，我自认已经参透了生死奥秘，渡过了生死大关，而沾沾自喜，认为自己已经修养得差不多了，已经大大地有异于常人了。

然而黄铜当不了真金，假的就是假的，到了今天，三十多年已经过去了，自己竟然被上腭上的两个微不足道的小水泡吓破了胆，使自己的真相完全暴露于光天化日之下，这完全出乎我的意料。我自己辩解说，那天晚上的行动只不过是一阵不正常的歇斯底里爆发。但是正常的东西往往富于不正常之中。我虽已经痴长九十二岁，对人生的参透还有极长的距离。今后仍须加紧努力。

皮癌的威胁

常言道：“屋漏偏遭连夜雨，船破又遇打头风。”前一天夜里演了那一出极短的闹剧（melodrama）之后，第二天早晨，大夫就通知要进行B超检查。我心里咯噔一下子紧张了起来。

谁都知道，检查B超是做什么用的。在每年履行的查体中做B超检查，是应有的过程，大家不会紧张。但是，一个人如果平白无故地被提溜出来检查B超，他一定会十分紧张的。我今天就是这样。

我在301医院是有“前科”的。去年年底来住院，曾被怀疑有膀胱癌。后来经过彻底检查，还了我的清白。今年手脚上又长了这一堆丑类，不痛不痒，却蕴含着神秘的危害性。我看，大概有的大夫就把这现象同皮肤癌联系上了，于是让我进行彻底的B超检查。B超大夫在我的小腹上对准膀胱所在的地方，使劲往下按。我就知道，他了解我去年的情况。经过十分认真的检查，结论是，我与那种闻之令人战栗的绝症无关。这对我的精神无疑是一个极大的解脱。

奇迹的出现

按照以李、冯两位主任为代表的皮肤科的十分小心谨慎的医风，许多假设都被否定，现在能够在我手脚上那种乱糊糊的无序中找出了头绪，抓住了真实的要害，可以下药了。但是，他们又考虑到我的年龄。药量大了，怕受不了；小了，又怕治不了病，再三斟酌才给定下了药量。于是立即下药，药片药丸粒粒像金刚杵、照妖镜，打在群丑身上，使它们毫无遁形的机会，个个缴械投降，把尾巴垂了下来。水泡干瘪了，干瘪了的结成了痂。在不到几天的时间内，黑痂脱落，又恢复了我原来手脚的面目。我伸出了自己的双手，看到细润光泽，心中如饮醍醐。

奇迹终于出现了。我这一次总算是没有找错地方。常言道：“大难不死，必有后福。”这一次我的难多大，我说不清楚，反正总算是难，这是毫无问题的。年属耄耋，还能够有后福可享，我心旷神怡，乐不可支。

院领导给我留下的印象

这个奇迹发生在301医院。这是一所有上万工作人员的大医院。让这样一所庞大的机构循规蹈矩按部就班每天启动工作，一定要有原动力的，而这原动力只能来自院领导身上。

我进院以后不久，出差刚回来而又做了三小时报告的朱士俊院长就来看我，还有几个院领导陪同。以后又见到了院政委范银瑞同志，以及几位副院长秦银河、苏元福、王树峰、林运昌等。他们的外貌当然各不相同，应对进退的动作和神态也有差异。但是，在一刹那间，我忽然有了一个“天才”的发现，我发现他们有共同之处。这情况若是落到哲学家手中，他们一定会努力分析，分析，再分析，还不知道要创造出多少新奇的术语，最后给人一个大糊涂，包括他们自己在内。而我呢，还是采用中国传统的办法，使用形象的语言。我杜撰了八个字：形神恢宏，英气逼人。中国古人说：“运筹帷幄之内，决胜千里之外。”301医院没有千里之遥；然而，到了今天这样复杂的社会中，决胜五里，也并不容易的。解放军任用这样的干部来管理这样庞大的一所医院，全军放心，全体人民放心。

病房里的日常生活

上面谈的都可以算做大事，现在谈一些细事。

关于我现在住的病房，上面已经写了简要的介绍，这里不再重复了。我现在只谈一谈我的日常生活。

我活了九十多岁，平生播迁颇多，适应环境的能力因而也颇强。不管多么陌生的环境，我几乎立刻就能适应。现在住进了病房，就好像到了家一样。这里的居住条件，卫生条件等等，都是绝对无可指责的。我也曾住过、看过一些北京大医院的病房，只是卫生一个条件就相形见绌。我对这里十分满意，自然就不在话下了。

在十八间病房里住的真正的首长，大都是解放军的老将军，年龄都低于我，可是能走出房间活动的只不过寥寥四五人。偶尔碰上，点头致意而已。但是，我对他们是充满了敬意的。解放军是中国人民的“新的长城”，又是世界和平的忠诚的保卫者。在解放军中立过功的老将，对他们我焉能不极端尊敬呢？

至于我自己的日常生活，我是一个比较保守的人，几十年形成的习惯，走到哪里也改不掉。我每天照例四点多起床，起来立即坐下来写东西。在进院初，当手足上的丑类还在飞扬跋扈的时候，我也没有停下。我的手足有问题，脑袋没有问题。只要脑袋没问题，文章就能写。实际上，我从来没有把脑袋投闲置散，我总让它不停地运转。到了医院，转动的频率似乎更强了。无论是吃饭，散步，接受治疗，招待客人，甚至在梦中，我考虑的总是文章的结构，遣词，造句等与写作有关的问题。我自己觉得，我这样做，已经超过了平常所谓的打腹稿的阶段，打来打去，打的几乎都是成稿。只要一坐下来，把脑海里缀成的文字移到纸上，写文章的任务就完成了。

七点多吃过早饭以后，时间就不能由我支配，我就不得安闲了。大夫查房，到什么地方去做体检，反正总是闲不住。但是，有时候坐在轮椅上，甚至躺在体检的病床上，脑袋里忽然一转，想的又是与写文章有关的一些问题。这情况让我自己都有点吃惊。难道是自己着了魔了吗？

在进院后，不到一个月的时间内，我写了三万字的文章，内容也有学术性很强的，也有一些临时的感受。这在家里是做不到的。

生活条件是无可指责的，一群像白衣天使般的小护士，个个聪明伶俐，彬彬有礼，同她们在一起，自己也似乎年轻了许多。

我想用两句话总结我的生活：在治病方面，我是走过炼狱；在生活方面，我是住于乐园。

第三次大会诊

奇迹发生以后，我到 301 医院来的目的可以说是已经完全达到了，可以胜利还朝了。但是，正如我在上面已经说过的那样，我本是皮肤科的病人，可是皮肤科的病房已经满员，所以借用了呼吸道科仅余的一间病房。焉知歪打正着，我作为此科的病人，也是够格的，我患有肺气肿、哮喘等病。主治大夫大概对借房的过程不甚了了，既然进了他的领域，就是他的病人，于是也经常来查房、下药，连我的呼吸道的毛病也给清扫了一下。对我来说，这无疑是意外的收获。

我的血压，几十年来，一贯正常。入院以后，服了激素，血压大概受到了影响，一度升高。这本来也算不了什么大事。但是，这里的大夫之心如新发之硎，纤细不遗。他们看出我的血压有点毛病，立即加以注意，除了天天量以外，还进行过一次二十四小时的连续观测。最终认为没有问题，才从容罢手。

总起来看，这次大会诊的目的是：总结经验，肯定胜利，观察现状，预测未来。从院领导一直到每一个与我的病有关的大夫，都想把我躯体中的隐患一一扫净，让原来我手足上那样的丑类永远不能再出生。他们这种用心把我感动得热烘烘的，嘴里说不出任何话来。

简短的评估

我生平不爱生病。在九十多年的寿命中，真正生病住院，这是第三次。因此，我对医生和医院了解很有限。但是，有时候也有所考虑。以我浅见所及，我觉得，医院和医生至少应该具备三个条件：医德、医术、医风。中国历代把医药事业说成是“是乃仁术”。在中国传统道德的范畴中，仁居第一位。仁者爱人，心中的仁外在表现就是爱。现在讲“救死扶伤”，也无非是爱的表现。医生对病人要有高度的同情心，要有为他们解除病苦的迫切感。这就是医德，应该排在首位。所谓医术，如今医科大学用五六年，甚至更长的时间所学的就是这一套东西，多属技术性的，一说就明白，用不着多讲。最后一项是医风。把医德、医术融合在一起，再加以必要的慎重和谨严，就形成了医生和医院的风采、风格或风貌、风度。这三者在不同的医院里和医生身上，当然不会完全相同，高低有别，水平悬殊，很难要求统一。

以上都是空论，现在具体到301医院和这里的大夫们来谈一点我个人的看法。医院的最高领导，我大概都接触过了，对他们的印象我已经写在上面。至于大夫，我接触得不多，了解得不多，不敢多谈。我只谈我接触最多的皮肤科的几位大夫。对整科的印象，我在上面也已写过。我现在在这里着重讲一个人，就是李恒进大夫。我们俩彼此接触最多，了解最深。

实话实说，李大夫最初是并不想留下我这个病人的，他是专家，他一看我得的病是险症，是能致命的，谁愿意把一块烧红的炭硬接在自己手里呢？我的学生前副院长牟善初的面子也许起了作用，终于硬着头皮把我留下了。这中间他的医德一定也起了作用。

他一旦下决心把我留下，就全力以赴，上面讲到的两次大会诊就是他的行动表现。我自己糊里糊涂，丝毫没有感到问题的严重性。他是专家，他一眼就看出了我患的是天疱疮，一种险症。善初肯定了这个看法。遂成定论。患这样的病，如果我不是九十二，而是二十九，还不算棘手。但我毕竟是前者而非后者。下药重了，有极大危险；轻了，又治不了病。什么样的药量才算恰好，这是查遍医典也不会得到任何答案的。在这一个极难解决的问题上，李大夫究竟伤了多少脑筋，用了多大的精力，我不得而知，但却能猜想，经过了不知多少次反复思考，最终找到了恰到好处的药量。一旦服了下去，奇迹立即产生。不到一周的时间内，手脚上的水泡立即向干瘪转化。我虽尚懵里懵懂，但也不能不感到高兴了。

我同李恒进大夫素昧平生，最初只是大夫与病人的关系。但因接触渐多，我逐渐发现他身上有许多闪光的东西，使我暗暗钦佩。我感觉到，我们现在已经走上了朋友的关系。我坚信，他是一个可以信赖的朋友。

在治疗过程中，有时候也说上几句闲话。我发现李大夫是一个很有哲学头脑的人。他多次说到，治我现在的病是“在矛盾中求平衡”，事实不正是这样子吗？病因来源不一，表现形式不一，抓住要点，则能纲举目张；抓不住要点，则是散沙一盘。他和冯峥大夫等真正抓住

季羡林在医院翻阅刚出版的书

了我这病的要点，才出现了奇迹。

我一生教书，搞科学研究，在研究方面，我崇尚考证。积累的材料越多越好，然后爬罗剔抉，去伪存真。无证不信，孤证难信。“大胆地假设，小心地求证。”这一套都完全用上。经过了六七十年这样严格的训练，自谓已经够严格慎重的了。然而，今天，在垂暮之年，来到了301医院，遇到了像李大夫这样的医生，我真自愧弗如，要放下老架子，虚心向他们学习。

还有一点也必须在这里提一提，这就是预见性。初入院时，治疗还没有开始，我就不耐烦住院，问李大夫什么时候可以出院。他沉思了会儿，说：“如果年轻五十岁，半个月就差不多了。现在则至少一个月多。”事实正是这个样子。他这种预见性是怎样来的，我说不清楚。

现在归纳起来。极其简略地说上几句我对301医院和其中的一些大夫，特别是李恒进大夫的印象。在医德、医术、医风中，他们都是高水平的，可以称之为三高医院和三高大夫。都是中国医坛上的明珠。

反躬自省

我在上面，从病原开始，写了发病的情况和治疗的过程，自己的侥幸心理，掉以轻心，自己的瞎鼓捣，以至酿成了几乎不可收拾的大患，进了301医院，边叙事、边抒情、边发议论、边发牢骚，一直写了一万三千多字。现在写作重点是应该换一换的时候了。换的主要枢纽是反求诸己。

301 医院的大夫们发扬了三高的医风，熨平了我身上的创伤，我自己想用反躬自省的手段，熨平我自己的心灵。

我想从认识自我谈起。

每一个人都有一个自我，自我当然离自己最近，应该最容易认识。事实证明正相反，自我最不容易认识。所以古希腊人才发出了 Know thyself 的惊呼。一般的情况是，人们往往把自己的才能、学问、道德、成就等等评估过高，永远是自我感觉良好。这对自己是不利的，对社会也是有害的。许多人事纠纷和社会矛盾由此而生。

不管我自己有多少缺点与不足之处，但是认识自己我是颇能做到一些的。我经常剖析自己，想回答："自己究竟是一个什么样的人"这样一个问题。我自信能够客观地实事求是地进行分析的。我认为，自己决不是什么天才，决不是什么奇才异能之士，自己只不过是一个中不溜丢的人，但也不能说是蠢材。我说不出自己在哪一方面有什么特别的天赋。绘画和音乐我都喜欢，但都没有天赋。在中学读书时，在课堂上偷偷地给老师画像，我的同桌同学画得比我更像老师，我不得不心服。我羡慕许多同学都能拿出一手儿来，唯独我什么也拿不出。

我想在这里谈一谈我对天才的看法。在世界和中国历史上，确实

医院里，坐拥书城。

有过天才，我都没能够碰到。但是，在古代，在现代，在中国，在外国，自命天才的人却层出不穷。我也曾遇到不少这样的人。他们那一副自命不凡的天才相，令人不敢向迩。别人嗤之以鼻，而这些“天才”则岿然不动，挥斥激扬，乐不可支。此种人物列入《儒林外史》是再合适不过的。我除了敬佩他们的脸皮厚之外，无话可说。我常常想，天才往往是偏才。他们大脑里一切产生智慧或灵感的构件集中在某一个点上，别的地方一概不管，这一点就是他的天才之所在。天才有时候同疯狂融在一起，画家梵·高就是一个好例子。

在伦理道德方面，我的基础也不雄厚和巩固。我决没有现在社会上认为的那样好，那样清高。在这方面，我有我的一套“理论”。我认为，人从动物群体中脱颖而出，变成了人。除了人的本质外，动物的本质也还保留了不少。一切生物的本能，即所谓“性”，都是一样的，即一要生存，二要温饱，三要发展。在这条路上，倘有障碍，必将本能地下死力排除之。根据我的观察，生物还有争胜或求胜的本能，总想压倒别的东西，一枝独秀。这种本能人当然也有。我们常讲，在世界上，争来争去，不外名利两件事。名是为了满足求胜的本能，而利则是为了满足求生。二者联系密切，相辅相成，成为人类的公害，谁也铲除不掉。古今中外的圣人贤人们都尽过力量，而所获只能说是有限。

至于我自己，一般人的印象是，我比较淡泊名利。其实这只是一个假象，我名利之心兼而有之。只因我的环境对我有大裨益，所以才造成了这一个假象。我在四十多岁时，一个中国知识分子当时所能追求的最高荣誉，我已经全部拿到手。在学术上是中国科学院学部委员，即后来的院士。在教育界是一级教授。在政治上是全国政协委员。学术和教育我已经爬到了百尺竿头，再往上就没有什么阶梯了。我难道还想登天做神仙吗？因此，以后几十年的提升提级活动我都无权参加，只是领导而已。假如我当时是一个二级教授——在大学中这已经不低了——我一定会渴望再爬上一级的。不过，我在这里必须补充几句。即使我想再往上爬，我决不会奔走、钻营、吹牛、拍马，只问目的，不择手段。那不是我的作风，我一辈子没有干过。

写到这里就跟一个比较抽象的理论问题挂上了钩：什么叫好人？什么叫坏人？什么叫好？什么叫坏？我没有看过伦理教科书，不知道其中有没有这样的定义。我自己悟出了一套看法，当然是极端粗浅的，甚至是原始的。我认为，一个人一生要处理好三个关系：天人关系，也就是人与大自然的关系；人人关系，也就是社会关系；个人思想和感情中矛盾和平衡的关系。处理好了，人类就能够进步，社会就能够发展。好人与坏人的问题属于社会关系。因此，我在这里专门谈社会关系，其他两个就不说了。

正确处理人与人的关系，主要是处理利害关系。每个人都有自己的利益，都关心自己的利益。而这种利益又常常会同别人有矛盾的。有了你的利益，就没有我的利益。你的利益多了，我的就会减少。怎样解决这个矛盾就成了广大芸芸众生最棘手的问题。

人类毕竟是有思想能思维的动物。在这种极端错综复杂的利益矛盾中，他们绝大部分人都能有分析评判的能力。至于哲学家所说的良知和良能，我说不清楚。人们能够分清是非善恶，自己处理好问题。在这里无非是有两种态度，既考虑自己的利益，为自己着想，也考虑别人的利益，为别人着想。极少数人只考虑自己的利益，而又以残暴的手段攫取别人的利益者，是为害群之马，国家必绳之以法，以保证社会的安定团结。

这也是衡量一个人好坏的基础。地球上没有天堂乐园，也没有小说中所说的“君子国”。对一般人民的道德水平不要提出过高的要求。一个人除了为自己着想外能为别人着想的水平达到百分之六十，他就算是一个好人。水平越高，当然越好。那样高的水平恐怕只有少数人能达到了。

至于我自己，我是一个谨小慎微，性格内向的人。考虑问题有时候细入毫发。我考虑别人的利益，为别人着想，我自认能达到百分之六十。我只能把自己划归好人一类。我过去犯过许多错误，伤害了一些人。但那决不是有意为之，是为我的水平低修养不够所支配的。在这里，我还必须再做一下老王，自我吹嘘一番。在大是大非问题前面，我会一反谨小慎微的本性，挺身而出，完全不计个人利害。我觉得，这是我身上的亮点，颇值得骄傲的。总之，我给自己的评价是：一个平平常常的好人，但不是一个不讲原则的滥好人。

现在我想重点谈一谈对自己当前处境的反思。

我生长在鲁西北贫困地区一个僻远的小村庄里。晚年，一个幼年时的伙伴对我说："你们家连贫农都够不上！"在家六年，几乎不知肉味，平常吃的是红高粱饼子，白馒头只有大奶奶给吃过。没有钱买盐，只能从盐碱地里挖土煮水腌咸菜。母亲一字不识，一辈子季赵氏，连个名都没有捞上。

我现在一闭眼就看到一个小男孩，在夏天里浑身上下一丝不挂，滚在黄土地里，然后跳入浑浊的小河里去冲洗。再滚，再冲；再冲，再滚。

"难道这就是我吗？"

"不错，这就是你！"

六岁那年，我从那个小村庄里走出，走向通都大邑，一走就走了将近九十年。我走过阳关大道，也跨过独木小桥。有时候歪打正着，有时候也正打歪着。坎坎坷坷，跌跌撞撞，磕磕碰碰，推推搡搡，云里，雾里。不知不觉就走到了现在的九十二岁，超过古稀之年二十多岁了。岂不大可喜哉！又岂不大可惧哉！我仿佛大梦初觉一样，糊里糊涂地成为一位名人。现在正住在301医院雍容华贵的高干病房里。同我九十年前出发时的情况相比，只有李后主的"天上人间"四个字差堪比拟于万一。我不大相信这是真的。

我在上面曾经说到，名利之心，人皆有之。我这样一个平凡的人，有了点名，感到高兴，是人之常情。我只想说一句，我确实没有为了出名而去钻营。我经常说，我少无大志，中无大志，老也无大志。这都是实情。能够有点小名小利，自己也就满足了。可是现在的情况却不是这样子。已经有了几本传记，听说还有人正在写作。至于单篇的文章数量更大。其中说的当然都是好话，当然免不了大量溢美之词。别人写的传记和文章，我基本上都不看。我感谢作者，他们都是一片好心。我经常说，我没有那样好，那是对我的鞭策和鼓励。

我感到惭愧。

常言道："人怕出名猪怕壮"，一点小小的虚名竟能给我招来这样的麻烦，不身历其境者是不能理解的。麻烦是错综复杂的，我自己也理不出个头绪来。我现在，想到什么就写点什么，绝对是写不全的。首先是出席会议。有些会议同我关系实在不大。但却又非出席不行，据说这涉及会议的规格。在这一顶大帽子下面，我只能勉为其难了。其次是接待来访者，只这一项就头绪万端。老朋友的来访，什么时候都会给我带来欢悦。不在此列。我讲的是陌生人的来访，学校领导在我的大门上贴出布告：谢绝访问。但大多数人却熟视无睹，置之不理，照样大声敲门。外地来的人，其中多半是青年人，不远千里，为了某一些原因，要求见我。如见不到，他们能在门外荷塘旁等上几个小时，甚至住在校外旅店里，每天来我家附近一次。他们来的目的多种多样；但是大体上以想上北大为最多。他们慕北大之名，可惜考试未能及格。他们错认我有无穷无尽的能力和权力，能帮助自己。另外想到北京找工作也有，想找我签个名照张相的也有。这种事情说也说不完。我家里的人告诉他们我不在家，于是我就不敢在临街的屋子里抬头，当然更不敢出门，我成了"囚徒"。其次是来信。我每天都会收到陌生人的几封信，有的也多与求学有关。有极少数的男女大孩子向我诉说思想感情方面的一些问题和困惑，据他们自己说，这些事连自己的父母都没有告诉。我读了真正是万分感动，遍体温暖。我有何德何能，竟能让纯真无邪的大孩子如此信任！据说，外面传说，我每信必复。我最初确实有这样的愿望，但是，时间和精力都有限，只好让李玉洁女士承担写回信的任务。这个任务成了德国人口中常说的"硬核桃"。其次是寄来的稿子，要我"评阅"，提意见，写序言，甚至推荐出版。其中有洋洋数十万言之作。我哪里有能力有时间读这些原稿呢？有时候往旁边一放，为新来的信件所覆盖。过了不知多少时候，原作者来信催还原稿，这却使我作了难。"只在此室中，书深不知处"了。如果原作者只有这么一本原稿，那我的罪孽可就大了。其次是要求写字的人多，求我的“墨宝”，有的是楼台名称，有的是展览会的会名，有的是书名，有的是题词，总之是花样很多。一提“墨宝”，我就汗颜。小时候确实练过字，但是，一入大学，就再没有练过书法，以后长期居住在国外，连笔墨都看不见，何来“墨宝”？现在，到了老年，忽然变成了“书法家”，竟还有人把我的“书法”拿到书展上去示众，我自己都觉得可笑！有比较老实的人，暗示给我：他们所求的不过“季羡林”三个字。这样一来，我的心反而平静了一点，下定决心：你不怕丑，我就敢写。其次是广播电台，电视台，还有一些什么台，以及一些报刊杂志编辑部的录像采访，这使我最感到麻烦。我也会说一些谎话的；但我的本性是有时嘴上没遮掩，有时说溜了嘴，在过去，你还能耍点无赖，硬不承认。今天他们人人手里都有录音机，“君子一言，驷马难追”，同他们订君子协定，答应删掉，但是，多数是原封不动，和盘端出，让你哭笑不得。上面的这一段诉苦已经够长的了，但是还远远不够，苦再诉下去，也了无意义，就此打住。

我虽然有这样多麻烦；但我并没有被麻烦压倒。我照常我行我素，做自己的工作。我一向关心国内外的学术动态。我不厌其烦地鼓励我的学生阅读国内外与自己研究工作有关的学术刊物。一般是浏览，重点必须细读。为学贵在创新。如果连国内外的新都不知道，你的新何从创起？我自己很难到大图书馆看杂志了。幸而承蒙许多学术刊物的主编不弃，定期寄赠。我才得以拜读，了解了不少当前学术研究的情况和结果，不致闭目塞听。我自己的研究工作仍然照常进行。遗憾的是，许多多年来就想研究的大题目，曾经积累过一些材料，现在拿起来一看，顿时想到自己的年龄，只能像玄奘当年那样，叹一口气说：“自量气力，不复办此。”

对当前学术研究的情况，我也有自己的一套看法，仍然是顿悟式地得来的。我觉得，在过去，人文社会科学学者在进行科研工作时，最费时间的工作是搜集资料，往往穷年累月，还难以获得多大成果。现在电子计算机光盘一旦被发明，大部分古籍都已收入。不费吹灰之力，就能竭泽而渔。过去最繁重的工作成为最轻松的了。有人可能掉以轻心，我却有我的忧虑。将来的文章由于资料丰满可能越来越长，而疏漏则可能越来越多。光盘不可能把所有的文献都吸引进去，而且考古发掘还会不时有新的文献呈现出来。这些文献有时候比已有的文献还更重要，万万不能忽视的。好多人都承认，现在学术界急功近利浮躁之风已经有所抬头，剽窃就是其中最显著的表现，这应该引起人们的戒心。我在这里抄一段朱子的话，献给大家。朱子说：“圣人言语，一步是一步。近来一类议论，只是跳踯。初则两三步做一步，甚则十数步做一步，又甚则千百步作一步。所以学之者皆癫狂。”(《朱子语类》第124页)。愿与大家共勉力戒之。

我现在想借这个机会廓清与我有关的几个问题。

辞“国学大师”

现在在某些比较正式的文件中，在我头顶上也出现“国学大师”这一灿烂辉煌的光环。这并非无中生有，其中有一段历史渊源。

约摸十几二十年前，中国的改革开放大见成效，经济飞速发展。文化建设方面也相应地活跃起来。有一次在还没有改建的大讲堂里开了一个什么会，专门向同学们谈国学，中华文化的一部分毕竟是保留在所谓“国学”中的。当时在主席台上共坐着五位教授，每个人都讲上一通。我是被排在第一位的，说了些什么话，现在已忘得干干净净。《人民日报》的一位资深记者是北大校友，“于无声处听惊雷”，在报上写了一篇长文《国学热悄悄在燕园兴起》，从此以后，其中四位教授，包括我在内，就被称为“国学大师”。他们三位的国学基础都比我强得多。他们对这一顶桂冠的想法如何，我不清楚。我自己被戴上了这一顶桂冠，却是浑身起鸡皮疙瘩。这情况引起了一位学者（或者别的什么“者”）的“义愤”，触动了他的特异功能，在杂志上著文说，提倡国学是对抗马克思主义。这话真是石破天惊，匪夷所思，让我目瞪口呆。一直到现在，我仍然没有想通。

说到国学基础，我从小学起就读经书、古文、诗词。对一些重要的经典著作有所涉猎。但是我对哪一部古典，哪一个作家都没有下过死工夫，因为我从来没想成为一个国学家。后来专治其他的学术，浸淫其中，乐不可支。除了尚能背诵几百首诗词和几十篇古文外：除了尚能在最大的宏观上谈一些与国学有关的自谓是大而有当的问题比如“天人合一”外，自己的国学知识并没有增加。环顾左右，朋友中国学基础胜于自己者，大有人在。在这样的情况下，我竟独占“国学大师”的尊号，岂不折杀老身（借用京剧女角词）！我连“国学小师”都不够，遑论“大师”！

为此，我在这里昭告天下：请从我头顶上把“国学大师”的桂冠摘下来。

辞学界（术）泰斗

这要分两层来讲：一个是教育界，一个是人文社会科学界。

先要弄清楚什么叫“泰斗”。泰者，泰山也；斗者，北斗也。两者都被认为是至高无上的东西。

光谈教育界。我一生做教书匠，爬格子。在国外教书十年，在国内五十七年。人们常说：“没有功劳，也有苦劳。”特别是在过去几十年中，天天运动，花样翻新，总的目的就是让你不得安闲，神经时时刻刻都处在万分紧张的情况中。在这样的情况下，我一直担任行政工作，想要做出什么成绩，岂不戛戛乎难矣哉！我这个“泰斗”从哪里讲起呢？

在人文社会科学的研究中，说我做出了极大的成绩，那不是事实。说我一点成绩都没有，那也不符合实际情况。这样的人，滔滔者天下皆是也。但是，现在却偏偏把我“打”成泰斗。我这个泰斗又从哪里讲起呢？

为此，我在这里昭告天下：请从我头顶上把“学界（术）泰斗”的桂冠摘下来。

辞“国宝”

在中国，一提到“国宝”，人们一定会立刻想到人见人爱憨态可掬的大熊猫。这种动物数量极少，而且只有中国有，称之为“国宝”，它是当之无愧的。

可是，大约在十来年前。在一次会议上，北京市的一位领导突然称我为“国宝”，我极为惊愕。到了今天，我所到之处，“国宝”之声洋洋乎盈耳矣。我实在是大惑不解。当然，“国宝”这一顶桂冠并没有为我一人所垄断，其他几位书画名家也有此称号。

我浮想联翩，想探寻一下起名的来源。是不是因为中国只有一个季羡林，所以他就成为“宝”。但是，中国的赵一钱二孙三李四等等，等等，也都只有一个，难道中国能有十三亿“国宝”吗?

这种事情，痴想无益，也完全没有必要。我来一个急刹车。

为此，我在这里昭告天下：请从我头顶上把“国宝”的桂冠摘下来。

三顶桂冠一摘，还了我一个自由自在身。身上的泡沫洗掉了，露出了真面目，皆大欢喜。

露出了真面目，自己是不是就成了原来蒙着华贵的绸罩的朽木架子而今却完全塌了架了呢?

也不是的。

我自己是喜欢而且习惯于讲点实话的人。讲别人，讲自己，我都希望能够讲得实事求是，水分越少越好。我自己觉得，桂冠取掉，里面还不是一堆朽木，还是有颇为坚实的东西的。至于别人怎样看我，我并不十分清楚。因为，正如我在上面说的那样，别人写我的文章我基本上是不读的，我怕里面的溢美之词。现在困居病房，长昼无聊，除了照样舞笔弄墨之外，也常考虑一些与自己学术研究有关的问题，凭自己那一点自知之明，考虑自己学术上有否“功业”，有什么“功业”。我尽量保持客观态度。过于谦虚是矫情，过于自吹自擂是老王，二者皆为我所不敢取。我在下面就“夫子自道”一番。

季羡林在301医院工作

我常常戏称自己为“杂家”。我对人文社会科学领域内，甚至科技领域内的许多方面都感兴趣。我常说自己是“样样通，样样松。”这话并不确切。很多方面我不通；有一些方面也不松。合辙押韵，说着好玩而已。

我从事科学研究工作，已经有七十年的历史。我这个人在任何方面都是后知后觉。研究开始时并没有显露出什么奇才异能，连我自己都不满意。后来逐渐似乎开了点窍，到了德国以后，才算是走上了正路。但一旦走上了正路，走的就是快车道。回国以后，受到了众多的干扰，“十年浩劫”中完全停止。改革开放，新风吹起。我又重新上路，到现在已有二十多年了。

根据我自己的估算，我的学术研究的第一阶段是德国十年。研究的主要方向是原始佛教梵语。我的博士论文就是这方面的题目。在论文中，我论到了一个可以说是被我发现的新的语尾，据说在印欧语系比较语言学上颇有重要意义，引起了比较语言学教授的极大关怀。到了1965年，我还在印度语言学会出版的《lndian Linguistics》Vol. Ⅱ发表了一篇On the Ending-neatha for the Fuar Ruom Rlunel Atm，in the Budccher mixed Dialeer，这是我博士论文的持续发展。当年除了博士论文外，我还写了两篇比较重要的论文，一篇是讲不定过去时的，一篇讲 -aṃ> o，u。都发表在哥廷根科学院院刊上。在德国，科学院是最高学术机构，并不是每一个教授都能成为院士。德国规矩，一个系只有一个教授，无所谓系主任。每一个学科全国也不过有二三十个教授，比不了我们现在大学中一个系的教授数量。在这样的情况下，再选院士，其难可知。科学院的院刊当然都是代表最高学术水平的。以我一个三十岁刚出头的异国的毛头小伙子竟能在上面连续发表文章，要说不沾沾自喜，那就是纯粹的谎话了。而且我在文章中提出的结论至今仍能成立，还有新出现的材料来证明，足以自慰了。此时还写了一篇关于解谈吐火罗文的文章。

1946年回国以后，由于缺少最起码的资料和书刊，原来做的研究工作无法进行，只能改行，我就转向佛教史研究，包括印度、中亚以及中国佛教史在内。在印度佛教史方面，我给与释迦牟尼有不共戴天之仇的提婆达多翻了案，平了反。公元前五六世纪的北天竺，西部是婆罗门的保守势力，东部则兴起了新兴思潮，是前进的思潮，佛教代表的就是这种思潮。提婆达多同佛祖对着干，事实俱在，不容怀疑。但是，他的思想和学说的本质是什么，我一直没弄清楚。我觉得，古今中外写佛教史者可谓多矣，却没有一人提出这个问题，这对真正印度佛教史的研究是不利的。在中亚和中国内地的佛教信仰中，我发现了弥勒信仰的重要作用。也可以算是发前人未发之覆。我那两篇关于“浮屠”与“佛”的文章，篇幅不长，却解决了佛教传入中国的道路的大问题，可惜没引起重视。

我一向重视文化交流的作用和研究。我是一个文化多元论者，我认为，文化一元论有点法西斯味道。在历史上，世界民族，无论大小，大多数都对人类文化做出了贡献。文化一产生，就必然会交流，互学，互补，从而推动了人类社会的进步。我们难以想象，如果没有文化交流，今天的世界会是一个什么样子。在这方面，我不但写过不少的文章，而且在我的许多著作中也贯彻了这种精神。长达约八十万字的《糖史》就是一个好例子。

提到了《糖史》，我就来讲一讲这一部书完成的情况。我发现，现在世界上流行的大语言中。“糖”这一个词儿几乎都是转弯抹角地出自印度梵文的sarkara这个字。我从而领悟到，在糖这种微末不足道的日常用品中竟隐含着一段人类文化交流史。于是我从很多年前就着手搜集这方面的资料。在德国读书时，我在汉学研究所曾翻阅过大量的中国笔记，记得里面颇有一些关于糖的资料。可惜当时我脑袋里还没有这个问题，就视而不见，空空放过，而今再想弥补，是绝对不可能的事情了。今天有了这问题，只能从头做起。最初，电子计算机还很少很少，而且技术大概也没有过关。即使过了关，也不可能把所有的古籍或今籍一下子都收入。留给我的只有一条笨办法：自己查书。然而，群籍浩如烟海，穷我毕生之力，也是难以查遍的。幸而我所在的地方好，北大藏书甲上庠，查阅方便。即使这样，我也要定一个范围。我以善本部和楼上的教员阅览室为基地，有必要时再走出基地。教员阅览室有两层楼的书库，藏书十余万册。于是在我八十多岁后，正是古人“含饴弄孙”的时候，我却开始向科研冲刺了。我每天走七八里路，从我家到大图书馆，除星期日大馆善本部闭馆外，不管是冬天，还是夏天；不管是刮风下雨，还是坚冰在地，我从未间断过。如是者将及两年，我终于翻遍了书库，并且还翻阅了《四库全书》中有关典籍，特别是医书。我发现了一些规律。首先是，在中国最初只饮蔗浆，用蔗制糖的时间比较晚。其次，同在古代波斯一样，糖最初是用来治病的，不是调味的。再次，从中国医书上来看，使用糖的频率越来越小，最后几乎很少见了。最后，也是最重要的一点，把原来是红色的蔗汁熬成的糖浆提炼成洁白如雪的白糖的技术是中国发明的。到现在，世界上只有两部大型的《糖史》，一为德文，算是世界名著；一为英文，材料比较新。在我写《糖史》第二部分，国际部分时，曾引用过这两部书中的一些资料。做学问，搜集资料，我一向主张要有一股“竭泽而渔”的劲头。不能贪图省力，打马虎眼。

既然讲到了耄耋之年向科学进军的情况，我就讲一讲有关吐火罗文研究。我在德国时，本来不想再学别的语言了，因为已经学了不少，超过了我这个小脑袋瓜的负荷能力。但是，那一位像自己祖父般的西克（E.Sieg）教授一定要把他毕生所掌握的绝招统统传授给我。我只能向他那火一般的热情屈服，学习了吐火罗文 A 焉耆语和吐火罗文 B 龟兹语。我当时写过一篇文章，讲《福力太子因缘经》的诸异本，解决了吐火罗文本中的一些问题，确定了几个过去无法认识的词儿的含义。回国以后，也是由于缺乏资料，只好忍痛与吐火罗文告别，几十年没有碰过。20 世纪 70 年代，在新疆焉耆县七个星断壁残垣中发掘出来了

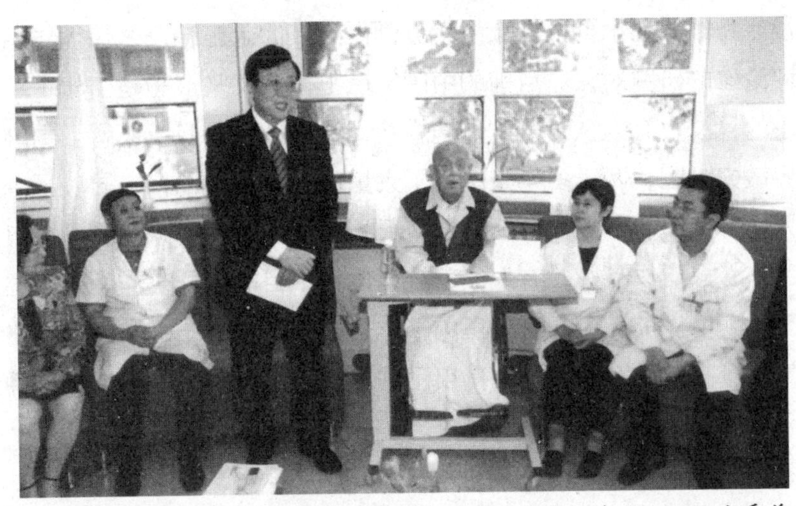

2004 年，亚洲华人作家文艺基金会董事长林忠民在 301 医院向季羡林颁发终身成就奖。

吐火罗文 A 的《弥勒会见记剧本》残卷。新疆博物馆的负责人亲临寒舍，要求我加以解读。我由于没有信心，坚决拒绝。但是他们苦求不已，我只能答应下来，试一试看。结果是，我的运气好，翻了几张，书名就赫然出现：《弥勒会见记剧本》，我大喜过望。于是在冲刺完了《糖史》以后，立即向吐火罗文进军。我根据回鹘文同书的译本，把吐火罗文本整理了一番，理出一个头绪来。陆续翻译了一些，有的用中文，有的用英文，译文间有错误。到了 20 世纪 90 年代后期，我集中精力，把全部残卷译成了英文。我请了两位国际上公认是吐火罗文权威的学者帮助我，一位德国学者，一位法国学者。法国学者补译了一段，其余的百分之九十七八以上的工作都是我做的。即使我再谦虚，我也只能说，在当前国际上吐火罗文研究最前沿上，中国已经有了位置。

下面谈一谈自己的散文创作。我从中学起就好舞笔弄墨。到了高中，受到了董秋芳老师的鼓励。从那以后的七十年中，一直写作不辍。我认为是纯散文的也写了几十万字之多。但我自己喜欢的却为数极少。评论家也有评我的散文的；一般说来，我都是不看的。我觉得，文艺评论是一门独立的科学，不必与创作挂钩太亲密。世界各国的伟大作品没有哪一部是根据评论家的意见创作出来的。正相反，伟大作品倒是评论家的研究对象。目前的中国文坛上，散文又似乎是引起了一点小小的风波，有人认为散文处境尴尬，等等，皆为我所不解。中国是世界散文大国，两千多年来出现了大量优秀作品，风格各异，至今还为人所诵读，并不觉得不新鲜。今天的散文作家大可以尽量发挥自己的风格，只要作品好，有人读，就算达到了目的，凭空作南冠之泣是极为无聊的。前几天，病房里的一位小护士告诉我，她在回家的路上一气读了我五篇散文，她觉得自己的思想感情有向上的感觉。这种天真无邪的评语是对我最高的鼓励。

最后，还要说几句关于翻译的话。我从不同文字中翻译了不少文学作品，其中最主要的当然是印度大史诗《罗摩衍那》。

以上是我根据我那一点自知之明对自己“功业”的评估，是我的“优胜纪略”。但是，我自己最满意的还不是这些东西，而是自己胡思乱想关于“天人合一”的新解。至少在十几年前，我就想到了一个问题。大自然中出现了不少问题，比如生态平衡破坏，植物灭种，臭氧出洞，气候变暖，淡水资源匮乏，新疾病产生等等，等等。哪一样不遏制，人类发展前途都会受到影响。我认为，这些危害都是西方与大自然为敌，要征服自然的结果。西方哲人歌德、雪莱、恩格斯等早已提出了警告。可惜听之者寡。情况越来越严重，各国政府，甚至联合国才纷纷提出了环保问题。我并不是什么先知先觉，只是感觉到了，不得不大声疾呼而已。我的“天人合一”要求的是人与大自然要做朋友，不要成为敌人。我们要时刻记住恩格斯的话：大自然是会报复的。

以上就是我的“夫子自道”，“道”得准确与否，不敢说。但是，“道”的都是真话。

此外，在提倡新兴学科方面，我也做了一些工作，比如敦煌学，我在这方面没有写过多少文章；但对团结学者和推动这项研究工作，我却做出了一些贡献。又如比较文学，关于比较文学的理论问题，我几乎没有写过文章，因为我没有研究。但是中国第一个比较文学研究会却是在北大成立的，可以说是开风气之先。此外，我还主编了几种大型的学术丛书，首先就是《东方文化集成》，准备出五百种，用高水平的研究成果，向世界人民展示什么叫东方文化。我还帮助编纂了《四库全书存目丛书》，取得了很大的成功。其余几种现在先不介绍了。我觉得有相当大意义的工作是我把印度学引进了中国，或者也可以说，在中国过去有光辉历史的有上千年历史的印度研究又重新恢复起来。现在已经有了几代传人，方兴未艾。要说从我身上还有什么值得学习的东西，那就是勤奋。我一生不敢懈怠。

总而言之，我就是通过这一些“功业”获得了名声，大都是不虞之誉。政府、人民，以及学校给予我的待遇，同我对人民和学校所做的贡献，相差不可以道里计。我心里始终感到愧疚不安。现在有了病，又以一个文职的教书匠硬是挤进了部队军长以上的高干疗养的病房，冒充了四十五天的“首长”。政府与人民待我可谓厚矣。扪心自问，我何德何才，获此殊遇！

就在进院以后，专家们都看出了我这一场病的严重性，是一场能致命的不大多见的病。我自己却还糊里糊涂，掉以轻心，溜溜达达，走到阎王爷驾前去报到。大概由于文件上一百多块图章数目不够，或者红包不够丰满，被拒收，我才又走回来，再也不敢三心二意了，一住就是四十五天，捡了一条命。

我在医院中是一个非常特殊的病人，一般的情况是，病人住院专治一种病，至多两种。我却一气治了四种病。我的重点是皮肤科，但借住在呼吸道科病房里，于是大夫也把我吸收为他们的病人。一次我偶尔提到，我的牙龈溃疡了。院领导立刻安排到牙科去，由主任亲自动手，把我的牙整治如新。眼科也是很偶然的。我们认识魏主任，他说要给我治眼睛。我的眼睛毛病很多，他作为专家，一眼就看出来了。细致的检查，认真的观察，在十分忙碌的情况下，最后他说了一句铿锵有力的话：“我放心了！”我听了当然也放心了。他又说，今后五六年中没有问题。最后还配了一副我生平最满意的眼镜。

上面讲的主要是医疗方面的情况。我在这里还领略人情之美。我进院时，是病人对医生的关系。虽然受到院长、政委、几位副院长，以及一些科主任和大夫的礼遇，仍然不过是这种关系的表现。

但是，悄没声地这种关系起了变化。我同几位大夫逐渐从病人医生的关系转向朋友的关系，虽然还不能说无话不谈，但却能谈得很深，讲一些蕴藏在心灵中的真话。常言道："对人只讲三分话，不能闲抛一片心。"讲点真话，也并不容易的。此外，我同本科的护士长、护士，甚至打扫卫生的外地来的小女孩，也都逐渐熟了起来，连给首长陪住的解放军战士也都成了我的忘年交，其乐融融。

我的七十年前的老学生原301副院长牟善初，至今已到了望九之年，仍然每天穿上白大褂，巡视病房。他经常由周大夫陪着到我屋里来闲聊。七十年的漫长的岁月并没有隔断我们的师生之情，不也是人生一大快事吗?

我的许多老少朋友，包括江牧岳先生在内，亲临医院来看我。如果不是301门禁极为森严，则每天探视的人将挤破大门。我真正感觉到了，人间毕竟是温暖的，生命毕竟是可爱的，生活着毕竟是美丽的（我本来不喜欢某女作家的这一句话，现在姑借用之)。

我初入院时，陌生的感觉相当严重。但是，现在我要离开这里了，却产生了浓烈的依依难舍的感情。"客房回看成乐园"，我不禁一步三回首了。

对未来的悬思

我于2002年8月15日入院，9月30日出院回家，带着捡回来的一条命，也可以说是301送给我的一条命。这四十五天并不长，却在我生命历程上划上了一个深深的痕迹。

现在回家来了，怎么办?

记得去年一位泰国哲学家预言我今年将有一场大灾。对这种预言我从来不相信，现在也不相信。但是却不能不承认，他说准了。我在上面已经提到过："大难不死，必有后福。"我还能有什么后福呢?

那些什么"相期以茶"，什么活一百二十岁的话，是说着玩玩的，像唱歌或作诗，不能当真的。真实的情况是，我已经九十二岁。是古今中外文人中极少见的了，我应该满意了。通过这一场大病，我认识到，过去那种忘乎所以的态度是要不得的，是极其危险的。老了就得服老，老老实实地服老，才是正道。我现在能做到这一步了。

或许有人要问：你读万卷书，行万里路，生平极多坎坷，你对人生悟出了什么真谛吗？答曰：悟出了一些，就是我上面说的那一些，真谛就寓于日常生活中，不劳远求。那一套“菩提本无树，明镜亦非台；本来无一物，何处染尘埃?”我是绝对悟不出来的。

现在身躯上的零件，都已经用了九十多年，老化是必然的。可惜不能像机器一样，拆开来涂上点油。不过，尽管老化，看来还能对付一些日子。而且，不管别的零件怎样，我的脑袋还是难得糊涂的。我就利用这一点优势，努力工作下去，再多写出几篇《新日知录》，多写出一些抒情的短文，歌颂祖国，歌颂人民，歌颂生命，歌颂自然，歌颂一切应该歌颂的美好的东西，鞠躬尽瘁，死而后已。

写到这里，最重要的问题我还没有说。老子是讲辩证法的哲学家。他那有名的关于祸福的话，两千年来，尽人皆知：福兮祸所伏，祸兮福所倚。我这一次重得新生，当然是福。但是，这个重得并非绝对的，也还并没有完成。医生让我继续服药，至少半年，随时仔细观察。倘若再有湿疹模样的东西出现，那就殆矣。这无疑在我头顶上用一根头发悬上了一把达摩克利斯利剑，随时都有刺下来的可能。其实，每一个人从出生的那一刹那开始，就有这样的利剑悬在头上，有道是：“黄泉路上无老少”嘛，只是人们不去感觉而已。我被告知，也算是幸运，让我随时警惕，不敢忘乎所以。这不是极大的幸福吗?

我仍然是在病中。

2002年10月3日

我的美人观

说清楚一点，就是我怎样看待美人。

纵观动物世界，我们会发现，在雌雄之间，往往是雄的漂亮、高雅，动人心魄，惹人瞩目。拿狮子来说，雄狮多么威武，雄壮，英气磅礴。如果张口一吼，则震天动地，无怪有人称之为兽中王。再拿孔雀来看，雄的倘一开屏，则遍体金碧耀目，非言语所能形容。仪态万方，令人久久不能忘怀。

但是，一讲到人美，情况竟完全颠倒过来。我们不知道，造物主囊中卖的是什么药。她（他，它）先创造人中雌（女人）。此时她大概心情清爽，兴致昂扬，精雕细琢，刮垢磨光。结果是创造出来的女子美妙、漂亮、悦目、闪光。她看到了自己的作品，左看右看，十分满意，不禁笑上脸庞。

但是，她立刻就想到，只造女人是不行的。这样怎么能传宗接代呢？必须再创造人中雌的对应物人中雄，这样创造活动才算完成。

这样想过，她立即着手创造人中雄。此时，她的心情比较粗疏，因此手法难以细腻。结果是，造出来的人中雄，一反禽兽的标格，显得有点粗陋。连她自己都并不怎样满意。但是，既然造出来了，就只能听之任之，不必再返工了。

到了此时，造物主老年忽发少年狂，决心在本来已经很秀丽、美妙、赏心悦目的人中雌中再创造几个出类拔萃、傲视群雌的超级美人。于是人类中就出现了西施、明妃、赵飞燕、貂蝉、二乔、杨贵妃、柳如是、董小宛、陈圆圆等等出类拔萃的超级美人。这样一来，在中国老百姓的中国史观中，就凭空增添了几分靓丽，几分滋润，几分光彩，几分清芬。

打油一首：

中华自古重美人，
西施貂蝉论纷纭。
美人只今仍然在，
各为神州添馨淳。

但是，我还是有问题的。世界文明古国，特别是亚洲文明古国，不止中国一个。为什么只有中国传留下来这么多超级美人，而别的国家则毫无所闻呢？我个人认为，这决不是一个无足轻重的问题。如果研究比较文化史，这个问题绝对躲不过去的。目前，我对于这个问题考虑得还不够深透。我只能说，中国老百姓的中国史观，是丰富多彩的，有滋有味的，不是一堆干巴巴的相斫书。

我现在越来越不安分了，越来胆子越大了。我想在太岁头上动一下土，探讨一下"美人"这个美字的含义。我没有研究过美学，只记得在很多年以前，中国美学论坛上忽然爆发了一场论战。我以一个外行人的身份，从窗外向论坛上瞥了一眼，只见专家们意气风发，舌剑唇枪争得极为激烈。有的学者主张美是主观的，有的学者主张美是客观的，有的学者主张美是主客观相结合的。像美这样扑朔迷离、玄之又玄的现象或者问题，一向难以得到大家一致同意的结论或者解释的。专家们讨论完了，一哄而散，问题仍然摆在那里，原封未动。

我想从一个我认为是新的观点中解决问题。我认为，美人之所以被称为美人，必然有其异于非美人者。但是，她们也只具有五官四肢，造物主并没有给她们多添上一官一肢，也没有挪动官肢的位置，只在原有的排列上卖弄了一点手法，使这个排列显得更匀称，更和谐，更能赏心悦目。

美人身上有多处美的亮点，我现在不可能一一研究。我只选其中一个最引人注意的来谈一谈，这就是，细腰的问题。这是一个极老的问题；但是，无论多么古老，也古老不到蒙昧的远古。那时候，人类首要的问题是采集野果，填饱肚子。男女都整天奔波，男女的腰都是粗而又粗的。哪里有什么余裕来要妇女细腰呢？大概到了先秦时期，情况有了改变。《诗经》第一篇中的“苗条（窈窕）淑女，君子好逑。”苗条二字，无论怎样解释也离不开妇女的腰肢。先秦典籍中还有“楚王好细腰，宫中多饿死”的记载。可见此风在高贵不劳动的妇女中已经形成。流风所及，延续未断，可以说到今天也并没有停住。

中国古典诗词中，颇有一些描绘美人的文章。其中讲到美人的各个方面，细腰当然不会遗漏。我现在从宋词中选取几个例子，以见一斑。

1. 柳永《乐章集·木兰花》

酥娘一搦腰肢袅，回雪萦尘皆尽妙。几多狎客看无厌，一辈舞童功不（未）到。星眸顾拍（指）精神峭，罗袖迎风身段小。而今长大懒婆娑，只要千金酬一笑。

2. 柳永《乐章集·浪淘沙令》

有（一）个人人，飞燕精神，急锵环佩上华晓。促（拍）尽随红袖举，风柳腰身。

3. 柳永《乐章集·合欢带》

身材儿、早是妖娆，算举（风）措、实难描。一个肌肤浑似玉，更那来、占了千娇。妍歌艳舞，莺惭巧舌，柳妒纤腰。自相逢，便觉韩娥价减，飞燕声消。

4. 柳永《乐章集·少年游》

世间尤物意中人，轻细好腰身。

5. 秦观《淮海集·虞美人影》

妒云恨雨腰肢袅，眉黛不堪重扫。薄幸不来春老，羞带宜男草。

6. 秦观《淮海集·昭君怨》

隔叶乳鸦声软。号（啼）断日斜阴转。杨柳小腰肢，画楼西。

7. 贺方回《万年欢》

吴都佳丽苗而秀，燕样腰身，按舞华茵。

8. 秦观《淮海集·满江红》

越艳风流，占天上、人间第一。须信道，绝尘标致，倾城颜色。翠绾垂螺双髻小。柳柔花媚娇无力。笑从来，到处只闻名，今相识。

9. 辛弃疾《临江仙》

小靥人怜都恶瘦，曲眉天与长颦。沉思欢事惜腰身。枕添离别泪，粉落却深匀。

宋词里面讲到细腰的地方，大体就是这样。遗漏几个地方，无关大局，不影响我的推论。

中国其他古典诗词中，也有关于细腰的叙述。因为同我要谈的主要问题无关，我就不谈了。

我现在的首要任务是解释一下，为什么细腰这个现象会同美联系起来。简捷了当地说一句话，我是想使用德国心理学家 Lipps 的“感情移入”的学说来解决这个问题。比如说，你看一个细腰的美女走在你的眼前，步调轻盈，柔软，好像是曹子建眼中的洛神。你一时失神，产生了感情移入的效应，仿佛与细腰女郎化为一体，得大喜悦，飘飘欲仙了。真诚的喜悦，同美感是互相沟通的。

笑着走

走者，离开这个世界之谓也。赵朴初老先生，在他生前曾对我说过一些预言式的话。比如，1986 年，朴老和我奉命陪班禅大师乘空军专机赴尼泊尔公干。专机机场在大机场的后面。当我同李玉洁女士走进专机候机大厅时，朴老对他的夫人说："这两个人是一股气"，后来又听说，朴老说：别人都是哭着走，独独季羡林是笑着走。这一句话给我留下了很深的印象。我认为，他是十分了解我的。

现在就来分析一下我对这一句话的看法。应该分两个层次来分析：逻辑分析和思想感情分析。

先谈逻辑分析。

江淹的《恨赋》最后两句是："自古皆有死，莫不饮恨而吞声。"第一句话是说，死是不可避免的。对待不可避免的事情，最聪明的办法是，以不可避免视之，然后随遇而安，甚至逆来顺受，使不可避免的危害性降至最低点。如果对生死之类的不可避免性进行挑战，则必然遇大灾难。"服食求神仙，多为药所误"，秦皇、汉武、唐宗等等是典型的例子。既然非走不行，哭又有什么意义呢？反不如笑着走更使自己洒脱满意愉快。这个道理并不深奥，一说就明白的。我想把江淹的文章改一下：既然自古皆有死，何必饮恨而吞声呢？

总之，从逻辑上来分析，达到了上面的认识，我能笑着走，是不成问题的。

但是，人不仅有逻辑，他还有思想感情。逻辑上能想得通的，思想感情未必能接受。而且思想感情的特点是变动不居。一时冲动，

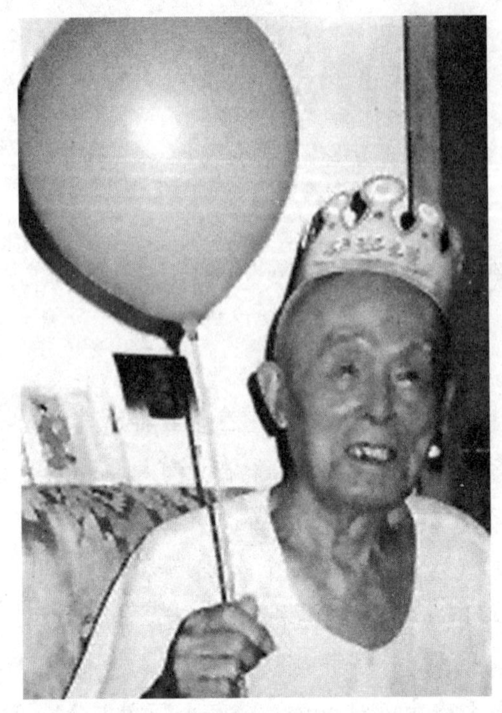

季羡林八十八岁生日

往往是靠不住的。因此，想在思想感情上承认自己能笑着走，必须有长期的磨练。

在这里，我想，我必须讲几句关于赵朴老的话。不是介绍朴老这个人，“天下谁人不识君”，朴老是用不着介绍的。我想讲的是朴老的“特异功能”。很多人都知道，朴老一生吃素，不近女色，他有特异功能，是理所当然的。他是虔诚的佛教徒，一生不妄言。他说我会笑着走，我是深信不疑的。

我虽然已九十五岁，但自觉现在讨论走的问题，为时尚早。再过十年，庶几近之。

2006 年 3 月 19 日

传统文化中的爱国主义

爱国主义

爱国主义在中国有极悠久的历史传统。中国的知识分子，古代所谓“士”，一向有极强的参政意识。“天下兴亡，匹夫有责”，就是这种意识的具体表现。从孔子、孟子、墨子等等先秦诸子，无不以治天下为己任。尽管他们的学说五花八门，但是他们的政治目的则是完全一致的。连道家也不例外，否则也写不出《道德经》和《南华经》。他们也是想以自己的学说来化天下的。

仔细分析起来，爱国主义可以分为两种：狭义的与广义的。对敌国的爱国主义是狭义的，而在国内的爱国主义则是广义的。前者很容易解释，也是为一般人所承认的，后者则还需要说一下。中国历代都有所谓忠臣，在国与国或民族与民族之间的矛盾中出现的忠臣，往往属于前者。但也有一些忠臣与国际间的敌我矛盾无关。杜甫的诗“致君尧舜上，再使风俗淳”确实与敌国无关，但你能不承认杜甫是爱国的吗？在中国古代，忠君与爱国是无法严格区分的。君就是国家的代表，国家的象征，忠君就是爱国。当然，中国历史上也出现过一些阿谀奉承的大臣。但是这些人从来也不被认为是忠君的。在中国伦理道德色彩极浓的文化氛围中，君为臣纲是天经地义。大臣们希望国家富强康乐，必须通过君主，此外没有第二条路。有些想“取而代之”的人，当然不会这样做。但那是另一个性质完全不同的问题，与我现在要谈的事情无关。真正的忠君，正如寅恪先生指出来的那样，“若以君臣之纲言之，君为李煜亦期之以刘秀。”这是我所谓的广义的爱国主义。

至于狭义的爱国主义，在中国也很容易产生。中国历代都有外敌。特别是在北方，几乎是从有历史以来，就有异族窥伺中原，不时武装入侵，想饮马黄河长江。在这样的情况下，为国家抛头颅、洒热血者，代有其人。这就是我所谓的狭义的爱国主义。

这里有一个关键问题，必须分辨清楚。在历史上曾经同汉族敌对过的一些少数民族，今天已经成为中华民族的一部分。有人就主张，当年被推崇为爱国者的一些人，今天不应该再强调这一点，否则就会影响民族团结。我个人认为，这个说法是完全不能接受的。我们是历史唯物主义者，当年表面上是民族之间的敌对行为，是国与国之间的问题，不是国内民族间的矛盾。这是历史事实，我们必须承认。怎么能把今天的民族政策硬套在古代的敌国之间的矛盾上呢？如果是这样的话，我们全国人民千百年所异常崇敬的民族英雄，如岳飞、文天祥等等，岂不都成了破坏团结的罪人了吗？中国历史上还能有什么爱国者呢？这种说法之有害、之不正确，是显而易见的。

再谈爱国主义

我既不是哲学家，也不是思想家，但好胡思乱想。俗话说：愚者千虑，必有一得。我希望，这一句话能在我身上兑现。简短直说，我想从国籍这个角度上来探讨爱国主义。按现在的国际惯例，每个人都必须有一个国籍。听说有人有双国籍，情况不明，这里不谈。国际法大概允许无国籍。二战期间，我滞留德国。中国南京汪伪政府派去了大使。我是绝对不能与汉奸沾边的，我同张维到德国警察局去宣布自己无国籍。

爱国的国字，如果孤立起来看，是一个模糊名词。哪里的国？谁的国？都不清楚。但是，一旦同国籍联系在一起，就十分清楚了。国就是这个国籍的国。再讲爱国的话，指的就是爱你这个国籍的国。

如果一个国家热爱和平，决不想侵略、剥削、压迫、屠杀别的国家，愿意同别的国家和平共处。这样的国家是值得爱的，非爱不行的。这样的爱国主义就是我上面所说的正义的爱国主义。反之，如果一个国家，特别是它的领导人，专心致志地侵略别的国家，征服别的国家，最终统一全球，天上天下，唯我独尊。这样的国家是绝对不能爱的，爱它就成了统治者的帮凶。爱国主义与国际主义是相通的，是互有联系的。保卫世界和平是两者共同的愿望。

2002 年 12 月 27 日

中国知识分子的爱国传统

传统文化与爱国主义这两件事看起来似乎没有什么联系。但是别的国家我先不谈，专就中国而论，二者是有极其密切的联系的。这里面包含着两层意思：一层是在中国传统文化，或者把范围缩小一点，在中国传统的伦理中，爱国主义占有极其重要的地位；二层是，惟其因为我国有光辉灿烂的传统文化，我们这个国家才更值得爱，更必须爱。

先谈第一层意思。我要从历史谈起。秦以前渺茫难究诘，这里不谈。秦将蒙恬因为御匈奴有功，被当时人和后代人所赞颂。到了汉朝，汉武帝的大将卫青和霍去病，小小年纪，也因为御匈奴有功，为当时人和后代人所赞颂。苏武被匈奴扣压了十几二十年，坚贞不屈，牧羊北海之滨，至今还在小说和戏文中传为千古佳话。到了三国时候，诸葛亮忠于蜀国，成为万古凌霄一羽毛。我必须在这里解释几句。我似乎听到有人问：诸葛亮这能算是爱国主义吗？我答曰：是的，是不折不扣的爱国主义。什么叫“国”呢？古有古的概念，今有今的概念。魏、蜀、吴，就是三个“国”，否则家喻户晓的《三国演义》为什么叫“三国”呢？过去在很长的一段时间内，我们史学界一些人搞形而上学，连抵御匈奴都不敢说是爱国，因为匈奴是今天中华人民共和国内的某某民族的祖先。在今天看，这话可能是对的。但在古时确是两国。我们怎么能拿今天的概念硬扣在古代历史上呢？我的这个解释也可以而且必须应用到三国以后的中国历史上去。比如宋代的杨家将，至今还在戏文中熠熠闪光。至于岳飞和文天祥，更是“一片丹心照汗青”，名垂千古，无人不知，至今在西子湖畔还有一座岳庙，成为全国和全世界人民朝拜的圣地。所有这一切都值得我们深思。我说中国传统文化中，中国的传统伦理中有强烈的爱国主义成分，难道这不是事实吗？

现在再谈第二层意思。国之所以可爱，之所以必须爱，原因是很多的。专就中国而论，由爱我们的伟大的传统文化而爱国，理由是顺理成章的。我一向主张，在整个人类大家庭中，文化是大家共同创造的，国无论大小，历史无论久暂，都或多或少对人类共同文化宝库有所贡献。但是同时，又必须承认，国与国之间，民族与民族之间，贡献是不一样的。我国立国东亚大陆，垂数千年。我们祖先的几大发明名垂千古，至今人类还受其利。我想，除了主张“全盘西化”的人以外，中国人一谈到自己的文化，无不油然起自豪感。我们当然不能也不会躺在祖先的光荣的文化传统上睡大觉，我们还必须奋发图强，在旧基础上赶上新世界。这一点用不着多做解释。专就爱国主义而论，有这样传统文化的国家，难道还不应该、还不值得爱吗？

1989年10月13日

历尽沧桑话爱国

我1946年回到北大任教，至今有五十三年是在北大度过的。在北大五十三年间，我走过的并不是一条阳光大道。有光风霁月，也有阴霾漫天；有“山重水复疑无路”，也有“柳暗花明又一村”。一个人只有一次生命，我不相信什么轮回转生。在我这仅有的可贵的一生中，从“春风得意马蹄疾”的少不更事的青年。一直到“高堂明镜悲白发”的耄耋之年，我从未离开过北大。追忆我的一生，“虽九死其犹未悔”，怡悦之感，油然而生。

前几年，北大曾召开过几次座谈会，探讨的问题是：北大的传统到底是什么？参加者很踊跃，发言也颇热烈。大家的意见不尽一致。我个人始终认为，北大的优良传统是根深蒂固的爱国主义。

而中国从历史一直到现在的爱国主义则无疑是正义的爱国主义。我们虽是泱泱大国，实际上从先秦时代起，中国的“边患”就连绵未断。一直到今天，我们也不能说，我们毫无“边患”了，可以高枕无忧了。

历史事实是，绝大多数时间，我们是处在被侵略的状态中。在这样的情况下，我们中国在历史上涌现的伟大的爱国者之多，为世界上任何国家所不及。汉代的苏武，宋代的岳飞和文天祥，明代的戚继光，清代的林则徐等等，至今仍为全国人民所崇拜，至于戴有“爱国诗人”桂冠的则不计其数。唯物主义者主张存在决定意识，我们祖国几千年的历史这个存在决定了我们的爱国主义。

在古代，几乎在所有国家中，传承文化的责任都落在知识分子的肩上。在欧洲中世纪，传承者多半是身着黑色长袍的神父，传承的地方是在教堂中。在印度古代，文化传承者是婆罗门，他们高居四姓之首。东方一些佛教国家，古代文化的传承者是穿披黄色袈裟的佛教僧侣，传承地点是在僧庙里。中国古代文化的传承者是“士”，传承的地方是太学、国子监和官办以及私人创办的书院。在世界各国文化传承者中，中国的士有其鲜明的特点。早在先秦，《论语》中就说过：“士不可以不弘毅，任重而道远。”士们俨然以天下为己任，天下安危系于一身。在几千年的历史上，中国知识分子的这个传统一直没变，后来发展成为“天下兴亡，匹夫有责。”后来又继续发展，一直到了现在，始终未变。

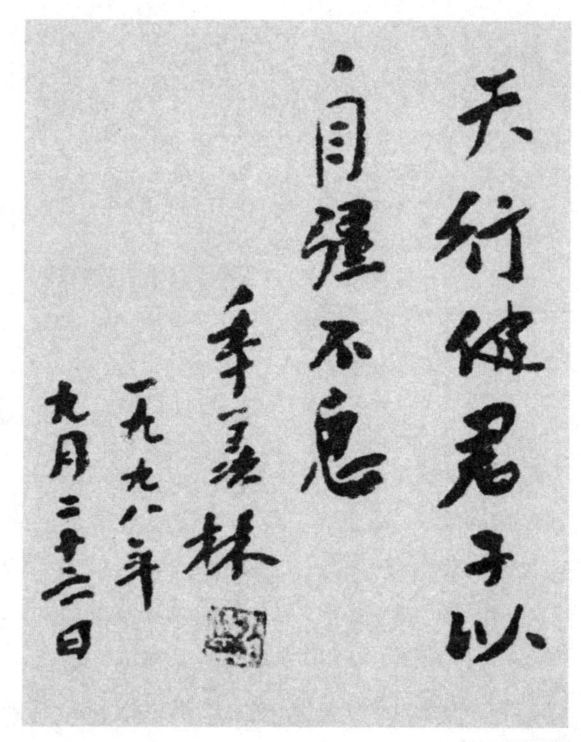

季羡林题词

不管历代注疏家怎样解释“弘毅”，怎样解释“任重道远”，我个人认为，中国知识分子所传承的文化中，其精髓有两个鲜明的特点：一个是爱国主义；一个就是讲骨气、讲气节。换句话说也就是在帝王将相的非正义的面前不低头；另一方面，在外敌的斧钺面前不低头，“威武不能屈”。苏武和文天祥等等一大批优秀人物就是例证。这样一来，这两个特点实又有非常密切的联系了，其关键还是爱国主义。

2000 年 1 月

爱国与奉献

最近清华大学和北京同方文化发展有限公司共同推出了大型电视专题片《我愿以身许国》暨《科学家的故事》。我参加了首映式。前者讲的是两弹一星二十三位科学家的故事，后者讲的是中国其他将近一百位科学家的故事，二者实相联系，合成一体。我看了后大为兴奋，大为震动，大为欣悦，大为感激，简直想手舞足蹈了。我们要感谢以顾秉林校长为首的清华大学的校领导，感谢同方文化发展有限公司的徐林旗总经理。没有他们的努力，这两部电视片是完成不了的。我欢呼这部优秀的电视专题片的诞生。我相信，将来当这部电视片在全国放映的时候，会有成千上万的观众参加到我们欢呼的行列里来的。

这两部片子的意义何在呢?

我归纳为两点：爱国与奉献。以爱国主义的情操来推动奉献精神；以奉献的实际行动来表达爱国主义的情操。二者紧密相连，否则爱国主义只是一句空话，而奉献则成为无源之水，无本之木。

爱国主义是中华民族的优秀传统，历数千年而未衰。原因是中国历代都有外敌窥伺，屠我人民，占吾土地，从而激起了我们民族的爱国义愤，奋起抵抗，前赴后继，保存了我们国家的领土完整，维护了我们人民的生命安全，一直到了今天。

到了今天，我们国家虽然仍然处于发展中国家行列中，但是早已换了人间，我们在众多方面取得了令人瞩目的成绩，在全世界普遍的经济不景气的气氛中，我们却一枝独秀。我们国家在世界民族之林中的地位日益崇高。没有我国的参加，世界上任何重大问题都是解决不了的。在这样的情况下还有必要大声疾呼地提倡爱国主义吗?

我的意见是：有必要，而且比以前更迫切。我们目前的处境是，从一个弱国逐渐变为一个强国。我们是一个有十三亿人口的大国。这种转变会引起周边一些国家的不安。虽然我们国家的历届领导人都昭告天下：我们决不会侵略别的国家，但是我们也决不会听任别的国家侵略我们。这样的话，他们是听不进去的。特别是那一个狂舞大棒，以世界警察自居，肆意干涉别国内政的大国，更是视我为眼中钉。在这样的情况下，我认为，我们《国歌》中的一句话“中华民族到了最危急的时候”，还有其现实的意义。

因此，我们眼前发扬爱国主义精神，不但不能削弱，而且更应加强。我们还要把爱国与奉献紧密结合起来。如果没有两弹一星的元勋们的无私奉献精神和行动，如果我们今天仍然没有两弹一星，我们的日子怎样过呀！那一个大国能像现在这样比较克制吗？说不定踏上我国土地的不仅是20世纪三四十年代打着膏药旗的侵略者，还会有打着另外一种旗帜的侵略者。

想到这里，我们不能不缅怀二十三位两弹一星的元勋们以及他们的助手们的丰功伟绩。他们长期从家中“失踪”，隐姓埋名，躲到沙漠深处，战严寒，斗酷暑，忍受风沙的袭击，奋发图强，终于制造出来了两弹一星，成了中国人民的新的万里长城。他们把爱国与奉献紧密地结合起来。他们是我们学习的楷模。我是不是过分夸大了两弹一星的作用呢？决不是。以那个大国为首的力图阻碍我们前进的国家，都是唯武器论者。他们怕的只是你手中的真家伙。希望我们全国人民认真学习两弹一星的元勋们，也把爱国与奉献紧密结合起来。我们将成为世界大国是历史的必然，是谁也阻挡不住的。

2002年5月2日

一个预言的实现

大约在十几二十年前，我曾讲过一个预言：21 世纪将是中国的世纪。

我没有研究过新兴科学预言学，我也不会算卦占卜，我不是季铁嘴、季半仙，但也并非全无根据。我根据只是一点类似地缘政治学的世界历史地理常识。

我发现，在这个地球村中，每一个时代都有自己的政治经济文化中心，有的在东方，有的在西方，存在的时间长短不一，影响的程度也深浅不一。而这个中心不是一成不变的，而是有规律地变动着。拿最近几百年的世界史来看，就可以看出下面的规律：17、18 世纪，它是在欧洲大陆法、德等国，19 世纪在英国，20 世纪在美国，21 世纪按规律应该在中国。所以我说：21 世纪将是中国人民的世纪。这决不是无知妄言，也不出于狭隘的爱国主义，而是规律使然。可在当时，颇有一些什么什么之士嗤之以鼻。我并不在乎，是嗤之以鼻，还是嗤之以屁股，那是他们的事，与我无干。

值得庆幸的事是，我在十几二十年前提出来的预言完全说对了。中华民族所固有的大气磅礴的创造力，被种种内在的和外在的力量堵塞了几百年；现在，一旦乘机迸发，有如翻江倒海，势不可挡。例子多得不胜枚举。我只举一个看似虽小而意义实大的例子：“中国制造”（made in china）的商品现在流传全世界，包括美国在内，这在以前无论如何也是难以想象的。中国报刊以“中国和平崛起，世界拍案惊奇”等类的词句来表达这种感情。

中国人不喜欢“老王卖瓜，自卖自夸”，认为这是没有出息的事。我现在从外国请一位贵宾来，帮着夸上几句。英国前外交大臣杰弗里·豪曾说过这句话：“过去二十五年，中国发生了巨大变化，它不仅确立了自己是国际社会一个稳定且负责任的成员的地位，它的政治制度及人民的聪明才智和能量已经产生了举世瞩目的经济成就，绝大多数人的生存条件和日常生活大大改善。”这一位英国绅士肯说几句真话，值得我们钦佩。我引用他的话来抹掉自己的自卖自夸之嫌。

2004年2月13日

“21世纪将是中国的世纪。”(季羡林)

无敌国外患者国恒亡

这是一句颇常引用的古语，一般人很难理解透彻的。试想一个国家，不管是历史上的，还是现在的，外无敌国外患，边境一片平静，内则人民和睦，政治清明，民康物阜，不思忧患，这难道不是人间乐园吗？

然而，一部人类历史却证明了另外一个真理。人们嘴里常说的一些俗话，也证明了另外一种情况。常言道：“人无远虑，必有近忧。”这一句简单明了的话，几乎每个人都有这种经验。至于一个国家，例子也可以举出一些来。唐明皇时代经过了开元、天宝之治，天下安康，太仓里的米都多得烂掉。举国上下，忘乎所以。然而“渔阳鼙鼓动地来”，唐明皇仓皇逃蜀，杨贵妃自缢马嵬，几乎亡了国。安禄山是胡人，现在胡人已多半融入中华民族大家庭中，当时却只能算是敌国。明皇的朝廷上下缺少了敌国外患的忧患意识，结果是皇帝被囚废，人民遭了大殃。对我们来说，这实在是一面明镜，也充分证明了“无敌国外患者国恒亡”这个真理。

当前，我国人民，在改革开放以来，生产有了发展，生活有了提高；但是，根据我的观察和我自己的亲身体验，忧患意识却大大地衰退，衰退到快要消失的地步。有的人争名于朝，争利于市，好像是真正天下太平，可以塞高了枕头，酣然大睡了。

从国际上来看，原来的两个超极大国只剩下了一个，它已忘乎所以，以国际警察自命，到处挥舞大棒，干涉别人的内政。但是，一些人，包括我自己在内，下意识里认为，大棒反正不敢挥舞到我们头上来，我们一点忧患意识也用不着有了，心安理得地大唱卡拉OK，大吃麦当劳。环顾世界，怡然自得。

然而，正在这千钧一发的关头上，宛如石破天惊一般，以美国为首的北约，竟敢冒天下之大不韪，用导弹轰炸了我们的驻南使馆，造成了人员伤亡，房舍破坏。这本是一件极坏的事情；然而，坏事变成了好事，一声炸弹响，震醒了我们这些酣睡的人们，震清了我们的脑袋瓜，使我们憬然省悟，世界原来并不和平，敌国外患依然存在。这一声炸弹震醒了我们的忧患意识，使我们举国上下奋发图强，同仇敌忾，团结更加强固，这大大有利于我们国家的进步与建设。

现在回到本文的标题上，我们真不得不从内心深处感激我们的古人。他们充满了辩证思维，显示了无比的智慧。我想，我们全体炎黄子孙都会为此而感到无上的骄傲的。

1999年5月13日

[编者附记]

1999年5月7日午夜，以美国为首的北约悍然使用五枚导弹，从不同角度袭击了中国驻南斯拉夫联盟大使馆，造成馆所严重损坏，新华社和光明日报记者邵云环、许杏虎和朱颖遇难，二十余人受伤。5月8日，中国政府发表严正声明，强烈抗议这一暴行。中国人民群情激昂，表现出极大的愤懑和爱国热情。

当日，季羡林参加了北京大学师生的抗议声讨活动，他在接受人民日报记者采访时说："初闻这一消息，我非常吃惊，第一个反应就是怀疑可能是误炸。但现在从种种事实来看，实在不容善良的人们那么解释。我们过去或许还对世界抱有善良的幻想，以美国为首的北约这一罪恶行径给我们敲响了警钟。学生们上街抗议完全是正义的表现，年轻人思想活跃，行动快，他们的抗议代表了十二亿人的心声。爱国主义是我们中国历史上最优秀的传统之一，我认为爱国主义有两重意思：一是决不允许别人侵略我们；二是我们决不侵略别人。爱国主义和国际主义是辩证地结合在一起的。中国人富有东方智慧和仁者精神，中国人对世界的认知方式和与自然天地和谐相处的东方文化精神，将在21世纪有着深远重大的指导意义。”

回家后，季羡林思绪万千，心潮难平，昔日在法西斯德国遭遇大轰炸的情景又历历在目。次日清晨，他摊开稿纸，奋笔疾书，一气呵成，写出了这篇文章。

《北京大学》序

北京大学正在庆祝九十周年华诞，这颇引起各方面的重视。吕林同志为此写了《北京大学》一书。他用流利活泼的文笔叙述了北京大学九十年的历史，娓娓说来，如行云流水，舒卷自如，读者可以学到一些知识，又能得到美感享受。我觉得，这是一部很好的书。

为什么北京大学九十年的历史竟引起各方面的注意呢？首先当然是由于北大所处的地位。有一个简单的事实值得考虑：北大实际上是中国历史上从东汉起一直到清朝的太学或国子监的继承者，又是中国现代教育的开拓者。自从九十年前北京大学的前身京师大学堂成立以后，历经清代、北洋军阀政府、军阀混战、国民党统治各个时代，一直到了解放，北大都无愧于她的这样一个历史地位。

北京大学既然是中国的一所大学，必然具有中国大学的共性。但是她在某些地方又不同于其他大学，这就是她的个性。共性的东西我们不谈了。个性表现在什么地方呢？我到北大工作已经四十多年了。经过四十多年的观察与思考，我觉得，北大的最突出的特点就是继承而且发扬了中国知识分子的优良传统：关心国家大事。“天下兴亡，匹夫有责”，这是中国的优良传统。从汉朝的太学生起，一直到了解放后，中国的大学生以天下为己任的意识很强，北大尤甚。从五四运动，一二·九运动，反饥饿、反迫害的斗争，一直到解放后抗美援朝运动，北大无不走在运动的前面，对国家对人民的责任感可以说是已经形成了北大的光荣传统。

但是，一切发光的不一定都是金子。北大在“十年浩劫”期间，

北京大学旧址

也曾走在前面。臭名昭著的所谓“第一张马列主义大字报”就在北大出笼，我们北大人从来不隐瞒这一件事实，而且从中吸取了教训。教训就是，在今后我们仍然要关心国家大事，以天下为己任，但必须有远见，有理智，不能盲目乱干。十年浩劫的教训，再也不能重现了。

与以天下为己任的思想有密切联系的是爱国主义思想。这一点在中国知识分子，从历史上一直到今天表现得特别突出。这原因，一方面由于中国历来有爱国主义的传统，另一方面则由于中国曾长期处在半殖民地地位。殖民地和半殖民地的知识分子，因为本身受到压迫，最容易产生爱国主义思想。

九十年来，北大的学生，当然也有教职员，在以上提到的两个特点方面，表现得十分突出。现在我国虽然已经进到社会主义初级阶段，不压迫别人，也不受别人压迫，但是以天下为己任和爱国主义思想仍然是我们迫切需要的。我希望，我们全体北大人，以及全国的大小知识分子能同意我的看法，带着这两个观点去读吕林同志的《北京大学》，必然会有新的发现，新的领悟。这样一来，吕林同志这一本书的意义就不仅限于北大范围，而有普遍性了。是为序。

1988年2月24日凌晨

欢送北大进入新世纪新千年

七十六年前，当北大庆祝二十五周年校庆的时候，李大钊同志在《本校成立第二十五年感念》一文中说：“我以极诚挚的意思，祝本校学术上的发展。只有学术上的发展，值得作大学的纪念。只有学术上的建树，值得‘北京大学万万岁’的欢呼。”

在北大纪念二十七周年校庆的时候，鲁迅先生在《我观北大》一文中说：

> 第一，北大常为新的、改进的运动的先锋，要使中国向着好的，往上的道路走。……第二，北大是常与黑暗势力抗战的，即使只有自己。……仅据我所感得的说，则北大究竟还是活着的，而且还在生长的。凡活的而且在生长者，总有着希望的前途。

这些都是七十多年前的话，在这一段时间内，无论是世界，还是我们的国家，都经历了天翻地覆的变化。可是，我们都可以看到，今天的北大仍然活着，而且还在生长。我们依然重视学术研究，而且取得了辉煌的成绩。

多少年来我形成了一个看法，我认为，中国的知识分子——古代所谓“士”——同其他国家是不相同的。两千年来，中国知识分子形成了一个优良的传统：关心国家大事，用今天的话来说就是爱国主义。从不同朝代的学生运动来看，矛头指向的对象是不一样的，但其为爱国则一也。中国近代当代的知识分子继承了这个传统，而北大则尤为突出。

“北大将会永远活着，永远生长。”（季羡林）

北大进入了新世纪、新千年将会怎样呢？我认为，仍然将会继承这个爱国的优良传统，这一点决用不着怀疑。但是，我却有一个进一步的希望。我们今天的知识分子。不管是年轻的还是年老的，在这个地球已经变成了鸡犬之声相闻的地球村时，我们的眼光必须放远。我们不应当只满足于关心国家大事，而应当更关心世界大事。

目前，我们的世界大事是什么呢？我们的世界形势怎样呢？大家都能看到，依然是强凌弱，富欺贫，大千板荡，烽烟四起，发达国家依然是骄纵跋扈，不可一世。发展中国家有的依然是食不果腹。可是，在另一方面，正如一百多年前恩格斯在《自然辩证法》中所说的那样：“我们不能过分陶醉于我们对自然界的胜利，对于每一次这样的胜利，自然界都报复了我们。”报复的表现已经十分清楚：生态失衡，物种灭绝，人口爆炸，淡水匮乏，污染严重，臭氧出洞，如此等等，不一而足。其中任何一个问题不解决，都会影响人类生存的前途。这一点世界上已经有人注意到，但是远远不够。

到了下一个世纪，我们北大人一方面要继承爱国主义传统，加强学术研究，增强国家的力量。另一方面又要记住恩格斯的话，努力实行张载的民胞物与的精神。最后，我赠大家四句话：热爱祖国，热爱学术，热爱人类，热爱自然。

北大将会永远活着，永远生长。

2000 年 12 月 7 日

一个真正的中国人，一个真正的中国知识分子

今天，胡守为教授给了我一个非常艰巨的任务，让我做主题报告，我原来不应该答应。后来我一想有一个条件不答应不行：我年龄最大，所以我就倚老卖老，给大家讲讲，眼前我一张纸也没有，全从脑袋瓜里出来的，有可能出现错误，请大家原谅。

我发言的题目是《一个真正的中国人，一个真正的中国知识分子》，分为两个问题。“一个真正的中国人”讲陈先生的爱国主义，因为近几年国内外对陈先生的著作写了很多文章，今天我们召开研讨会，我初看了一下论文的题目，也是非常有深度的，可是我感到有一点不大够，我们中国评论一个人是“道德文章”，道德摆在前面，文章摆在后面，这标准看起来很简单，实际上并不简单。据我知道，在国际上评论一个人时把道德摆在前面并不是太多。我们中国历史上的严嵩，大家知道是一个坏人，可字写得非常好。传说北京的六必居，还有山海关“天下第一关”都是严嵩写的，没有署名，因为他人坏、道德不行，艺术再好也不

晚年陈寅恪

行，这是咱们中国的标准。今天我着重讲一下我最近对寅恪先生道德方面的一些想法，不一定都正确。

第一个讲爱国主义。关于爱国主义，过去我写过文章，我听说有一位台湾的学者认同我所说的陈先生是爱国主义者，我感到很高兴。爱国主义这个问题我考虑过好多年，什么叫爱国主义？爱国主义有几种、几类？是不是一讲爱国主义都是好的？在此我把考虑的结果向大家汇报一下。

爱国须有“国”，没有“国”就没有爱国主义，这是很简单的。有了国家以后就出现了爱国主义。在中同，出现了许多爱国者，比欧洲、美同都多：岳飞、文天祥、史可法等。在欧洲历史上找一个著名的爱国者比较难。我记得小学时学世界历史，有法国爱国者 Jeanne d’Arc（贞德），好像在欧洲历史上再找一个岳飞、文天祥式的爱国者很难，什么原因呢？并不是欧洲人不爱国，也不是说中国人生下来就是爱国的，那是唯心主义。我们讲存在决定意识，因此可以说，是我们的环境决定我们爱国。什么环境呢？在座的都是历史学家，都知道我们中国几千年的历史有一个特点，北方一直有少数民族的活动。先秦，北方就有少数民族威胁中原；先秦之后秦始皇雄才大略，面对北方的威胁派出大将蒙恬去征伐匈奴；到了西汉的开国之君刘邦时，也曾被匈奴包围过，武帝时派出卫青、霍去病征伐匈奴，取得胜利，对于丝绸之路的畅通等有重大意义；六朝时期更没法说了，北方的少数民族或者叫兄弟民族到中原来；隋朝很短；唐代是一个伟大的朝代，唐代的开国之君李渊曾对突厥秘密称臣，不敢宣布，不敢明确讲这个问题；到了宋代，北方辽、金取代了突厥，宋真宗“澶渊之盟”大家都是知道的，不需我讲了，宋徽宗、宋钦宗都被捉到了北方，之后就是南宋，整个宋代由于北方少数民族的威胁，产生了大爱国主义者岳飞、文天祥；元代是蒙古贵族当政，也不必说了；明代又是一个大朝代，明代也受到北方少数民族的威胁，明英宗也有土木堡之围；明代之后清朝又是满族贵族当政……

中国两千多年以来的历史一直有外敌或内敌（下面还将讲这个问

题）威胁，如果没有外敌的话，我们也产生不出岳飞、文天祥，也出不了爱国诗人陆游及更早牧羊北海的苏武。中华民族近两千年的历史一直受外敌，后来是西方来或南来的欧洲，或东方来的敌人的威胁。所以，现在中国五十六个民族，过去不这么算，始终都有外敌。外敌存在是一种历史存在，由于有这么一个历史存在，决定了中国五十六个民族爱我们的祖国。

欧洲的历史与这不一样，很不一样。虽然难于从欧洲史上找出爱国主义者，但是欧洲人都爱国，这是毫无问题的，他们都爱自己的国家。我说中国人、中华民族爱国是存在决定意识，这是第一个问题。

第二个问题，爱国主义是不是好的？大家一看，爱国主义能是坏东西吗？我反复考虑这个问题，觉得没那么简单。我在上次纪念论文集的序言中讲了一个看法，认为爱国主义有广义、狭义之分。狭义的爱国主义指敌我矛盾时的表现，如苏武、岳飞、文天祥、史可法；还有一种爱国主义不一定针对敌人，像杜甫“致君尧舜上，再使风俗淳”，“君”嘛，当然代表国家，在当时爱君就是爱国家，杜甫是爱国的诗人。所以，爱国主义有狭义、广义这么两种。最近我又研究这一问题，现在有这么一种不十分确切的看法，爱国主义可分为正义的爱国主义与非正义的爱国主义。正义的爱国主义是什么呢？一个民族、一个国家受外敌压迫、欺凌、屠杀，这时候的爱国主义我认为是正义的爱国主义，应该反抗，敌人来了我们自然会反抗。还有一种非正义的爱国主义，压迫别人的民族，欺凌别人的民族，他们也喊爱国主义，这种爱国主义能不能算正义的？国家名我不必讲，我一说大家都知道是哪个同家，杀了人家，欺侮人家，那么你爱国爱什么国，这个国是干吗的？所以我将爱国主义分为两类，即正义的爱国主义与非正义的爱国主义，爱国主义不都是好的。

我这个想法惹出一场轩然大波。北京有一个大学校长，看了我这个想法，非常不满，给我写了一封信，说：季羡林你那个想法在我校引起了激烈的争论，认为你说的不对，什么原因呢？你讲的当时的敌人现在都是我们五十六个民族之一，照你这么一讲不是违反民族政策吗？

帽子扣得大极了。后来我一想，这事儿麻烦了，那个大学校长亲自给我写信！我就回了一封信，我说贵校一部分教授对我的看法有意见，我非常欢迎，但我得解释我的看法，一是不能把古代史现代化，二是你们那里的教授认为，过去的民族战争，如与匈奴打仗是内战，岳飞与金打仗是内战，都是内战，不能说是爱国。我说，按照这种讲法，中国历史上没有一个爱国者，都是内战牺牲者。若这样，首先应该把两湖的岳庙拆掉，把文天祥的祠堂拆掉，这才属于符合民族政策，这里需加上引号。

关于内战，我说我给你举一个例子，元朝同宋朝打仗能说是民族战争吗？今天的蒙古人民共和国承认是内战吗？别的国家没法说的，如匈奴现在我们已经搞不清楚了。鲁迅先生几次讲过，当时元朝征服中国时，已经征服俄罗斯了，所以不能讲是内战。我说，你做校长的，真正执行民族政策应该讲道理，不能歪曲，我还听说有人这样理解岳飞的《满江红》，岳飞的《满江红》中有一句“壮志饥餐胡虏肉，笑谈渴饮匈奴血。”他们理解为你们那么厉害，要吃我们的肉，喝我们的血。岳飞的《满江红》是真是假，还值得研究，一般认为是假。但我知道，邓广铭教授认为是真的。不管怎么样，我们不搞那些考证。虽然这话说得太厉害了，内战嘛，怎么能吃肉喝血。我给他们回信说，你做校长的要给大家解释，说明白，讲道理，不能带情绪。我们五十六个民族基本上是安定团结的，没问题的。安定团结并不等于说用哪一个民族的想法支配别的民族，这样不利于安定团结。后来他没有给我回信，也许他们认为我的说法有道理。

现在我感觉到爱国主义不一定都是好的，也有坏的。像牧羊的苏武、岳飞、文天祥，面对匈奴，抵抗金、蒙古，这些都是真的爱国主义。那么，陈先生的爱国主义呢？

大家都知道，我说陈先生是三世爱国，三代人。第一代人陈宝箴出生于 1831 年，1860 年到北京会试，那时候英法联军火烧圆明园，陈宝箴先生在北京城里看见西方烟火冲天，痛哭流涕。1895 年陈宝箴先生任湖南巡抚，主张新政，请梁启超做时务学堂总教习。陈宝箴先生的儿子陈三立是当时的大诗人，陈三立就是陈散原，也是爱国的，后来年老生病，陈先生迎至北京奉养。1937 年陈三立先生生病，后来卢沟桥事变，陈三立老人拒绝吃饭，拒绝服药。前面两代人都爱国，陈先生自己对中国充满了热爱，有人问为什么 1949 年陈先生到南方来，关键问题在上次开会之前就有点争论。有一位台湾学者说陈先生对国民党有幻想，要到台湾去。广州一位青年学者说不是这样。实际上可以讲，陈先生到了台湾也是爱国，因为台湾属于中国，没有出国，这是诡辩。事实上，陈先生到了广东不再走了，他对蒋介石早已失望。40 年代中央研究院院士开会，蒋介石接见，陈先生回来写了一首诗："看花愁近最高楼"，他对蒋介石印象如此。

大家一般都认为陈先生是钻进象牙塔里做学问的，实际上，在座的与陈先生接触过的还有不少，我也与陈先生接触了几年，陈先生非常关心政治，非常关心国家前途，所以说到了广东后不再走了。陈先生后来呢，这就与我所讲的第二个问题有关了。

陈先生对共产主义是什么态度，现在一些人认为他反对共产主义，实际上不是这样的，大家看一看浦江清《清华园日记》，他用英文写了几个字，说陈先生赞成 Communism（共产主义），但反对 Russian Communism，即陈先生赞成共产主义，但反对俄罗斯式的共产主义。浦江清写日记，当时不敢写"共产"两个字，用了英语。说陈先生反对共产主义是不符事实的。那么，为什么他又不到北京去，这就涉及我讲的第二个问题。第一个问题我讲了陈先生是一个真正的中国人，重点在"真正"，三代爱国还不"真正"吗？这第二个问题讲陈先生是一个真正的中国知识分子。

我自己作为一个中国的知识分子，也做了有八十年了，有一点体会。中国这个国家呢，从历史上讲始终处于别人的压迫之下，当时是敌人现在可能不是了，不过也没法算，你说他们现在跑到哪里去了，谁知道。世界上哪有血统完全纯粹的人！没有。我们身上流的都是混血，广州还好一点，广东胡血少。我说陈先生为什么不到北京去？人家都知道，周总理、陈毅、郭沫若他们都希望陈先生到北方去，还派了一位陈先生的弟子来动员，陈先生没有去，提出的条件大家都知道，我也就不复述了。到了1994年，作为一个中国的知识分子，我写过一篇文章:《一个老知识分子的心声》，我说中国的知识分子由于历史条件决定有两个特点，第一个爱国，刚才我已讲过了；第二个骨头硬，硬骨头。骨头硬并不容易。毛泽东赞扬鲁迅，说鲁迅的骨头最硬，这是中国知识分子的优良传统。

三国时祢衡骂曹操。章太炎骂袁世凯，大家都知道。章太炎挂着大勋章，赤脚，到新华门前骂袁世凯，他那时就不想活着回来。袁世凯这个人很狡猾，未敢怎么样。中国知识分子的这种硬骨头，这种精神，据我了解，欧洲好像也不大提倡。我在欧洲待了多年，有一点发言权，不过也不是百分之百的正确。所以，爱国是中国知识分子几千年来的一个传统，硬骨头又是一个传统。

陈先生不到北京，是不是表示他的骨头硬，若然，这下就出问题了：你应不应该啊？你针对谁啊？你对我们中华人民共和国骨头硬吗？我们50年代的党员提倡做驯服的工具，不允许硬，难道不对吗？所以，中国的问题很复杂。

我举两个例子，都是我的老师，一个是金岳霖先生，清华园时期我跟他上过课；一个是汤用彤先生，到北大后我听过他的课，我当时是系主任。这是北方的两位，还可以举出其他很多先生，南方的就是陈寅恪先生。

金岳霖

金岳霖先生是伟大的学者，伟大的哲学家。他平常非常随便，后来他在政协待了很多年，我与金岳霖先生同时待了十几年，开会时常在一起，同在一组，说说话，非常随便。有一次开会，金岳霖先生非常严肃地作自我批评，绝不是开玩笑的，什么原因呢？原来他买了一张古画，不知是唐伯虎的还是祝枝山的，不清楚，他说这不应该，现在革命了，买画是不对的，玩物丧志，我这个知识分子应该做深刻的自我批评，深挖灵魂中的资产阶级思想，不是开玩笑，真的！当时我也有点不明白，因为我的脑袋也是驯服的工具，我也有点吃惊，我想金先生怎么这样呢，这样表现呢？

汤用彤先生也是伟大学者。后来年纪大了，坐着轮椅，我有时候见着他，他和别人说话，总讲共产党救了我，我感谢党对我的改造、培养；他说，现在我病了，党又关怀我，所以我感谢党的改造、培养、关怀，他也是非常真诚的。金岳霖、汤用彤先生不会讲假话的，那么对照一下，陈先生怎么样呢？我不说了。我想到了孟子说的几句话："富贵不能淫，贫贱不能移，威武不能屈，此之谓大丈夫。"陈先生真够得上一个"大丈夫"。

现在有个问题搞不清楚，什么问题呢？究竟是陈先生正确呢，还是金岳霖、汤用彤先生和一大批先生正确呢？我提出来，大家可以研究研究，现在比较清楚了。改革开放以后，知识分子脑筋中的紧箍咒少了，感觉舒服了，可是50年代的这么两个例子，大家评论一下。像我这样的例子，我也不会讲假话，我也不肯讲假话，不过我认为我与金岳霖先生一派，与汤用彤先生一派，这一点无可怀疑。到了1958年大跃进，说一亩地产十万斤，当时苏联报纸就讲一亩地产十万斤的话，粮食要堆一米厚，加起麦秆来更高，于理不通的。"人有多大胆，地有多大产"完全是荒谬的，当时我却非常真诚，像我这样的人当时被哄了一大批。我非常真诚，我并不后悔，因为一个人认识自己非常困难，认识社会也不容易。

我常常讲，我这个人不是"不知不觉"，更不是"先知先觉"，而是"后知后觉"，我对什么事情的认识，总比别人晚一步。今天我就把我最近想的与知识分子有关的问题提出来，让大家考虑考虑，我没有答案。我的行动证明我是金岳霖先生一派、汤用彤先生一派，这一派今天正确不正确，我也不说，请大家考虑。

现在，我的发言结束了，谢谢大家。

1999年11月29日

陈寅恪先生一家三代的爱国主义

现在我想专门谈寅恪先生一家三代人的爱国主义。我认为，他们的爱国主义既包括狭义的，也包括广义的。下面分别谈一谈。

我想从寅恪先生的祖父陈宝箴谈起。他生于 1831 年（道光十一年）。虽然出身书香世家，但一生只是一名恩科举人，并没有求得很高的功名。他一生从政，办团练，游幕府，受到了曾国藩的提拔，最后做到了湖南巡抚。他生在清代末叶，当时吏治不修，国家多事，贪污腐化，贿赂公行，外有敌寇，内有民变，真正是多事之秋。也许正是这样的环境，才决定了他的爱国之心。1860 年，他在北京参加会试，正值英法联军入寇京师，咸丰北狩，恶寇焚毁圆明园时，他正在酒楼上饮酒，目睹西面火光冲天，悲愤填膺，伏案痛哭。1894 年，甲午对日抗战失败，中国又被迫签订《马关条约》，宝箴曾痛哭道："无以为国矣"，此时清王朝如风中残烛，成为外寇任意欺凌的对象。他这种爱国真情，是属于狭义的爱国主义的。（参阅汪荣祖《史家陈寅恪传》）

1895 年 8 月，陈宝箴被任命为湖南巡抚。这时正是新政风云弥漫全国的时候。他认为新政是富国强兵的有效措施，于是在湖南奋力推行，振兴实业，开辟航运，引进机器制造，另设时务学堂、算学堂、湘报馆、南学会、武备学堂等，开展教育文化事业。他引江标、黄遵宪、梁启超等了解外情的开明之士，共同努力。他的儿子陈三立（散原）也以变法开风气为已任，湖南风气一时为之大变。戊戌变法失败以后，宝箴受到严惩，革职永不叙用。为了拳拳爱国之心，竟遭到这样的下场。但是他却青史留名，永远受到人民的崇敬。在这里，他的爱国主义是广义的。

总之，陈宝箴先生可以说是集狭义爱国主义与广义爱国主义于一身的。

陈三立继承了父亲的热爱祖国的精神。早年曾佐父在湖南推行新政，以拯救国家危亡。戊戌政变以后，他也受到革职处分。此后，他历经所谓推行新政，所谓勤王，袁世凯搞的所谓立宪运动，辛亥革命，洪宪丑剧，军阀混战，一直到国民党统治，日寇入侵，终其一生，没有再从政。但是，他却决非出世，决非退隐，他一刻也没有忘怀中国人民的疾苦。到了 1937 年，卢沟桥事变爆发，他正在北京，忧愤成疾。8 月 8 日，日寇入城，老人已届耄耋之年，拒不进食，拒不服药，终于以身殉国。

散原老人也可以说是集狭义爱国主义与广义爱国主义于一身的。

至于寅恪先生，他上承父祖爱国主义之传统，一生经历较前辈更多坎坷，更为复杂。但是他曾历游各国，眼光因而更为远大，胸襟因而更为广阔，在他身上体现出来的爱国主义，涵义也就更为深刻。

寅恪先生一生专心治学，从未参与政治；但他决非脱离现实的人物，象牙塔中的学者。他毕生关心世界大事，关心国家民族的兴亡，关心传统文化的继承与发展。并世学者，罕见其俦。这表明他继承了中国自古以来知识分子以天下为己任的优良传统，也表明了他爱国心切。颇有一些学者，表面上参政、议政，成为极活跃的社会活动家，然而，在他们心中，民族存亡、文化存续，究竟占有什么地位，是颇为值得怀疑的。

寅恪先生则不然，他表面上淡泊宁静，与世无争。实则在他的内心深处，爱国热情时时澎湃激荡。他的学术研究，诗文创作，无一非此种热情之流露，明眼人一看便知。李璜有一段话，很值得注意：

> 我近年历阅学术界之纪念陈氏者，大抵集中于其用力学问之勤、学术之富、著作之精，而甚少提及其对国家民族爱护之深与其本于理性，而明辨是非善恶之切，酒酣耳热，顿露激昂。我亲见之，不似象牙塔中人，此其所以后来写出吊王观堂（国维）先生

之挽词而能哀感如此动人也。（见汪荣祖《史家陈寅恪传》，第 36 页）

李璜这一段话是极有见地的。我于寅恪先生对王静安之死的同情，长久不能理解。一直到最近，经过了一番学习与思考，才豁然开朗。他们同样是热爱中国文化的，一种伦理道德色彩渗透于其中的深义的文化。热爱中国优秀的传统文化，就是爱国的一个具体表现。两位大师在这一点上“心有灵犀一点通”，因此静安之死才引起了寅恪先生如此伤情。

寅恪先生在政治上是能明辨是非的。国民党和蒋介石都没给他留下好印象。1940 年，他到重庆去参加中央研究院评议会，见到了蒋介石。他在一首诗《庚辰暮春重庆夜归作》中，写了两句诗：“食蛤哪知天下事，看花愁近最高楼。”据吴雨僧（宓）先生对此诗的注中说：“已而某公宴请中央研究院到会诸先生，寅恪于座中初次见某公，深觉其人不足有为，故有此诗第六句。”（参阅汪荣祖上引书，第 840 页）

寅恪先生对共产党什么态度呢？浦江清的《清华园日记》中讲到，寅恪先生有一次对他说，他赞成 communism（共产主义），但反对 Russian communism（俄国共产主义）。这个态度非常明确。在过去某一个时期，这个态度被认为是反动的。及今视之，难道寅恪先生的态度是不可以理解的吗？

此时寅恪先生正在香港大学任教。我所谓“此时”，是指上面谈到的中央研究院开会之际，日军正在南太平洋以及东南亚等地肆虐。日军攻占了香港以后，寅恪先生处境十分危险。他是国际上著名学者，日寇当然不会轻易放过他。日军曾送麦粉给陈家，这正是濒于断炊的陈家所需要的。然而寅恪先生全家宁愿饿死，也决不受此不义的馈赠。又据传说，日军馈米二袋，拒不受，并写诗给弟弟隆恪，其中有“正气狂吞贼”之句，可见先生的凛然正气。不愧为乃祖乃父之贤子孙，中华民族真正的脊梁。

就在这样的情况下，迎来了解放。我在上面已经说过，寅恪先生不反对共产主义。北京解放前夕，为什么又飞离故都呢？我认为，我们不应该苛求于人。我的上一辈和同辈的老知识分子，正义感是有的，分辨是非的能力也不缺少。国民党所作所为，他们亲眼目睹。可是共产党怎样呢？除了极少数的先知先觉者以外，对绝大多数的人来说，这还是个谜，我们要等一等，看一看。有的人留在北京看，有的人离开北京看。飞到香港和台湾去的只是极少数的人。寅恪先生飞到了广州。等到解放军开进广州的时候，他的退路还有很多条，到台湾去是一条，事实上傅斯年再三电催。到外国去，又是一条。到香港去，也是一条。这几条路，他走起来，都易如反掌。特别是香港，近在咫尺，他到了那里，不愁不受到热烈的欢迎。但是，他却哪里也没有去，他留在了广州。我想，我们只能得出一个结论：他热爱祖国，而这个祖国只能是中华人民共和国。

在广州，寅恪先生先后任教于岭南大学和中山大学，受到了周恩来总理和陈毅副总理等人的关怀照顾。但是，在另一方面，解放后几十年中，政治运动此伏彼起，从未停止，而且大部分是针对知识分子的，什么“批判”，什么“拔白旗”等等，不一而足。不能说其中一点正确的东西都没有；但是，绝大部分是在极“左”的思想指导下进行的。这当然大大地挫伤了爱国知识分子的积极性。到了“十年浩劫”，达到了登峰造极的程度，影响了我们的经济建设，破坏了我国的优秀

陈寅恪在中山大学的寓所

的传统文化，成为中华民族历史上一个空前的污点。其危害之深，有目共睹，这里不再细谈了。

在这样的情况下，一向热爱祖国、热爱祖国文化、关心人民疾苦、期望国家富强的寅恪先生，在感情上必然会有所反应，这反应大部分表现在诗文中。在他那大量的诗作中，不能说没有调子高昂怡悦的作品，但是大部分是情调抑郁低沉的。这也是必然的。我们的工作有成绩，也有错误。寅恪先生不懂什么阿谀奉承，不会吹捧，胸中的愤懑一舒之于诗中，这有什么难以理解的呢？有些事情，在当时好多人是糊涂的，现在回视，寅恪先生不幸而言中，这一点唯物主义能不承认吗？到了“文化大革命”，黄钟毁弃，瓦缶雷鸣，一切是非都颠倒了过来。寅恪先生也受到了残酷的迫害，终至于不起，含恨而终。他晚年是否想到了王静安先生之死，不得而知，他同王同样是中国文化所托命之人，有类似的下场，真要“长使英雄泪满襟”了。

总之，我认为，寅恪先生同父祖一样，是把狭义的爱国主义与广义的爱国主义集于一身的。陈氏一门三忠义，这是一个客观事实。他们都是中国知识分子杰出的代表。

我在这里还想把寅恪先生等中国知识分子的爱国主义同西方的爱国主义对比一下。西方国家在资本主义原始积累以前，也就是在还没有侵略成性以前，所谓爱国主义多表现为争取民族的独立与自由的斗争。到了资本主义抬头，侵略和奴役亚、非、拉美时期，就没有真正的爱国主义，实际上只能有民族沙文主义。至于法西斯国家的“爱国主义”，则只能是想压迫别人、屠杀别人的借口，与真正的爱国主义毫无共同之处。中国则不然。过去我们有爱国主义的传统，这一点我在上面已经谈到过。到了近现代，沦为半殖民地，人为刀俎，我为鱼肉。在这种情况下，中国爱国的知识分子（当然也有别的人）拍案而起。我认为，这才是真正的爱国主义，而不是挂羊头，卖狗肉。

中国同西方国家的知识分子，还有一点是颇为不相同的，这就是，中国知识分子多半具有程度强烈不同的忧患意识。宋朝范仲淹著名的话“先天下之忧而忧，后天下之乐而乐”，是最好的证明。我们一些俗语“人无远虑，必有近忧”等等，也表示了同样的意思。朱柏庐的《治家格言》说：“宜未雨而绸缪，毋临渴而掘井。”这也已成为大家的信条。即使在真正的大好形势下，有一点忧患意识，也是非常必要的，而决无害处的。寅恪先生毕生富有忧患意识，我现在引他一段话：

> 余少喜临川新法之新，而老同涑水迂叟之迂。盖验以人心之厚薄，民生之荣悴，则知五十年来，如车轮之逆转，似有合于所谓退化论之说者。是以论学论治，迥异时流，而迫于事势，噤不得发。（《寒柳堂集·读吴其昌撰梁启超传书后》，第 150 页）

就让这一段言简意赅的话作本段的结束语吧。

1990 年

试拟小学教科书一篇课文

“我们都有两个母亲。”(季羡林)

我们都有两个母亲。

我们平常只知道，我们有一个母亲，就是生身之母。

仔细考虑起来，应该说，我们都有两个母亲。除了生身之母外，还有一个养身之母，这就是我们的祖国。我们出生以后，由小渐长，所有的衣食住行之所需，都是祖国大地生长出来的东西。称祖国为养身之母，是非常恰当的。

2006 年 1 月 3 日

传统文化与现代化

传统文化与现代化

传统文化代表文化的民族性，现代化代表文化的时代性。二者都是客观存在，是否定不掉的。二者之间的关系是矛盾统一，既相反，又相承。历史上所谓现代化，是指当时的“现代”，也可以叫做时代化。

所谓现代化或者时代化，必须有一个标准，这就是当时世界上在文化发展方面已经达到的最高水平。既然讲到世界水平，那就不再是一个国家或一个民族的事情。因此，不管哪一个时代、哪一个国家的现代化，总是同文化交流分不开的。文化交流是人类历史上以及现在人类最重要的活动之一。现代化或者时代化一个最重要的内容就是进行文化交流，大力吸收外来的文化，加以批判接受。对于传统文化，也要批判继承，二者都不能原封不动。原封不动就失去生命活力，人类和任何动物植物失去了生命活力，就不能继续生存。

在历史上任何时代，任何正常发展的国家都努力去解决传统文化与现代化的矛盾。这一个矛盾解决好了，达到暂时的统一，文化就能得到进一步的发展，国家的社会生产力也会得到进一步的发展，经济就能繁荣。解决不好，则两败俱伤。只顾前者则流于僵化保守；只顾后者则将成为邯郸学步，旧的忘了，新的不会。

中国历史上的事实可以充分证明上述的看法。试以汉代为例。汉武帝在位期间是汉代国力达到顶峰的时代。在政治方面和经济方面都有辉煌的成就。在文化思想方面，董仲舒的“罢黜百家，独尊儒术”，可以说是保存传统文化的一种办法。但是当时的人们并没有仅仅对儒家思想抱残守缺，死死抱住不放，而是放眼世界，大量吸收外来的东西。从那时候起，许多外国的动物、植物、矿物，以及其他产品从西域源源传入中华，比如葡萄、胡瓜、胡豆、胡麻、胡桃、胡葱、胡蒜、石榴、胡椒、苜蓿、骆驼、汗血马、璧琉璃等等都是当时传入的。西域文化，比如音乐、雕刻等也陆续传入。稍晚一点，佛教也传了进来。另一方面，中国的丝和丝织品也沿着丝绸之路传到了中亚和欧洲。总之，汉武帝及其以后的长时间中，一方面发扬传统文化，一方面大搞“时代化”。尽管当时不会有什么时代化或现代化之类的概念，人们也许根本没有意识到他们是在进行这样伟大的事业；但是他们确实这样做了，而且取得了辉煌的成果。历史的辩证法就是如此。文化交流大大地促进了汉代文化的发展，也促进了国际上文化的发展。汉武帝前后的时代遂成为中国历史上最光辉灿烂的时代之一。

我再举唐代作一个例子。李唐的家世虽然可能与少数民族有某一些联系，但是几个著名的皇帝，特别是唐太宗，对保护中华民族、主要是汉族传统文化做了大量的工作。文学、艺术、书法、绘画、哲学、宗教等文化的各个方面都得到了可喜的发展。中华文化还大量向外国输出，日本是一个显著的例子。唐太宗本人，武功显赫，文治辉煌。他是政治家、军事家，又是书法家和诗人。贞观时代，留居长安的外国人数量极大。他们带来了各自国家的物质和精神文化，又带回中国文化。盛唐时期遂成为中国历史上最兴盛的时期之一，长安成为当时世界上第一大都会，唐王朝成为经济最发达、力量最雄厚的国家。

例子还可以举出一些来，但是这两个已经够了。这一些例子透露了一条规律：在中国历史上，凡是国力强盛时，对外文化交流，也可以叫做时代化，就进行得频繁而有生气。这反过来又促进了本国社会生产力的发展，使国力更加强盛。凡是国力衰竭时，就闭关自守，不敢进行文化交流。这反过来更促成了国力的萎缩。打一个也许不太确切的比方：健康的人，只要有营养，什么东西都敢吃，结果他变得更加健康；患了胃病或者自以为有病的人，终日愁眉苦脸，哼哼唧唧，嘀嘀咕咕，这也不敢吃，那也不敢动，结果无病生病，有病加病，陷入困境，不能自拔。

清朝末年，被外国殖民主义者撞开了大门，有识之士意识到，不开放，不交流，则国家必无前途；保守者则大惊失色，决定死抱住国粹不放，决不允许时代化。当时许多有名的争论，什么夷夏之辩，什么体用之争，又是什么本末之分，都与此有关。这是一个国家似醒非醒时的一种反映，其中也包含着传统文化与现代化的斗争。以后经历了民国、军阀混战、国民党统治等混乱的时期，终于迎来了解放。

在解放初期，我们的国家是健康的。对于传统文化不一概抹杀，对于外来文化也并不完全拒绝。对于保护传统文化曾有过一点极“左”的干扰，影响不是很大。到了“四人帮”肆虐时期，情况完全变了。“四人帮”一伙既完全不懂传统文化，又患了严重的“胃病”，坚决拒绝一切外来的好东西。谁要是想学习外国的一点好东西，“崇洋媚外”、“洋奴哲学”等等莫须有的帽子就满天飞舞，弄得人人谈“洋”色变。如果“四人帮”不垮台，“胃病”势将变成“胃癌”，我们国家的前途就岌岌可危了。十一届三中全会以后，我们国家又恢复了健康。我们既提倡保护传统文化，加以分析，批判继承，又提倡对外开放，大搞现代化。纵观几千年的中国历史，人们不能不承认，这是盛世之一，是最高的盛世，是正确处理传统文化与现代化这一对矛盾的典范。从这正确的处理中，我们可以看出，所谓“全盘西化”是理论上讲不通、事实上办不到的。世界上还没有哪一个西方以外的国家全盘西化过。

1987年6月6日

从宏观上看中国文化

一、实事求是地认识和评价中国文化

最近几年，在全国范围内，掀起了一股“文化热”的高潮。这是完全可以理解的。我们国家的社会主义建设发展到今天这个地步，在接受几十年来的经验和教训的基础上，文化建设的任务已经提到议事日程上来了。我想大家都会同意，人类历史上任何社会，都不能专靠科技来支撑，物质文明必须与精神文明同步建设。我们今天的社会也决不能例外。

在众多的讨论中国传统文化与现代化问题的论文和专著中，有很多很精彩的具有独创性的意见，我从中学习了不少的非常有用的东西。我在这里不详细去叙述。我只有一个感觉，这就是，讨论中国文化，往往就眼前论眼前，从几千年的历史上进行细致深刻的探讨不够，从全世界范围内进行最广阔的宏观探讨更不够。我个人觉得，探讨中国文化问题，不能只局限于我们生活于其中的这几十年近百年，也不能局限于我们居住于其中的九百六十万平方公里。我们必须上下数千年，纵横数万里，目光远大，胸襟开阔，才能更清晰地看到问题的全貌，而不至于陷入井蛙的地步，不能自拔。总之，我们要从历史上和地理上扩大我们的视野，才能探骊得珠。

我们眼前的情况怎样呢？从19世纪末叶以来，我们就走上了西化的道路。当然，西化的开始还可以更往前追溯，一直追溯到明末清初。但那时规模极小，也没有向西方学习的意识，所以我不采取那个说法，只说从19世纪末叶开始。从中国社会发展的需要来看，从全世界文化交流的规律来看，这都是不可避免的。近几百年以来，西方文化，也就是资本主义文化，垄断了世界。资本主义统一世界市场的形成，把世界上一切国家都或先或后地吸收过去。这影响表现在各个方面。不但在政治、经济方面到处都打上了西方的印记，在文学方面也形成了“世界文学”，从文学创作的形式上统一了全世界。在科学、技术、哲学、艺术等等方面，莫不皆然。中国从清末叶到现在，中间经历了许多惊涛骇浪，帝国统治、辛亥革命、洪宪窃国、军阀混战、国民党统治、抗日战争、解放战争，一直到中华人民共和国建立后的社会主义初级阶段，我们西化的程度日趋深入。到了今天，我们的衣、食、住、行，从头到脚，从里到外，试问哪一件没有西化？我们中国固有的东西究竟还留下了多少？我看，除了我们的一部分思想感情以外，我们真可以说是“全盘西化”了。

我并不认为这是一件坏事，我认为，这是一件天大的好事。无论如何，这是一件不可抗御的事。我一不发思古之幽情，二不想效法九斤老太，对中国自然经济的破坏，对中国小手工业生产方式的消失，我并不如丧考妣，惶惶不可终日。我认为，有几千年古老文明的中国，如果还想存在下去，就必须跟上世界潮流，决不能让时代潮流甩在后面。这一点，我想也是绝大多数的中国有识之士所共同承认的。

但是，事情还有它的另外一面，它也带来了不良后果。这最突出地表现在一些人的心理上。在解放前，侨居上海的帝国主义者在公园里竖上木牌，上面写着：“华人与狗不许入内。”这是外来的侵略者对于我们民族的污辱。这是容易理解的。但是，解放以后，我们号称已经站起来了，然而崇洋媚外的心理并未消失。古已有之，于今为烈。50年代曾批判过一阵这种思想，好像也并没有收到预期的效果。到了“十年浩劫”，以“四人帮”为首的一帮人，批崇洋媚外，调门最高，态度最积极。在国外读过书的知识分子，几乎都被戴上了这顶帽子。然而，实际上真正崇洋媚外的正是“四人帮”自己。现在，“四人帮”垮台已经十多年了，社会上崇洋媚外的风气，有增无减。有时简直令人感到，此风已经病入膏肓。贾桂似的人物到处可见。多么爱国的人士也不能否认这一点。有识之士不禁愁然忧之。这种接近变态的媚外心理，我无论如何也难以理解。凡是外国的东西都好，凡是外国人都值得尊敬，是一种反常的心理状态。中国烹调享誉世界。有一些外国食品本来不怎么样，但是，一旦标明是舶来品，立即身价十倍，某一些人蜂拥而至，争先恐后，连一些外国朋友都大惑不解，只有频频摇头。

在这样的情况下，要来谈中国文化，真正是戛戛乎难矣哉。在严重地甚至病态地贬低自己文化的氛围中，人们有意无意地抬高西方文化，认为自己一无是处，只有外来的和尚才会念经。这样怎么能够客观而公允地评价中国文化呢？我的意思并不是要说，要评价中国文化，必须贬低西方文化。西方文化确有它的优越之处。19 世纪后半叶，中国人之所以努力学习西方，是震于西方的船坚炮利。在以后的将近一百年中，我们逐渐发现，西方不仅是船坚炮利，在精神文明和物质文明方面，他们有许多令人惊异的东西，想振兴中华，必须学习西方，这是毫无疑问的。20 年代，就有人提出了“全盘西化”的口号。今天还有不少的人还有这种提法或者类似的提法。其用心良苦，我自认能充分理解。至于西化是否能够全盘，则是另一个问题，我在这里不去详细讨论。我只想指出，人类历史证明，全盘西化(或者任何什么化)，理论上讲不通，事实上办不到。但这并不影响我们向西方学习。我们必须向西方学习，今天要学习，明天仍然要学习，这是决不能改变的。如果我们固步自封，回到老祖宗走的道路上去，那将是非常危险的。

但是，我始终认为，评价中国文化，探讨向西方文化学习这样的大问题，正如我在上面已经讲过的那样，必须把眼光放远，必须把全人类的历史发展放在眼中，更必须特别重视人类文化交流的历史。只有这样，才能做到公允和客观。我是主张人类文化产生多元论的。人类文化决不是哪一个国家或民族单独创造出来的。法西斯分子有这种论调，他们是别有用心的。从人类几千年的历史来看，民族和国家，不论大小，都或多或少地对人类文化宝库做出了自己的贡献。这恐怕是一个历史事实，是无法否认掉的。同样不可否认的事实是，每一个民族或国家的贡献又不完全一样。有的民族或国家的文化对周围的民族或国家产生了比较大的影响，积之既久，形成了一个文化圈或文化体系。根据我个人的看法，人类自从有历史以来，总共形成了四个大文化圈：古希腊、罗马一直到近代欧美的文化圈、从古希伯来起一直到伊斯兰国家的闪族文化圈、印度文化圈和中国文化圈。在这四个文化圈内有一个主导的影响大的文化，同时各个民族或国家又是互相学习的。在各个文化圈之间也是一个互相学习的关系。这种相互学习就是我们平常说的文化交流。我们可以毫不夸大地说，文化交流促进了人类文化的发展，推动了社会前进。

倘若我们从更大的宏观上来探讨，我们就能发现，这四个文化圈又可以分成两大文化体系：第一个文化圈构成了西方大文化体系；第二、三、四个文化圈构成了东方大文化体系。“东方”在这里既是地理概念，又是政治概念，即所谓第三世界。这两大文化体系之间的关系也是互相学习的。仅就目前来看，统治世界的是西方文化。但是从历史上来看，二者的关系是“三十年河东，三十年河西”。

二、汤因比看中国文化

人类历史上曾出现过许多文化，欧洲史学家早有这个观点，最著名的代表是英国史学家汤因比。他在他的巨著《历史研究》(索麦维尔节录，曹未风等译，上、中、下三册，1986年第五次印刷，上海人民出版社)里,从世界历史全局出发,共发现了二十一个或二十二个文化（汤因比称之为社会或者文明）：西方社会、东正教社会(又可以分为拜占庭和俄罗斯两个东正教)、伊朗社会、阿拉伯社会、印度社会、远东社会（又可

《历史研究》书影

分为中国和朝鲜日本两部分)、古希腊社会、叙利亚社会、古印度社会、古代中国社会、米诺斯社会、印度河流域社会、苏末社会、赫梯社会、巴比伦社会、埃及社会、安第斯社会、墨西哥社会、尤卡坦社会、马雅社会、黄河流域古代中国文明以前的商代社会。

汤因比明确反对只有一个社会——西方社会的这一种文明统一的理论。他认为这是“误入歧途”,是一个“错误”。虽然世界各地的经济和政治的面貌都已西化了,其他的社会(文明)大体上仍然维持着本来的面目。文明的河流不止西方这一条。

汤因比在本书的许多地方,另外也在他的著作《文明经受着考验》(沈辉等译,1988年第一版,浙江人民出版社)中,提出了一个观点:文明的发展有四个步骤:起源、生长、衰落、解体。在《文明经受着考验》(第10~11页)中,他提到了德国学者斯宾格勒的名著《西方的没落》,对此书给了很高的评价,也提到了斯宾格勒思想方法的局限性。在《历史研究》(下册,第429~430页)的结尾处,他写道:

> 当作者进行他的广泛研究时发现他所搜集到的各种文明大多数显然已经是死亡了的时候,他不得不作出这样的推论:死亡确是每个文明所面对着的一种可能性,作者本身所隶属的文明也不例外。

他对每一个文明都不能万岁的看法是再明确不过的了。我在这里附带说一句,汤因比对中国文明寄予最大希望。他说:

> 世界统一是避免人类集体自杀之路。在这点上,现在各民族中具有最充分准备的,是两千年来培育了独特思维方法的中华民族。(《展望21世纪——汤因比与池田大作对话录》第295页,1985年国际文化出版公司出版)

对于他的说法,我不加评论。我在这里举出来,不过是聊备一说而已。

了解了我在上面谈到的这些情况，现在再来看中国文化，我们的眼光就比以前开阔多了。在过去相当长的历史时期内，中国文化对世界文化的发展产生了影响，这是我们的骄傲，也是一个历史事实。汤因比等的看法决不是从天上掉下来的。但是，到了后来为什么忽然不行了呢？为什么竟会出现崇洋媚外的思想呢？为什么西方某一些人士也瞧不起我们呢？我觉得，在这里，我们自己和西方一些人士，都缺乏历史的眼光。我们自己应该避免两个极端，一不能躺在光荣的历史上，成为今天的阿 Q；二不能只看目前的情况，成为今天的贾桂。西方人士应该力避一个极端，认为中国什么都不行，自己什么都行，自己是天之骄子，从开天辟地以来就是如此，将来也永远如此。

三、歌德看中国文化

我们东西双方都要从历史和地理两个方面的宏观上来看待中国文化，决不能囿于成见，鼠目寸光，只见片段，不见全体；只看现在，不看过去，也不看未来。中国文化，在西方人士眼中，并非只有一个看法，只有一种评价。汉唐盛世我不去讲它了，只说十六七世纪以后的情况，也就能给我们许多启发。这一段时间，在中国是从明末到清初，在欧洲约略相当于所谓“启蒙时期”。在这个期间，中国一方面开始向西方学习；另一方面，中国的文化也大量西传。关于这个问题，中西双方都有大量的记载，我没有可能，也没有必要一一加以征引。方豪在他的《中西交通史》（华冈出版有限公司 1977 年第六版，第五册《明清之际中西文化交流史·下》）中有比较详细而扼要的介绍。我把有关的目次写在下面：

第六章　中国经籍之西传

　　第一节　明末至清康熙间中国经籍之西译

　　第二节　清雍正乾隆年间中国经籍之西译

　　第三节　清圣祖命西教士研究易经之经过

　　第四节　中国经籍西传对西洋哲学之影响

我觉得，看了这个目次，内容大体上可以了解了。我不再仔细叙述，读者可自行参考。

我现在举一个说明西方人如何看待中国文化的具体的例子。我想举德国最伟大的诗人歌德，他的一生跨越18、19两个世纪，是非常关键的时期。他在1827年1月29日同爱克曼谈话时说道：

> （中国传奇）并不像人们所猜想的那样奇怪。中国人在思想、行为和情感方面几乎和我们一样，使我们很快就感到他们是我们的同类人，只是在他们那里一切都比我们这里更明朗，更纯洁，也更合乎道德。在他们那里，一切都是可以理解的，平易近人的，没有强烈的情欲和飞腾动荡的诗兴……他们还有一个特点，人和大自然是生活在一起的。你经常听到金鱼在池子里跳跃，鸟儿在枝头歌唱不停，白天总是阳光灿烂，夜晚也总是月白风清。月亮是经常谈到的，只是月亮不改变自然风景，它和太阳一样明亮……还有许多典故都涉及道德和礼仪。正是这种在一切方面保持严格的节制，使得中国维持到几千年之久，而且还会长存下去。（《歌德谈话录》第112页，朱光潜译，1978年，人民文学出版社）

这是歌德晚年说的话，他死于1832年。他死后没有过多少年，欧洲对中国的调子就逐渐改变了。据我个人多年的观察与思考，这与发生在1840年的鸦片战争有关。在这之前，中国这个天朝大国，虽然已经有点破绽百出，但仍然摆出一副纸老虎的架势，吓唬别人，欺骗自己。鸦片战争一下子把这只纸老虎戳破，真相暴露于光天化日之下。西方对中国的政治、经济，进而对中国文化逐渐贬低起来。他们没有历史观点，以为从来就是这个样子，中国从来就没有行过。他们自己的老祖宗所说的一些话和所做的一些事，他们也忘了个一干二净。随着他们科学技术的发展，政治、经济的发展，环顾海内，唯我独尊，气焰万丈了。

第一次世界大战给他们敲了一下警钟。他们之中的有识之士开始反思。于是出了像斯宾格勒《西方的没落》这样发人深思的书。可惜好景不长。到了20年代末30年代初，法西斯思潮抬头，把西方文化，特别是所谓“北方”文化捧上了天，把其他文化贬得一文不值。中国人在法西斯分子眼中成了劣等民族，更谈不到什么欣赏中国文化了。不久就爆发了第二次世界大战，比第一次大战还要残酷，还要野蛮。这又一次给西方敲了警钟。西方有识之士又一次反思，汤因比可以作为代表。预言已久的第三次世界大战，始终没有爆发。虽然在全球范围内大大小小的战争从来没有停止过，大家总算是能够和平共处了。到了今天，人类共同的公害，比如人口问题、粮食问题、污染问题、土地问题等等，一个个被认识得越来越清楚。两个超级大国似乎也认识到，靠武力征服世界的美梦是不现实的，他们似乎也愿意和平共处了。在这样的情况下，人们要怎样来认识西方文明，怎样来认识东方文明——中国文明，怎样来认识文化交流，就非常值得我们注意了。至于究竟如何，我们将拭目以待！

《西方的没落》书影

1989年

中国文化发展战略问题

一、文化交流的必然性

谈这个问题前要谈三个小问题。

(1) 什么叫“文化”

我们这个讲座叫“东方文化系列讲座”。写文章、说话也常谈到“文化”。但你要给“文化”下个定义，并不容易。现在世界上对“文化”下的定义有几百个。有的说二百个，有的说六百个，我没做统计。但还没有一个定义是大家都同意的。大家都会感觉到，在社会科学领域里，包括人文科学，要给某个现象下个定义十分难，而自然科学较容易。如“直线”，两点之间最短的线是“直线”。大家没有什么可争论的。可是在社会科学领域里，对什么是“美”，不知有多少定义。我看了后感到都有些合理的地方和不合理的地方。今天，我也不想给“文化”勉强下一个定义。我只想谈谈自己的理解。我认为凡人类的历史上所创造的精神、物质两个方面，并对人类有用的东西，就叫“文化”。这是我对“文化”的理解，也可以算作一个“定义”吧。同志们看后会觉得，这不像定义。定义必须叙述得很神秘，拐很多弯，用好些形容词等等。这样的事我干不了。我就是这样理解的，也可以说是最广义的文化吧。

(2)“文化”和“文明”有何区别

同志们写文章也好，讲话也好，提到“文化”、“文明”，不知大家对此是否进行过研究。什么叫“文化”？什么叫“文明”？我在这里也不是研究，也还是讲讲自己的理解。一般的英文字典，“Culture”是“文化”，“Civilization”是“文明”。可是有的英文字典，“Culture”又是“文化”，又是“文明”。“Civilization”也又是“文化”，又是“文明”。法文字典也一样。这说明这两个词有共同的地方。平常我们讲“东方文化史”也可以说“东方文明史”。可是有的时候，这两个词就不能通用。如“文明礼貌”，你说“文化礼貌”就不行。“学文化”你不能说“学文明”。因此，这两个词还有区别。我认为“文明”是对野蛮而言的，“文明”的对立面是“野蛮”。“文化”的对立面是“愚昧”。但“野蛮”和“愚昧”又有联系，“野蛮”中“愚昧”成分居多，也有不愚昧的“野蛮”。我们学文化是因为过去没有文化，学了文化把“愚昧”去掉了。我们讲文明礼貌是过去不文明，有一些野蛮，提倡文明礼貌，把“野蛮”成分去掉了。同志们或许觉得我这样理解过分简单化了，但简单化比一点想法都没有要好。

(3) 文化的产生是一元的还是多元的

我认为文化、文明的产生是多元的。不能说世界上的文化是一个民族创造的。这种说法是有的，这就是法西斯希特勒，他认为文化都是雅利安人创造的。最近有人说人类起源于云南的元谋。我觉得其中有点问题。这不能称为“爱国主义”，这是“超爱国主义”。非洲也有人讲人类起源于非洲。关于人类起源这个问题很复杂，大家都没吵清楚，恐怕若干年后也吵不清楚。人类绝对不是起源于一个地方，不是元谋，也不是非洲。文化也是这样。一个部族、部落的创造、发明，比如火的发现、工具的使用，再晚一些，比如农耕、建筑等，都是人类文化的创造。但不一定在一个地方。文化的产生不是一元的，不能说一个地方产生文化。这样说也许有人会问，是否否认我们常讲的文化体系？不，我认为世界文化是有体系的。我的看法是有四大体系，即中国文化、印度文化、希腊文化、伊斯兰阿拉伯文化。有人说还有希伯来文化，我看很难成体系。它不是属于伊斯兰文化的先驱归入伊斯兰文化，就是和希腊文化合在一起。世界文化是有体系的，我们不能否认。世界四大文化体系中有三个文化体系是在东方。中国、印度、伊斯兰阿拉伯，它们的文化各有特点，有它的独立性，对其他国家有影响。专就文学而论，日本、朝鲜、越南的文学，很受中国文学的影响。中世纪印尼、柬埔寨、老挝、泰国、缅甸的文学受印度文学的影响。乌尔都、现代印尼，以及印度的一部分受穆斯林阿拉伯的影响。所谓“体系”，它必须具备“有特色、能独立、影响大”这三个基本条件。我讲的文化的产生是多元的，和文化体系并不矛盾。

现在谈文化交流的必然性。

文化一旦产生，它必须要交流。上面提到一个部落发现用火，其他部落必然来学习。其他如农耕等都一样。文化一旦发现，人们感到这对他们有好处，他就必然来学习。可以这样讲，从古代到现在，在世界上还找不出一种文化是不受外来影响的。记得以前我曾作过一次报告，我问在座的同志，你们研究一下你们从头顶到脚下，有多少是出自于中国的？头发式样不是，衬衣、裤子、鞋子也不是。吃的喝的东西中，面包、啤酒不是。坐的汽车、骑的自行车，以及沙发、电灯、电话等，都不是。可以说没有文化交流，就没有文化发展。我们现在生活在文化交流的时代，随时有新东西传进来，如喇叭裤（当然，它流行一时又很少见了）。现在流行牛仔裤，牛仔裤究竟要流行多久，谁也不知道。反正将来还得换。交流是不可避免的，无论谁都阻挡不住。交流总的来说是好的，当然也有坏的。坏的，对人们没有益处的，不能称为“文化”。我是说对人类有好处的、有用的，物质、精神两方面的东西交流才叫“文化交流”。现在报纸上常报道某地方发现原始民族。现在世界上恐怕没有真正的原始民族，而某些所谓原始民族其文化也有过交流。60年代初，我去非洲访问，走了很多国家，看到一些国家的农村，钉子都不会制，风箱是用牛皮灌上气，用手来按。这种文化水平，我国在三千年前就达到了。甚至这些国家的农村种庄稼还不用铁，用木棒在土地上杵一个坑，上面放一粒种子，这就不管了。靠天吃饭——天下雨就来收获，不下雨就算了。当时感到这些地方比较原始，但往牛皮风箱里吹气，那也是学来的。所以说在原始状态下也还是有交流。

二、文化交流的复杂性

在谈这个问题前，同样有三个小问题要谈一谈。

(1) 研究的方法

我们研究文化交流究竟采用什么方法。拿比较文学来说，其研究方法有很多派。如法国学派、美国学派、苏联学派、欧洲学派等。现在我们中国搞比较文学的同志想创造一个中国学派。在上述学派中，据我个人以及好多同志的看法，有两派最有代表性，一派是美国派，搞平行研究；另一派是法国派，搞影响研究。这是大体上讲。世界上的东西都不会纯之又纯的。“平行研究”是研究发展的规律。这一个国家有这一现象，另外一个国家也有这个现象。但它不一定是这个国家影响了另一个国家。我这个国家可以创造这个东西，另一个国家不受外来影响也可创造这个东西。“影响研究”是举具体事实。这个国家有什么东西，用什么方式传到另一个国家去？讲具体事实，讲它的影响。我看研究文化交流也是这两个方法，这两条道路。美法两学派多年来经常打笔墨官司。法国人对美国的办法不赞成，美国人对法国的学派不赞成。其他国家如苏联、德国、中国等也都各有各的特点。但从研究方法、道路讲，就是这么两条。我是赞成影响研究的，因为它看得见，抓得住。平行研究很玄乎。当然讲影响研究也不能绝对化，如孙悟空的猴子形象哪里来的？我认为是受到印度的影响。有的同志不赞成，并写文章反驳。对此我不在乎。但不能绝对说猴子形象完完全全是从印度搬来的，这不可能。文化交流有个特点，一国的文化传到另一个国家，那个国家必然要加以修正，完完全全照搬的很少。

有一个字很有意思。法国比较语言学家常用的一个字，法文是“Sécurite”，英文是“Security”，意为“安全”、“安全感”、“安全的”。法国比较文学家用此字的意思是：搞平行研究不那么安全，你可以胡扯。搞影响研究安全，事实俱在。比较文学，最早是从 19 世纪 20 至 30 年代，由一位德国学者开始的。他研究一本阿拉伯文的书叫《卡里来和笛木乃》，这是一本寓言童话集，源自印度的《五卷书》。开始《五卷书》是翻成波斯的巴列维语的，然后再翻成阿拉伯文，书名叫《卡里来和笛木乃》，以后转译成多种文字，流行于全世界。据统计其译本之多，可以同 《圣经》相比。该书影响欧洲文学的创作，如《格林童话集》中的故事就有取材于该书的。德国人因此说比较文学是德国人先开始搞的（法国人不承认，说在 19 世纪 30 年代法国已有某大学开比较文学课）。《卡里来和笛木乃》的故事很简单，它由一国传到另一国，由一种文字译成另一种文字，看得见，摸得着，一点也不玄乎。但问题是，从一个民族传到另一个民族，从一个国家传到另一个国家，到了那地方必然有所改变。如鲁迅的《中国小说史略》中讲到一个故事，说鹅笼出生的一个书生，原来是外国人，后来变成了中国人。《卡里来和笛木乃》也是，在本国就有改变，何况从一国传到另一国，不可能完全一样。

由此看来，研究比较文学，研究文化是不是可以有两个层次。第一个层次讲事实。先把事实讲出来，如一个故事从印度经波斯、阿拉伯传到其他国家，把这个过程搞清楚。但作为研究，不能就此止步。第二个层次便是要研究一个故事或一个形象。如猴子，到了这个国家后有什么变化，变化有何规律，根据事实找出规律性的东西来。没有事实空讲平行，那不着边际。罗列事实也不行。要研究从一国到另一国有何改变，改变里有何规律，摸出规律，总结成理论。这样的理论就可靠，没有事实作根据的理论很玄乎。像变戏法一样，今天这样讲，明天那样讲，我对这种理论是不感兴趣的。

（2）传统文化与文化交流

文化可分为两部分。第一部分是一个民族自己创造文化，并不断发展，成为传统文化。这是文化的民族性。另一部分是一个民族创造了文化，同时在发展过程中它又必然接受别的民族的文化。这便是文化交流。这也是文化的时代性。文化的民族性和文化的时代性，这两个“性”有矛盾但又统一。近来，英国剑桥大学出了一本书，叫《中国晚清史》。它不是一个人写的，而是好多汉学家写的。书中提出一个论点，认为从晚清到现在这一部分的历史表现了两种文化的撞击（是西方文化和中国文化相撞击）。我看这个论点提得很有道理。中国近代史从1840年鸦片战争到现在，经过了好多时期：有旧民主主义革命、新民主主义革命、社会主义革命，约有一百四十多年了。《中国晚清史》说的两种文化的撞击，是不是结束了？我看没有。什么时候结束？不敢说。我现在手里拿着一本刊物叫《文艺研究》，刚出版的。打开书一看目录，文章的题目有：《关于西方影响与民族风格》《历史继承与现实创造》等等。你看，“西方影响”即“时代性”，“民族风格”即“传统文化”。“历史继承”即“传统文化”，“现实创造”即“时代性”。这类题目目前在刊物上多得很。这说明此类问题还没解决，还要讨论下去。想到四十多年前，闻一多先生写过一篇文章，发表在《清华大学学报》上，题目是《母体文化的自卫与超越》。“母体文化”即“传统文化”。实际上闻一多先生在这里讲的就是“传统文化”和“引进创新”这两者之间的矛盾怎样解决。他有一句话：“一切的艺术应该是时代的经线与地方的纬线所编织的一匹锦。”意思就是一切文艺的传统文化的纬线与时代性的经线相织而成一匹锦。闻一多先生当时讲到这个问题，今天我们讨论的也还是这个老问题。从1840年后，文化界有过几次大争论，如“体用之争”、“本末之争”、“夷夏之争”等，都还是那个老问题。再从政治上看，从鸦片战争到现在快一百五十年了，也经过好几个革命阶段，但共产主义能否在很短的时期内实现？现在，大家都认为不可能。人类历史上的一个大的转折，在短时期内是不可能实现的。共产主义是人类发展的必然趋势，我仍相信人类的将来是共产主义社会。但何时才能实现？全世界都在考虑。全世界的社会主义走的步调差不多，是否中国先走了一步，很难说。不过，我们的改革在世界上有影响，而按时间来说我们不是最早的。现在苏联等国也在改革。这样一个历史上的大转折绝不是一百年准能完成的。政治如此，文化也如此。文化的民族性和时代性这问题没解决。我们今天研究文化交流，讨论文化问题必然有这种需要，没有需要大家不会研究。它同我们的生活联系密切，不关心不行。我们应该把眼光放大一点、远一点，它的意义绝不限于文化。

（3）全盘西化

现在有些青年人的思想，说好听点叫“活跃”，说不好听点叫“混乱”。“全盘西化”和文化交流有联系。西化要“化”，不“化”不行，创新、引进就是“化”。但“全盘”不行，不能只有经线，没有纬线。理论上讲不通，事实上办不到。

下面讲文化交流的复杂性。我想举一个例子来说明这个问题。这个例子也是中印文化交流史上的一个例子。

最近几年我研究糖的历史。这在世界上也是一门专门学问，有好多国家的学者研究它，我也是从文化交流的角度来研究它的。因为“糖”的背后有一部文化交流的历史。中国的“糖”字，英文叫“sugar”，法文叫“sucre”，德文叫“zucker”，俄文叫“caxap”，一看就知道这个字是一个来源。一般讲，一个国家接受外来的东西，最初把外来的名字也带来了。有的后来改变了，有的没改变。如“啤酒”的“啤”字不是汉语，“沙发”、“巧克力”都不是。“面包”是汉字，变了，英文叫“Bread”。我们吃的“干乳酪”，英文叫 Cheese，现在还有人称之为“计司”。糖从一个地方传到另一个地方，如果本地没有，它把外来词也带进本地。英文的“糖”字来自印度，是从梵文 arkarā 转借来的。一比较就知道。这说明英语国家原来没有糖，糖是从印度传去的，要不为什么用印度字呢？我们中国最早也没有糖，从前有个“餳”字不念“易”，也不念“阳”，念“糖”。中国糖最早是甘蔗做的。中国甘蔗是有的，《楚辞》中就提到。当时也吃甘蔗，也喝甘蔗浆。可是把甘蔗浆变成糖在中国用了一千多年。你看这个“餳”字，这字指的是麦芽糖，北京叫“关东糖”。不是甘蔗做的，是麦子做的。这个“糖”字，从语言学来说，六朝时才有“米”字旁的。从“食”字旁换成“米”字旁，不是随便一换这样简单。中国的《新唐书》里就讲到唐太宗李世民派人去印度学习制糖技术，这在中国的正史里有记载。这个“糖”字出现在六朝，说明唐太宗时，我们已能制糖，但水平不高，要派人去印度学习。这是历史事实。但问题不出在这里，问题是印地文中有个字叫“Cīnī”，意为“中国的”，英文叫“Chinese”。“中国”两字，英文叫“China”，法文叫“Chine”，德文叫“China”，都是从梵文“Cina”变的。而印度把“白糖”也叫“Cīnī”。印度自称在世界制糖水平最高，历史最悠久，因此arkarā这个字传遍世界，为什么“白糖”反而叫“Cīnī”呢？1985年我去印度参加《罗摩衍那》国际讨论会。一次我当主席，我向在座的印度学者问“Cīnī”怎么来的？糖出在印度，为什么“白糖”叫“中国的”？结果没有一位学者答得上来。我的问题也没解决。今年年初有个丹麦学者，知道我研究糖的历史，给我寄来了一篇论文。这论文也不知哪国人写的，这人叫Smith。他的论文题目是讲Cīnī及其来源。看了他的论文，感到他自己也解释不通，有矛盾。他说“Cīnī”是“中国的”，“Cīnī”又是“白糖”，而白糖却和中国没关系。因为在中古时期白糖很贵，当药来用，非皇家贵族、大商人是吃不起的。为何“Cīnī”叫“白糖”呢？这是因为中国有几件东西在世界上很有名，如瓷器。英文“China”当“中国”讲，但也是“瓷器”的意思。中国的瓷器也传入印度，印度的阔人才用瓷器。中国瓷器是白的，于是把中国瓷器的“白”和白糖的“白”连在一起。印地文中的“白糖”应该是“Cīnī arkarā”。后来因为字太长，简为“Cīnī”。看来作者有个主见，无论如何“Cīnī”和中国没关系，他想尽办法来解释。而且还说中国从来没有生产过白糖，也没向印度输出过白糖。这简直是胡说八道。但他的文章有可借鉴之处。大家知道，要研究这类问题先要确定“Cīnī”这字什么时候出现的，上限在什么时候？第二要研究在什么地方出现“Cīnī”这个字？然后再研究中国在什么时候生产白糖？什么时候，从什么地方传入印度？这样研究就比较科学。可是问题之难在于不知道“Cīnī”在印度何时出现，我问过印度学者，他们也答不出来。而Smith做了些工作。他查了印度的文学作品，“Cīnī”一字出现在13世纪，这是他的功绩。另外他基本上把现在印度好多种语言中表示“白糖”这个意思的词儿追踪清楚。总的情况是，在印度西部语言中，都来自梵文的arkarā。在东部语言中，则是Cini或者Cīnī。孟加拉文就是这样，由此我们可以推断，中国白糖是由印度东部进入印度的。再研究中国白糖有没有？出口了没有？到印度了没有？问题就好解决了。

我国7世纪唐太宗时期确实向印度学习制糖技术，我们的制糖水平不高。但学习了以后，我们后来制的糖，其颜色、味道都超过印度。《新唐书》说“色味逾西域远甚”。一方面是我们引进了，另一方面是我们改进了。这是唐朝的情况。到宋朝我们仍制糖。到了元朝又来了一个变化。13 世纪马可·波罗的游记中有一段记载。说在福建尤溪地方有一批制糖工人，他们是蒙古大汗忽必烈从巴比伦找来教中国制糖工人制糖的，炼白糖。巴比伦这地方，有人说是现在的伊拉克，有人说是埃及。埃及开罗的可能性大。上述记载说明印度制糖传到波斯，从波斯传到埃及。埃及当时很多手工业占世界领先地位。而蒙古人的文化水平不高，蒙古大汗抓了些制糖工人，送到中国的福建尤溪，尤溪出甘蔗，在那里教中国人炼糖。到了明朝末年，很多书里讲炼糖，其中有一段记载说，原来糖炼不白。一次，一个偶然的机会，倒了一堵墙，墙灰落入糖中，发现制的糖变白了。这在化学上讲得通，灰里有碱，因此糖炼白了。中国的白糖到了明朝末年在国际市场成了抢手货。现在我们有根据，中国的白糖在郑成功时代已出口了。郑成功家里也做白糖生意，从中国运货去日本，在货物中就有白糖，这证明 13 世纪后，中国的白糖出口。那么中国的白糖是否出口到印度？在别的书上记载大概是印度人派船到新加坡那里去买中国的白糖。中国直接去印度的有没有？现在没根据，但估计可能从福建泉州运白糖到孟加拉。泉州当时是世界很大的港口，那里有穆斯林的、印度教的文化遗迹。福建尤溪制的糖运到泉州，泉州有印度船运回印度。上岸的地方是东印度，讲孟加拉语，不是西印度。

以上讲的是事实，从事实中得出什么结论呢？说明文化交流绝不是直线的，而是非常复杂、曲折的。“Cīnī”这个字的例子说明文化交流的复杂性。印度还有一个字叫“misri”，意为“冰糖”，但“misri”也是“埃及的”意思。从语言现象来看，印度制糖是先进的，但另一方面不能否认它也向别的国家学习了。东面学中国，“白糖”叫“Cīnī”。西面学埃及，“冰糖”叫“misri”。从语言现象分析只能得出这个结论。

1987 年

21世纪，东西方文化的转折点

现在又到了一个世纪末。很多人，特别是对时间推移一向敏感的知识分子，都对即将来临的一个新世纪有所考虑，有所幻想。我现在就常常考虑21世纪的情景。

人类历史告诉我们，一个世纪的转折点并不总是意味着社会发展的转折点，也不会在人类前进的长河中形成一个特殊的阶段。但是世纪末往往对人类的思想感情产生影响，上一个世纪末就是一个明显的例子。

在对人类文化发展的看法方面，我是颇为同意英国史学家汤因比（Toynbee）的观点的。他在人类全部历史上找出了二十几个文明。他发现，每一个文明都有诞生、成长、兴盛、衰微、灭亡这样一个过程。哪一个文明也不能万岁。尽管汤因比论多于史，在论的方面也颇有一些偏颇之处，但是总体来看，他的看法是正确的，是持之有故、言之成理的。

近代中国受到西方文化的猛烈冲击。最初是震于西方的船坚炮利，以后又陆续发现，西方的精神文明也有其独到之处。于是激进者高呼"全盘西化"，保守者则想倒退。公说公有理，婆说婆有理，其实都不全面，都有所偏激。

原因何在呢？我个人认为，原因就在没能从宏观上看待东方文化和西方文化，目光浅隘，认识肤薄，只看到眼前的这几百万平方公里，只想到近代这一百多年。如果把眼光放远，上下数千年，纵横几万里，则所见必是另一番景象。汤因比是具有这样眼光的人。他虽然是西方人，但并不迷信西方文明；在他眼中，西方文明也不能千秋万岁。这个文明同世界上其他文明一样，也有一个诞生、成长、兴盛、衰微、灭亡的过程。对我们中国人来说，我们当然更不应当认为眼前如日中天的西方花花世界会永远这样繁华昌盛下去。

人类历史又告诉我们，东方文化和西方文化在历史上更替兴衰，"三十年河东，三十年河西"，今天我们大讲"西化"，殊不知在历史上有很长一段时间讲的是"东化"，虽然不见得有这个名词。你只要读一读鸦片战争以前西方哲人关于中国的论著，看一看他们是怎样赞美中国，崇拜中国，事情就一清二楚了。德国伟大诗人兼思想家歌德在1827年同爱克曼谈话时，大大地赞扬中国小说、中国文化、中国人的思想感情和道德水准。他认为，西方人应该向中国人学习。这是一个非常典型的例子。根据我个人的看法，是鸦片战争戳破了中华帝国这一只纸老虎。从那以后，中国人在西洋人眼中的地位日降，最后几乎被视为野人。奇怪的是，中国人自己也忘记了这一切，跟在西洋人屁股后面，瞧不起自己了。

我不敢说，到了21世纪，中国文化或包括中国文化在内的东方文化，就一定能战胜西方文化。但是西方文化并不能万岁，现在已见端倪。两次世界大战就足以说明西方文化的脆弱性。现在还是"三十年河西"，什么时候"三十年河东"，我不敢确切说。这一定会来则是毫无疑问的。21世纪可能就是转折点。

1990年

再谈东方文化

一、综合与分析

最近一年多以来，我经常考虑东方文化与西方文化的关系问题。初步考虑的结果已经写在《从宏观上看中国文化》那一篇文章中。我的总看法是，从人类全部历史上来看，东方文化和西方文化的关系是“三十年河东，三十年河西”。目前流行全世界的西方文化并非从来如此，也决不可能永远如此。这个想法后来又在几篇短文和几次发言中重申过，而且还做了进一步的发展，这就是，到了21世纪，“三十年河西”的西方文化就将逐步让位于“三十年河东”的东方文化，人类文化的发展将进入一个新时期。

我对自己这个看法，虽然几经考虑，慎思明辨，深信不疑；但自知不是此道专家，提出这样的意见，似乎有点冒昧，说不好听的，就是有点近乎狂妄。因此，口头上虽然一而再再而三地这样讲，心里有时未免有点打鼓，有点信心不足。

那么，为什么我又很自信地认为，到了21世纪西方文化就将让位于东方文化呢？我是从一种比较流行的、基本上为大家接受的看法出发的：东方的思维方式，东方文化的特点是综合，西方的思维方式，西方文化的特点是分析。从总体上来看，我认为这个看法是实事求是的。在西方，从伽利略以来四百年中，西方的自然科学走的是一条分析的道路。越分越细，现在已经分析到层子（夸克）；有人认为，分析还没有到底，还能分析下去的。

在这里，自然科学界和哲学界发生了一场争论：物质真是无限可分吗？赞成这个观点的人占绝大多数，他们相信庄子的话：“一尺之棰，日取其半，万世不竭。”如果真是这样的话，西方的分析方法，西方的思维方式，西方的文化就能永远存在下去，越分析越琐细，西方文化的光芒也就越辉煌，以至无穷。“三十年河东，三十年河西”，这一条人类历史发展启示的规律，就要被扬弃。但是庄子说的是一个数学概念，是完全正确的。

反对这种物质无限性观点的人，只占极少数。金吾伦同志的新著《物质可分析新论》，可以作为代表。我自己是赞成这个看法的。最近金吾伦同志给了我一封信，我现在就借用信中的一段话，这样的意见我自己就写不出来：

> 我认为，“物质无限可分论”无论在哲学上还是科学上都缺乏根据。在哲学上不能用归纳法支持一个关于无限的命题，休谟对归纳法的批判是深刻的。
>
> 在科学上：(1) 夸克禁闭，即使夸克再可分，也不能证明物质粒子无限可分；(2) 宇宙学研究表明宇宙有起源，我们无法追溯到起源以前的东西；(3) 量子力学新进展否定了层层往下追索的隐变量理论。无限可分论玩的是一种“套层玩偶”。
>
> 分析方法曾对科学和哲学的繁荣做过极大的贡献，但决不能无限夸大，而且正日益显示它的局限。当代物理学和自然科学的新进展表明，宇宙是一个不可分割的整体，而无限分割的方法与整体论是相悖的。无限可分论是机械论的一种表现。

金吾伦同志这一段话，言简意赅，用不着我再加以解释了。我在这里要补充几句，金吾伦的意见，同我们平常所说的“一分为二”，不是一码事，金吾伦讲的是一个物理概念。

在这里，我联想到一种目前已开始显露光芒、方兴未艾的新学说：混沌学。一位美国学者格莱克写了一本书《混沌：开创新科学》，此书已有汉文译本。周文斌同志在《光明日报》1990 年 11 月 8 日写了一篇书评，介绍这本书。我现在也仿前例，借用周文中的一段话：

> 混沌学是关于系统的整体性质的科学。它扭转了科学中简化论的倾向，即只从系统的组成零件夸克、染色体或神经元来作分析的倾向，而努力寻求整体，寻求复杂系统的普遍行为。它把相距甚远的各方面的科学家带到了一起，使以往的那种分工过细的研究方法发生了戏剧性的倒转，亦使整个数理科学开始改变自己的航向。它揭示了有序与无序的统一，确定性与随机性的统一，是过程的科学而不是状态的科学，是演化的科学而不是存在的科学。它覆盖面之广，几乎涉及自然科学与社会科学的各个领域。它不仅改变了天文学家看待太阳系的方式，而且开始改变企业保险决策的方式，改变政治家分析紧张局势导致武装冲突的方式。难怪有的学者竟然这样断言，20 世纪的科学只有三件事将被记住：相对论、量子力学和混沌学。他们认为，混沌学是本世纪物理科学的第三次大革命。

这些话也是言简意赅的，我自己写不出来。

以上两例都应当引起我们的深刻认真的反思：为什么到了 20 世纪末年，西方文化正在如日中天光芒万丈的时候，西方有识之士竟然开创了与西方文化整个背道而驰的混沌学呢？答案只能有一个，这就是：西方有识之士已经痛感，照目前这样分析是分析不下去的。必须改弦更张，另求出路，人类文化才能重新洋溢着活力，继续向前发展。

二、把人类文化的发展推向一个更高的阶段

我对哲学几乎是一个门外汉。但是，我最近几年来就感觉到，西方的哲学思维是，只见树木，不见森林；只从个别细节上穷极分析，而对这些细节之间的联系则缺乏宏观的概括；认为一切事物都是一清

如水。而实际情况并非如此。我是相信唯物辩证法的。我认为，中国的东方的思维方式从整体着眼，从事物之间的联系着眼，更合乎辩证法的精神。连中医在这方面也胜过西医，西医是头痛治头，脚痛治脚，而中医则是全面考虑，多方照顾，一服中药，药分君臣，症治关键，医头痛从脚上下手，较西医更合乎辩证法。我还认为，现在世界上流行的模糊数学，也表现了相同的精神。

因此，我现在的想法是，西方形而上学的分析已经快走到穷途末路了，它的对立面东方的寻求整体的综合，必将取而代之。这是一部人类文化发展史给我的启迪。以分析为基础的西方文化也将随之衰微，代之而起的必然是以综合为基础的东方文化。这种取代在21世纪中就将看出分晓。这是不以人们的主观愿望为转移的社会发展的客观规律。我在这里所说的“取代”，并不是“消灭”，而是继承西方文化之精华，在这个基础上再把人类文化的发展推向一个更高的阶段。

三、续　补

文章写完了，读到申小龙先生的文章《关于中西语言句型文化差异的讨论》（见香港《语文建设通讯》1990年12月第31期，第40～41页），受到启发，再补写一点。

申先生的文章，正如篇名所揭示的那样，是讨论中西语言句型分歧的背后文化差异问题的，文中列举了吕叔湘先生、史有为先生以及申小龙先生自己对这个问题的看法。除了讨论中西语言句型外，还涉及东西方有关绘画的理论问题。他们的讨论有相当的深度和启发性。我在这里不想参加讨论。我只是觉得，文中的一些意见颇符合我对中西文化分歧的看法。因此，我想引用一下，目的是把我观察这个问题的面再扩展大一些，使我得出的结论更富于说服力，更确凿可靠。

申小龙先生先引用中西绘画理论中的一对范畴：焦点视和散点视，来解释语言现象。他说：

把汉语句子格局概括为“散点透视”，我以为有两方面的涵义。一是汉语句子格局具有流动性。它以句读为单位，多点铺排，如中国山水画的格局，可以步步走，面面观，“景内走动”。二是汉语句子格局具有整体性。它不欣赏个体语言单位（如单个句法结构）的自足性，而着意使为完成一个表达意图而组织起来的句读群在语义、逻辑、韵律上互为映衬，浑然一体。这时，单个句读（词组）的语义和语法结构的“价值”须在整个句子格局中才能肯定。这在中国山水画格局来说即“景外鸟瞰”。从整体上把握平远、深远与高远。

他又引用他祖父和父亲两位山水画家的意见：构图首先是整体视觉。他还提到李约瑟、普利高津等所理解和欣赏的汉民族的有机整体思维方式。

我个人觉得，申小龙先生这些意见是很有启发性的。至于三位先生之间对一些术语，比如“散点透视”、“散点视”等有不同意见，我不去讨论。我在本文正文中提到的中国思维方式是倾向于综合，而不是分析。在中国山水画中和汉语句型中，我的意见得到了证据。不这样也是不可能的。一个民族典型的思维方式，是一切精神文明（甚至一些物质文明）生产的基础，它必然表现在各个方面。

1990年

漫谈东西文化

一、汉语是一种“模糊”语言

中国俗话说：“人同此心，心同此理。”这两句话基本上是正确的。因为，既然同是人，当然会有其共同之处。但又不完全正确。这里要说明几句，主要说明东西方是不完全相同的。

什么叫“心”呢？这个字的含义比较复杂，一般可以理解为思想感情。思想的直接表露是语言。我就拿语言来做例子加以说明吧。众所周知，中国文化是东方文化的基础，中国的汉语表露中国的“心”，表露中国的文化，也可以说是表露东方文化的特点。同西方语言比较起来，汉语的特点是异常显明突出的。它没有形态变化，没有变格，没有变位。连单词儿的词类有时候也不清楚。“人”和“火”一般都认为是名词，但是韩愈却说：“人其人，火其书。”第一个“人”字和“火”字都变成了动词。

用一个时髦流行的名词，我们可以说：汉语是一种“模糊”语言。过去颇有一些著名的学者，对汉语这种语言忧心忡忡，幻想加以改造。始作俑者可以说是马建忠。到了“五四”运动时期，胡适、鲁迅等人也都认为汉语太模糊，语言模糊说明思想（“心”）糊涂，想改造汉语。改造的模型就是西方有形态变化的语言。当时和后来都有不少的人同意这种做法。

到了今天，时移事迁，我们这种看法必须改变了。前若干年，西方兴起了一种新学问，叫“模糊学”，模糊数学、模糊逻辑、模糊语言

2001 年，季羡林在某国际学术研讨会上发言。

学，什么都模糊，模糊得一塌糊涂。初看似怪，实则正确。试问世界上有什么事情是完完全全百分之百分清楚的呢？

我个人体会，所谓“模糊”是要求人们对待一切事物都要费点脑筋，考虑考虑。再拿语言来做例子。读西方语言写成的书，变格、变位清清楚楚，不必左顾右盼，就能够了解句子的内容。读汉文则不行，你必须左顾右盼，看上下文，看内在和外在的联系，然后才能真正了解句子的内容。一言以蔽之，使用汉语的人，于无形中就养成了一种习惯：整体概念，普遍联系。我认为这正是东方文化相对于西方文化的突出的特点。

我把这种整体概念，普遍联系的思维方式称为“综合的思维”。与此相对立的是西方的“分析的思维”。这两种不同的对立的思维方式或者思维模式，正是东西方文化的基础。

二、对于中西文化差异的新阐释

法国伊朗裔学者阿里·玛扎海里的巨著《丝绸之路：中国—波斯文化交流史》，已由耿昇先生译为汉文。中国学人，懂英文者多，通法文者少。耿君此举，功德无量。

作者原籍伊朗，波斯文是他的母语，又精通阿拉伯文及多种突厥系语言。他能直接使用这些语言写成的典籍。这一点许多国家的学者都难以做到，我国学者也不例外。本书就是在这样的基础上写成的。因此，读此书真如入宝山，到处是宝，拣不胜拣。我曾写过一篇论文：《丝绸之路与中国文化》，文中拣了一些宝。现在我专就中西文化差异这个主题，再写这一篇文章。

我先抄几段原书：

在伊斯兰教初期，还流传着有关中国人的另一种传说："中国是雅弗的后裔"，他们创造了大部分专门艺术（艾敏—艾哈迈德·拉齐:《七大洲世界》，约为公元1617～1618年）。根据这种在17世纪时还可以解释一种事实真相的传说认为，中国在工艺和技术方面都较西方民族发达，是中国发明了大部分艺术。在当代的欧洲，大家还认为是希腊创造了所有的艺术，"希腊奇迹"是官方教育中所热衷的内容。在波斯，大家则持另一种观点。他们在承认希腊人于科学理论领域中无可争异（似应作"议"——羡林注）的功德的同时，却发现他们在技术领域中完全无能。

由扎希兹转载的一种萨珊王朝时代的说法是："希腊人除了理论之外从未创造过任何东西。他们未传授过任何艺术。中国人则相反。他们确实传授了所有的工艺，但他们确实没有任何科学论理（似应作'理论'——羡林注）。"

羡林案：这话说得似乎太绝对了一点，中国不能说没有一点科学理论。

再接着抄：

其他人同样也介绍了下面另外一种说法，它无疑是起源于摩尼教："除了以他们的两只眼睛观察一切的中国人和仅以一只眼睛观察的希腊人之外，其他的所有民族都是瞎子。"（扎希兹：《书简·论黑人较白人的优越性》）这些作者们认为，这种观察证明了中国人（如同"阿拉伯人"一样也属于有色人种）较希腊人、波斯人和"突厥人"（费尔干纳人，即锡尔河上游的塔吉克人）等民族（他们都是"白人"）的优越性。波斯国三哈桑（1453～1478年）也向威尼斯的使节约萨约·巴尔巴罗提到了这句谚语，但把"希腊人"译成了"法兰克人"。由于该使节非常欣赏波斯君主向他出示的中国产品，承认在威尼斯意大利都不能生产如此漂亮的东西。所以国王回答他说："先生，当然如此。您当然知道这一句波斯谚语：中国人有两只眼，同时法兰克人则只有一只。"（《若萨法[羡林案：恐即上面的"约萨约"]·巴尔巴罗游记》，哈克鲁特出版社1873年版，页58）然而，意大利当时已经过了两个世纪的"文艺复兴"。西方人在技术上的优势仅仅在18世纪初才成为事实。（页329）

下面再抄一段原书：

继萨珊王朝之后，费尔多西、赛利比和比鲁尼等人都把丝绸织物、钢、砂浆、泥浆的发现一股脑儿地归于耶摩和耶摩赛德。但我们对于绸织物和钢刀的中国起源论坚信不疑。对于诸如泥浆——水泥等其余问题，它们有99%的可能性也是起源于中国。我们这样一来就可以理解安息—萨珊—阿拉伯—土库曼语中一句话的重大意义："希腊人只有一只眼睛，唯有中国人才有两只眼睛。"约萨约·巴尔巴罗于1471年和1474年在波斯就曾听到过这样的说法。他同时还听说过这样一句学问深奥的表达形式："希腊人仅仅懂得理论，唯有中国人才拥有技术。"（吉希斯：《论有色人种较白人之优越性》，页376）

羡林案：这里讲的同上面讲的是一码事。所谓"吉希斯：《论有色人种较白人之优越性》”一书，实即上面的“扎希兹：《书简·论黑人较白人的优越性》”。译者一时疏忽，把著者译成几乎完全不同的名字，又误译“有色人种”为“黑人”。

但这不是我要研究的问题，我要讲的是，上面两段引文中所叙述的事实和谈到的说法，实有重大意义。到了今天，其意义更为突出。我的意思是说：这一个说法中实际上蕴含着一种中国文化和希腊文化的比较研究。我决不是由于古代的穆斯林，特别是波斯的穆斯林，说了中国的好话，而沾沾自喜，想同古希腊争一日之长，尽管在今日世界上“言必称希腊”的氛围中这个“一日之长”还是可以争一争的。我所说的“比较研究”，是指古代穆斯林们在中希文化的对比中所做的分析和观察，含有非常深的意义，对我们有极大的启发。这几段话说得已经清清楚楚，用不着再作什么解释。我现在只想就这几段话说点感想或者看法，最后解释其产生的原因，算是我一家之言：

第一，中国人创造了大部分技艺的说法，在“伊斯兰教初期”就已经有了。伊斯兰教初期，相当中国历史上的初唐，公元第7世纪。那时候，还没有东西文化这个概念，当然更谈不到孰优孰劣、孰高孰下的价值判断。穆斯林们，特别是波斯的穆斯林们，能有这样的见解，是非常不容易的，是能令人吃惊又钦佩的。他们说出这种看法，毫无所蔽，毫无先入之见，因此是完全真实的，完全真诚的，完全可信的。

第二，在中世纪，穆斯林是东西方优秀文化的传承者、弘扬者，他们是文化的内行里手，他们的话是有分量的。

第三，穆斯林们提到了中国人和希腊人。大家都知道，中国文化是东方文化的重要组成部分，可以说是它的基础，而古希腊文化则是西方文化的源头。当时虽然还没有东西方文化这个概念，讲的却就是东西方文化。

第四，为什么只讲东西方文化呢？惟一合理的解释就是：人类在几千年的文化发展的历史上，尽管已经创造出大大小小许多不同的文化，但是，从宏观上来看，人类文化只能分为东西两大体系。一直到今天，这种情况并没有改变。一千多年前的穆斯林们直觉地认识到这一点，把东方的中国和西方的希腊拿来对比，产生了引文中所说的那一种看法。

第五，古代穆斯林的这一种看法无疑是正确的。不管古希腊文化多么灿烂，多么光辉，出过多少大哲学家、大科学家，大文学家，但是，古希腊确实没有像中国有的这样几大发明：造纸、印刷、火药、罗盘等等，等等。因此，我们不能不佩服古代穆斯林观察之细致，综合之准确。也许由于我孤陋寡闻，读的书不够多，我还没有在任何书中读到这种说法。我们不能不对古代穆斯林表示敬意。

承认这个说法，是一回事。怎样来解释这个说法，是另一回事。那么，究竟怎样来解释这个说法呢?

我还是我那老一套。最近几年来，根据自己的胡思乱想，我逐渐认识到，人类最基本的思维模式，从宏观上来看，只有两种：一种是分析的思维模式，一种是综合的思维模式。西方的思维模式是分析的，东方的思维模式是综合的。以这种思维模式为基础，在文化的各个方面都有所表露，并不限于哲学，不限于精神文化。不这样也是不可能的。如果我这种二分法是正确的话，那就必然表现在各个方面。如果只表现在某一些方面，而在另一些方面则不是这样子，那就证明我的二分法不准确。

在精神文化中，应用这二分法，并不困难。我曾在一些文章中，给中国古代哲学中“天人合一”这一个著名的命题做了“新解”。天，我认为指的是大自然；人，就是我们人类。人类最重要的任务是处理好人与大自然的关系，否则人类前途的发展就会遇到困难，甚至存在不下去。在天人的问题上，西方与东方迥乎不同。西方视大自然为敌人，要“征服自然”。东方则视大自然为亲属朋友，人要与自然“合一”。后者的思想基础显然就是综合的思维模式。而西方则处在对立面上。

这个道理，在哲学上并不难讲。但是在技术方面怎样呢？由于自己不是搞科学技术的，长期以来，对这个问题思考不下去，甚至有点不大敢思考。偶尔阅读《自然辩证法通讯》(1990 年第四期，页 37～

39）吴文俊《关于研究数学在中国的历史与现状》，中间有一段话：

笔者曾在多种场合，指出我国的传统数学有它自己的体系与形式，有着它自身的发展途径与独到的思想体系，不能以西方数学的模式生搬硬套。我国的古代数学基本上遵循了一条从生产实践中提炼出数学问题，经过分析综合，形成概念与方法，并上升到理论阶段；精练成极少数一般性原理，进一步应用于多种多样的不同问题。从问题而不是从公理出发，以解决问题而不是以推理论证为主旨。这与西方之以欧几里得几何为代表的所谓演绎体系旨趣迥异，途径亦殊。由于形形色色的问题往往归结为方程求解，因而方程求解就成为中国传统数学《九章》以来发展中的一条主线。这与西方数学之以定理求证为中心者正相对照。

……

我国传统数学在以问题为主旨的发展过程中建立了以构造性与机械化为其特色的算法体系，这与西方数学以欧几里得《几何原本》为代表的所谓公理化演绎体系正好遥遥相对。《九章》与《刘注》是这一机械化体系的代表作，与公理化体系的代表作欧几里得《几何原本》可谓东西辉映。在数学发展的历史长河中，数学机械化算法体系与数学公理化演绎体系曾多次反复互为消长，交替成为数学发展中的主流。肇始于我国的这种机械化体系，在经过明代以来近几百年的相对消沉后，由于计算机的出现，已越来越为数学家所认识与重视，势将重新登上历史舞台。《九章》与《刘注》所贯串的机械化思想，不仅曾经深刻影响了数学的历史进程，而且对数学的现状也正在发扬它日益显著的影响。它在进入21世纪后在数学中的地位，几乎可以预卜。

在《自然辩证法研究》，1991年第七卷第五期上，关士续发表了一篇文章：《科学历史的辩证法与辩证唯物的历史观——由吴文俊教授一篇序言引起的思考和讨论》。在这里，李昌先生又重复讲了吴文俊教授的上述论点，不再抄录，请读者取阅参考。

这真是“踏破铁鞋无觅处，得来全不费工夫”，我于无意中找到了一把解决科技方面问题的钥匙。

吴文俊教授在这里根本没有谈什么“二分法”，那是绝对不可能的，因为“二分法”是我个人胡思乱想的结果，吴先生怎么能谈呢？但是，他讲的这一番道理却是不折不扣的“二分法”。他在数学发展的过程中看出了东西之差异。西方是推理论证为主旨，是演绎的体系。而中国（东方的代表）则从实际问题出发，以方程求解为主线，以构造性和机械化为特色。两者遥遥相对，差异是再明显不过的。

我现在把古代穆斯林的看法和吴文俊教授的论点结合起来，进一步对我所主张的“二分法”作一点新阐释。简单明了地说，我的新阐释就是下面的两句话：

分析（演绎）出理论；

综合（归纳）生技术。

我想，对这两句话用不着再仔细解释了，上面连篇累牍讲的都是解释。我只想补充几句话。百分之百的纯分析和百分之百的纯综合，都是难以想象的，总是你中有我、我中有你的。我这样的归纳，只不过表示其主流和主要倾向而已。

总而言之，看了古代穆斯林对中国和希腊文化的对比，读了吴文俊教授对中国和西方数学的分析，我对自己胡思乱想的“二分法”——人类在几千年的文明史上总共创造出来了东西两大文明体系，人类的思维模式也只能分为东方的综合与西方的分析两大体系——信心更增强了。我曾再三声明过，我不是搞这一行的，我对于哲学分析没有受过严格的训练。可我最近几年以来，在务正业的同时，又胡思乱想，想入非非，超出了正业的范围。却又偏偏锲而不舍，自我感觉良好，越来越良好。这真叫做没有法子——请真正的内行里手来裁决吧。

1994 年

《西学东传人物丛书》序

多少年来，我逐渐形成了一种看法或者主张，我认为，文化交流是推动人类社会发展，促进人类科技文化增长，加强人民与人民间，政府与政府间相互理解，增添感情的重要手段之一。这决不是我个人的凭空臆想，而是有历史事实为根据的，我的主张是能站得住的。

我们中华民族是伟大的民族，几千年来我们的发明创造，传出了中国，传遍了世界。其中四大发明更是辉煌无限，尽人皆知。我们甚至可以说，如果没有中国的四大发明，人类文化发展的进程将会推迟的。至于那一些比较小的发明创造，更是难以计数。英国学者李约瑟关于中国科技史的名著，是许多人都熟悉的。我在这里不再重述。我只举一本大家也许还不太知道的书，说明同一个问题，这就是伊朗裔的法国学者阿里·玛扎海里的《丝绸之路》，其中讲了许多中国的发明创造，虽不像四大发明那样辉煌，但意义并未减少。这一些看起来极其微末琐细的发明创造，对人类文化的发展，对人类生活的方便，同样做出了重大的贡献，且莫等闲视之。

上面说的是中华民族送出去的东西。在过去两千多年中，我们也同样拿来了很多很多的有用的东西。现在从最大的宏观上来看，在中国历史上外来文化大规模的传入共有两次，一次是汉代起印度佛教的传入，一次就是从四百年前起西方天主教，后来又加上了基督教的传入。两次传入，从表面上来看，都是宗教的传入；但从本质上来看，实际上传入的是文化，是哲学，是艺术，是技术等等。没有这两次的传入，我们今天的科技和文化的发展决不会是现在这个样子。这是一件事实，没有争辩的余地。

佛教在这里先不谈，这不是我要谈的题目，我只谈天主教和基督教。虽然西方信仰耶稣的宗教在中国唐代已经以景教的名义传入中国，但是影响不大。真正有影响的是明末清初天主教的传入。晋代佛教高僧道安对弟子们说过两句话：“不依国主，则法事难立。”这两句话是从经验中得来的，完全符合实际情况。佛教如此，天主教亦何独不然。天主教所依的最初不是国主，而是大臣和艺术家学者，前者可以徐光启为代表，后者的代表当首推大画家吴历。到了清代康熙皇帝统治时期，这一位大皇帝并不一定为天主教义所动，然而他的目光犀利，看到了西方科技的重大意义，亲自学习西方的几何学。皇帝的榜样有力量，清代颇出了几个大数学家。到了 20 世纪，西方文化猛烈冲击“东方睡狮”，如暴风骤雨，惊涛骇浪，中国人民接受了这个挑战，在短短一百年的时间内，从一个殖民地半殖民地国家，达到了今天的社会主义社会的初级阶段，其进步之速超过了过去的一千年。

由于种种人所共知的原因，今天的中国青年，有的产生了信仰危机，思想浮躁不安，对世间事有些茫然。有识之士憬然忧之，大家一致提出来要提高人民的，特别是青年的人文素质教育和伦理道德教育。我个人认为，这种想法是完全正确的，有远见卓识的，是“及时雨”。

但是，要做好这一件工作却并不容易。为之之法，其道多端。首先要对青年进行爱国主义教育，让他们知道，中华民族对世界做出过重大的贡献，今后还将做出更重大的贡献，作为一个中国人是很值得骄傲的。一个人只能有一次生命，必须实现人生的价值，才对得起这仅有的一次生命。麦当劳，肯德基，可口可乐加雪碧；披萨饼，加州面，卡拉 OK，美容院，这样的生活，虽然也能增加一些人生乐趣；但是，天天这样，就毫无意义。我希望，我们中国人，特别是青年人，要认识到自己对国家和后世子孙的义务。我们都是人类进化无尽长河中的一段，承前启后，是跑接力赛中的一棒，我们这一棒跑不好，会对全局产生恶劣影响。这就是爱国主义。但是，同时我们又必须认识到，我们对世界也负有义务，这就是国际主义。真正的爱国主义与国际主义，不但没有矛盾，而且是相辅相成，互相依存的。我个人认为，人类前途还是光明的。能否真正光明，就决定于各国人民能否做到爱国主义与国际主义相结合。

怎样才能让中国青年认识到这一点呢？办法多种多样。其中之一就是让他们认识到，一个人、一个民族、一个国家，都不能离开别的人、别的国家、别的民族而完全独立生存。人类都是要互相帮助、互相依存。而文化交流尚矣。就连我在上面说的麦当劳、肯德基等等也是文化交流的结果。

我们目前当务之急就是对青年进行文化交流的教育。世界上文化极多，而大别之无非东西两大文化体系，讲文化交流，首先就是要讲东方文化和西方文化的交流。我从前主编过一套《东学西渐丛书》，是讲东学，主要是中国文化向西传布的历史事实的。现在王渝生研究员又主编了这一套《西学东传人物丛书》，二书正好互补。王先生这一部书以人物为主体，讲来更加生动有趣。我相信，它一定会受到青年学子的欢迎的，故乐而为之序。

2000年1月16日

《中国作家国外获奖丛书》序

云南人民出版社准备推出这样一套丛书，这无疑是一阵及时雨，是别的出版社还从未做过的。他们还准备收集获奖作家的评奖资料和获奖的性质等，并请文学评论家对作家的获奖作品以全新的视角重新进行评介。所有这些做法，都是十分合理的，十分有意义的。这些举动将会受到全国读者的欢迎和感谢，我个人无论如何也抑制不住我的敬佩钦仰之感。

我一向主张，文化交流是促进人类社会不断向前发展的主要动力之一，是增进人民与人民间、民族与民族间相互理解和友谊的重要手段，是值得大力提倡的。鲁迅先生主张“拿来主义”，意思是把外国的，主要是西方文化中的好东西，对我们有用的东西拿过来，为我所用，为发展我们的文化，繁荣我们的文学创作借鉴。为什么要“拿来”呢？因为好东西列强不会主动送来的，要送的话，就是鸦片烟。鸦片烟我们拒绝，好东西却要自己去拿。

最近几年来，我提倡一种“送去主义”，意思是，我们祖先发明的许多好东西，比如造纸、印刷、火药、罗盘等等，早被外国人“拿去”了。今天我们仍然有许多好东西。但是，西方人自产业革命以后以“天之骄子”自居，受过我们的恩惠一事，他们早已忘到九霄云外去了，认为我们什么都不行，这些好东西他们也不来拿。中国的饭菜，他们觉得味道还不错，忙不迭地拿去了。我们的文学作品，特别是现当代的，他们却不大肯垂青。我个人觉得，这现象并不正常。外国文学作品译为汉文，帮助了我们新文学的成长与发展，我们的文学进入了“世界文学”的范围，与国际接上了轨。今天我们的文学也能帮助国外文学的繁荣与发展，投桃报李，他们不来拿，我们只有“送去”，这就是我的“送去主义”。

幸而外国的文艺界不全是“排华派”。他们出于不尽相同的考虑与动机，有时候也重视一下中国现当代的文学作品，认为优秀的，也授予文学奖。现在这一套丛书就是中国作家获得外国文学奖作品的集成。这些作家可以说是为我们伟大祖国增了光，为中外文化交流做出了突出的贡献，为促进中外人民的理解与友谊立了大功。我们由衷地对他们表示敬佩，并诚挚希望中国有更多的作家能够获得外国的奖，多多益善。

外国给中国作家颁奖这一事实，按照我上面的说法，可以说是外国的“拿来主义”。而在中国方面来说，则是“送去主义”。总之，可以说是“拿来”与“送去”相结合的行动。我也希望这样的行动能够继续不断，多多益善。

我在这里想做一个重要的补充说明。获得外国文学奖的中国作家和他们的作品是优秀的，这一点我在上面已经谈过，不必赘述。那些没有获得外国文学奖的中国作家和作品怎样呢？这些作家的数目大大地超过前者。在这些作家中有鲁迅、茅盾、沈从文、老舍、曹禺等等。谁能说这些作家的作品不优秀呢？因此，我们可以说，不管外国文学奖意义有多么重大，它仅仅是对一个中国作家进行评论时的参照系，不能是主要的标准，更不能是唯一的标准。这一点，我想大家是能够同意的。至于赫赫有名的诺贝尔文学奖，国内有很多的膜拜者。但我有自己的看法，我曾写过一篇文章，刊登在《外语教学与研究》杂志上，读者如有兴趣，请参阅。我认为，对中国文艺界来说，诺贝尔文学奖只能起到一个反面教员的作用。

中国是世界第一人口大国，又是一个发展中国家，一个社会主义国家，由于一些原因，我们的潜力还没能充分发挥出来。如今之计，我国人民，其中当然也包括我们的作家，应当自强不息，建立信心，不排外，也不崇外，埋头苦干，争分夺秒，我们的国家总会强盛起来的。外国某一些领导人和老百姓，既患了红眼病，又患了白眼病。红眼的就让他们红下去吧；白眼的终会垂下青来的。至于我们作家在下一个世纪能起什么作用，常言道："真金不怕火炼"，只要我们努力不辍，我们文学的光彩终会照亮全世界的。

是为序。

1999年7月22日

"只要我们努力不辍，我们文学的光彩终会照亮全世界的。"（季羡林）

《跨文化丛书·外国作家与中国文化》序

人类已经进入了一个新世纪，21 世纪，一个新千年，第三个千年。这真可以说是一个非常关键的时刻。全世界有识之士都在关心人类文化将何去何从；中国人士，还有某一些外国的目光远大的人士，还在关心以中国文化为中心的东方文化将何去何从。这一切都是正常的，没有什么独特之处。

谈到文化，我一向主张文化产生多元论，换句话说，就是，世界上每一个民族，不论大小，不论历史久暂，几乎都对人类共有的文化宝库作出了或大或小的贡献。那种只有一个民族能创造文化的论调，是法西斯的主张。

文化这东西有一个非常突出的特点，那就是，它一旦在世界上某一个地方，一个部族中，一个国家中被创造出来，被发明，被发现，它就必然会向外扩散，什么力量也阻挡不住的。我常说，文化交流是促进人类社会前进的主要动力之一，如果没有文化交流，各个部族，各个国家所创造出来的文化都禁锢起来，秘而不宣，我们今天世界上的文化，我们的精神生活和物质生活将会是一个什么样子，你能想象吗？

而且文化交流的速度还会随着人类社会的前进而加速。我们可以说，文化交流的速度与社会前进的速度成正比。到了今天，社会发展已经到了很高的水平，信息爆炸，空间上相距千里万里，而鸡犬之声可以相闻。一个新的发明创造——这些都属于文化范畴——一出现，立刻就能传遍世界。什么知识产权，什么保密，绝密，都无济于事。原子能，特别是原子弹就是一个好例子。哪一个自命“天之骄子”的

季羡林与雷洁琼

想独霸世界的骄纵恣睢的大国能够阻碍别的国家制造原子弹呢？

在这样的情况下，任何国家都必须关心文化交流的问题，关心世界文化的走向，关心本国文化的发展与走向。在经济建设的同时，努力进行文化建设，而二者是密切相关的。进行文化建设，无非是做两个方面的工作：一个是弘扬本国本民族文化的优良部分，一个是“拿来”外国文化中的优良的东西。不要认为，一提到文化，里面都是好东西。对外来的文化要批判吸收，对本国文化也要批判继承，也就是要去粗取精，去伪存真。这是十分必要的，千万不能等闲视之。胡子眉毛一把抓，对文化发展是不利的。

在这里，我必须对精华和糟粕谈一点看法。我在最近几年来逐渐发现，一般人认为精华与糟粕是固定了的，精华永远是精华，糟粕永远是糟粕。实际情况并不是这样。这二者的标准并不固定，有时候甚至互相转换。这完全取决于时代的需要。需要就是精华，不需要就是糟粕。时代不停地变化，标准也不能一成不变。

在这里，我还必须补充一点自己的看法。在过去几千年中，人类尽管创造出来了很多不同的文化，但是，归纳起来，可以分为两大体系：东方文化和西方文化。二者尽管有很多相同和相似之处，同为文化，这是不可避免的；但是，从根本的思维模式和社会实践来看，却是有极大的差别的。关于这一个问题，我曾在很多文章中阐发过，这里不再重复。

我一向主张，人生必须解决三大问题：一是人与大自然的关系，也就是天人关系；二是人与人的关系，也就是人际关系、社会关系，国与国之间的关系也属于这个范畴；三是个人心中思想与感情的问题。东西文化的差异充分表现在解决这三大问题的思路和方法上。我现在只想就第一个问题谈一点个人的看法。解决天人问题，东西方法迥乎不同。要想说明白这个问题，需要千言万语。简短截说，西方主“征服自然”，而东方主“天人合一”。“天人合一”这个词儿在哲学上有成百上千的说法，我的“新解”就是：人类与大自然要和睦相处，和谐相处，不能视自然为敌人而欲“征服”之。坦白地说，我们中国也没有能完全做到，可是至少我们先人有这样一个学说，这也可以聊以自慰了。东西这两种态度产生了什么后果呢？恩格斯明明白白地说：“我们不能过分陶醉于我们对自然界的胜利，对于每一次这样的胜利，自然界都报复了我们。”这几句话是一百多年以前说的。当时大自然对人类征服的报复还不太明显，可恩格斯就以他那天才的预见性看到了这一点，真不愧是马克思主义奠基人之一。到了现在，事实已经充分证明了恩格斯的预见。例子是不胜枚举的。仅举其荦荦大者就有不少，比如，生态失衡，物种灭绝，温室效应，全球变暖，二氧化碳增加，臭氧出洞，淡水匮乏，洪水泛滥，人口爆炸，新疾病产生，如此等等，不一而足。连近来令人谈牛色变的疯牛病，据说也与此有关。

中国怎样呢？中国古代也有过制天而胜之的哲学家，在“十年浩劫”评法批儒的运动中被尊为“法家”，是唯物主义者。在这之前，在50年代末，浮夸风达到疯狂的时候，有人说：“与天斗，其乐无穷；与地斗，其乐无穷；与人斗，其乐无穷。”这只能说是我们中华民族发高烧时的呓语。跟着来的就是三年自然灾害，这是不折不扣的大自然对人类进行的报复。可惜至今还没有看到作如是解者。我认为，中国的主导思想是“天人合一”，儒、道、汉化了的佛，都有这种思想。宋代大儒张载说：“民吾同胞，物吾与也。”“与”字，是“伙伴”的意思。这两句话一般缩为“民胞物与”四个字。无论从哪方面来看，这都是中华文化的精华。

中华文化，博大精深，条理万端，“天人合一”的思想，就算是精华吧，也只是其中的一小部分。我们对自己的文化自我感觉良好，这是人之常情，未可厚非。但是，一个人，一个民族，最忌自满；一旦自满的苗头出现，就表示了停滞不前的倾向。古人说：“他山之石，可以攻玉。”对一个国家来说，“他山”就是外国。苏东坡诗：“不识庐山真面目，只缘身在此山中。”一个人，一个民族了解自己，并不容易。必须跳出此山，而外国人的意见尚矣。对外国广大的芸芸众生，我们不能要求他们都了解中国。作家，当然还有思想家、哲学家、科学家、艺术家等等，是他们中的精英。这些人想了解中国文化，能够了解而且评价中国文化，是意料中的事。我们要寄希望于他们。他们对中国文化的赞扬，对我们很有用；他们对中国文化的否定，也同样对我们很有用。我们倘想发展、弘扬我们的固有文化，眼前必须有一面镜子，这镜子决不能是哈哈镜，而只能是一面正常的镜子，从中可以照见我们的是与非，美与丑，这对我们客观评估自己的文化，会有很大的好处。现在，宁夏人民出版社之所以不惜斥巨资，邀请国内一些研究外国文学的名家，编纂这样一套丛书，其用意可能同我在上面讲的这些道理有一些关联吧。果真如此，那我就会认为这是一场“知时节”的“好雨”，功德无量。

我自己并不是研究外国文学的专家，学过一点，但所知不多。我知道，外国作家对中国文化的看法是形形色色的，五花八门的，有的扬，有的抑；有的有真知灼见，有的也胡说八道。但是，不管怎样，他们总是一面明亮的镜子，照一照会对自己有利。有时候，他们也真能搔到痒处，比如德国的歌德在他的《谈话录》中，在 1827 年 1 月 31 日，他就对爱克曼说了中国人能同大自然和谐共处的话，用哲学的话来说，就是“天人合一”。我们不能不佩服歌德观察与思考之细致深刻。

在本文一开头我就提出了在新世纪中世界文化的走向问题，中国文化的发展问题。在行文过程中，我已经回答了一部分。在新世纪中，

1994年，季羡林（左四）与韩素音（右一）、雷洁琼（右二）、陆文星（右三）、印度驻华大使（右四）、爱泼斯坦（左三）、黄华（左二）、林华轩（左一）合影。

文化交流必须继续；文化交流必然导致文化融合，这些都是不可避免的。但是，融合怎样进行呢？是不是简单的1+1=1呢？我希望不是，其中必须有个重点，说白了，就是必须以东方文化济西方文化之穷，必须以“天人合一”思想改变粗暴的“征服自然”的思想。这样人类才有可能避免走向穷途末路。

然而实际怎样呢？环保之声虽然洋洋乎盈耳，可真正采取措施者并不多。发达国家以其科技骄人，然而污染环境、破坏天人和谐者正是这一帮人。大自然有点怪脾气，你对它征服得越卖劲，它对人类报复得越冷酷。人类昏昏，而自然却是昭昭。我们现在只有希望，世界各国中，特别是发达国中的精华——作家能够以他们的远见卓识和博大的胸怀，看出全人类所面临的危险，大声疾呼，催人猛省，在文化交流中，认识到中国传统的“天人合一”的思想之英明，慎思之，明辨之，笃行之，扭转当前全世界浑浑噩噩的状态，为人类立一大功，立一新功，予跂望之矣。

2001年2月15日

致北京论坛的信

北京论坛（2005）隆重开幕，心情十分激动。论坛以“文明的和谐与共同繁荣”为主题，这是我所赞同的。我历来主张，以分析为基础的西方文明和以综合为基础的东方文明之间，应该取长补短、互相融合、和谐发展、共同繁荣。今天人类社会遇到了很多难题，就必须东西方文明互相学习，互相借鉴经济发展模式和思维方式，把人类文明的发展推上一个更高的阶段。

恩格斯的一段话很值得我们学习思考：“我们不要过分陶醉于我们对大自然的胜利。因为，每一次这样的胜利，大自然都对我们做出了报复。”

学术研究是文明的重要载体，学者则承担着传承文明，创造新文明的伟大使命。来自各个国家和地区的学者聚会在北京，开展交流与对话，必将为人类文明的发展作出新的贡献。

因为老病，我不能躬逢其盛，实在感到非常遗憾，但我的心，永远和大家在一起！

2005年11月15日

在全国政协举办的“21 世纪论坛——不同文明对话”研讨会的发言

21 世纪，我们国与国之间，人民与人民之间的关系必须处理好，这是不成问题的。除此之外，21 世纪还有一个更大的问题，就是人类与大自然的关系该如何处理。现在大自然发生了很多变化，天气变暖、缺水、臭氧层遭到破坏等，这不是一个国家，而是全世界、全人类都应该面对的问题。我们与自然界之间还有一些不协调，应该通过对话来解决。许多人谈征服自然，但自然是不能征服的。你要征服它，它就要报复你。东方“天人合一”思想，是要求人与自然的和谐，不要成为敌人，而要成为朋友。在东方，要求“天人合一”，理论上是这样，但没有做到。21 世纪，我们应该处理好国家与国家的关系，也要处理好人与自然的关系。

2001年 9 月11 日

[编者附记]

就在这天，美国发生了“9·11”恐怖事件。事后不少人给季羡林打电话说：“你太神了，称得上伟大的预言家。”季羡林回答说：“我不是预言家，我只是做出一点客观评论。”

附 录

季羡林年谱简编

1911 年

8 月 2 日，生于山东省清平县（后划归临清市）官庄村。六岁以前在官庄随马景恭老师识字。

1917 年（六岁）

去济南投靠叔父季嗣诚，在曹家巷私塾读《百家姓》《千字文》《四书》等。

1918 年（七岁）

秋，进山东省立第一师范附属小学。

1920 年（九岁）

转学到济南新育小学读高小，课余在尚实英文社学习英文。

1923 年（十二岁）

秋，高小毕业，考入正谊中学，从初中一年级下学期开始学习。课后参加古文学习班，读《左传》《战国策》《史记》等。晚上继续学习英文。

1925 年（十四岁）

夏，父亲季嗣廉病逝。

1926 年（十五岁）

春，初中毕业后在正谊中学读高中半年。

秋，转入济南北园白鹤庄山东大学附属高中文科班。由于学习成绩优异，受到校长王寿彭表彰。作文《〈徐文长传〉书后》受到王昆玉老师赞扬。自学《韩昌黎集》《柳宗元集》以及欧阳修、三苏的文集，并开始学习德文。

1928 年（十七岁）

日本军队侵占济南，辍学一年。创作短篇小说《文明人的公理》《医学士》《观剧》，发表在天津《益世报》，署名“希逋”。

1929 年（十八岁）

秋，转入济南杆石桥山东省立高中继续学习。受业师胡也频影响，阅读马克思主义文艺理论，写过一篇《现代文艺的使命》，因胡先生受到国民党反动派通缉，文章没有发表。在写作方面，受到董秋芳老师的指导和鼓励。

由叔父、婶母包办，与彭德华结婚。

1930 年（十九岁）

翻译屠格涅夫散文《老妇》《世界的末日》《老人》《玫瑰是多么美丽，多么新鲜啊！》等，先后发表于天津《益世报》、济南《国民新闻》和《趵突周刊》上。

高中毕业，投考邮局邮务生未果。

夏季，同时考取北京大学和清华大学。后入清华大学西洋文学系，主修方向为德文。

清平县政府在他大学学习期间提供奖学金。

大学期间，选修法文和俄文。旁听陈寅恪教授的《佛经翻译文学》、选修朱光潜教授《文艺心理学》获益良多，对后来的学术研究产生深远影响。

四年间，创作《年》《回忆》《枸杞树》《母与子》《红》《兔子》《老人》等十余篇散文。翻译史密斯、马奎斯、荷尔德林、杰克逊等外国作家的散文和诗歌多篇。协助业师吴宓教授编辑《大公报》文艺副刊。

1933 年（二十二岁）

秋，女儿婉如出生。

9 月，母亲赵氏在官庄病故。

1934 年（二十三岁）

夏，大学毕业，毕业论文题目是《荷尔德林早期的诗歌》。

秋，应济南山东省立高中校长宋还吾之邀，担任该校国文教员。

1935 年（二十四岁）

春，儿子延宗（季承）出生。

秋，清华大学同德国达成交换留学生协议，报名被批准。9 月赴德国哥廷根大学留学，主修印度学。先后师从瓦尔德施米特教授、西克教授学习梵文、巴利文、吐火罗文，同时学习俄文、斯拉夫文、阿拉伯文。继续散文创作。

1937 年（二十六岁）

经哈隆教授推荐，兼任哥廷根大学汉学研究所讲师。

1941 年（三十岁）

被哥廷根大学授予哲学博士学位。博士论文题目是 Die Konjugation des finiten Verbums in den Gāthās des Mahāvastu。（《〈大事〉中限定动词的变位》）

在博士后的五年内，写了几篇相当长的论文，发表在《德国东方学会杂志》和哥廷根科学院院刊上。有：《吐火罗文本的〈佛说福力太子因缘经〉诸异本》《中世纪印度语言中词尾 -aṃ 变为 -o 和 -u 的现象》《应用不定过去时的使用以断定佛典的产生时间和地区》等，每一篇都有新的创见。

1945 年（三十四岁）

10 月，与其他留学生一起离开德国去瑞士，等待大使馆安排回国。

1946 年（三十五岁）

春，经法国、越南、香港，回到上海。旅途中写论文《一个故事的演变》和《梵文〈五卷书〉—— 一部征服了世界的童话集》。

秋，被北京大学聘为教授兼东方语言文学系主任。

1947 年（三十六岁）

写论文《从比较文学的观点上看寓言和童话》等。

10 月，论文《浮屠与佛》发表于《中央研究院史语所集刊》，论述佛教传入中国的路径问题。

1948 年（三十七岁）

写论文《〈儒林外史〉取材的来源》《论梵文 td 的音译》等。

1949 年（三十八岁）

发表论文《列子与佛典》。

写论文《三国两晋南北朝正史与印度传说》。

10 月 1 日开国大典，应邀在天安门广场参加观礼。

1951 年（四十岁）

参加中国文化代表团访问印度、缅甸。

译自德文的卡尔·马克思著《论印度》由人民出版社出版。

1953 年（四十二岁）

当选北京市第一届人民代表大会代表。

1954 年（四十三岁）

当选第二届中国人民政治协商会议全国委员会委员。

任中国文字改革委员会委员。

发表论文《中国纸和造纸法传入印度的时间和地点问题》。

1955 年（四十四岁）

作为中国代表团成员，赴印度新德里参加亚非作家会议。

10 月，赴德国参加国际东亚学术讨论会。

译自德文的《安娜·西格斯短篇小说集》出版。

叔父季嗣诚在济南病逝。

发表论文《吐火罗语的发现与考释及其在中印文化交流中的作用》《中国蚕丝输入印度问题的初步研究》。

1956 年（四十五岁）

加入中国共产党。

当选中国亚非团结委员会委员。

任中国科学院哲学社会科学部委员。

译自梵文的迦梨陀娑剧本《沙恭达罗》由人民文学出版社出版，并由中国青年艺术剧院搬上舞台。

写论文《原始佛教的语言问题》。

1957 年（四十六岁）

论文集《中印文化关系史论丛》由人民出版社出版。

《印度简史》由湖北人民出版社出版。

1958 年（四十七岁）

《1857～1859 年印度民族起义》由人民出版社出版。

作为中国代表团成员，赴苏联塔什干参加亚非作家会议。

写论文《印度文学在中国》《再论原始佛教语言问题》。

1959 年（四十八岁）

当选第三届全国政协委员。

应邀参加缅甸研究会五十周年纪念大会，并在会刊发表论文《原始佛教语言问题》。

译自梵文的印度古代寓言集《五卷书》由人民文学出版社出版。

1960 年（四十九岁）

北京大学东方语言文学系招收第一批梵文巴利文本科生，同金克木一起为学生上课。

写论文《关于〈优哩婆湿〉》。

1961 年（五十岁）

著三篇关于泰戈尔的文章：《泰戈尔与中国》《泰戈尔的生平、思想与创作》《泰戈尔短篇小说的艺术风格》，因当时的政治气氛，只有最后一篇发表。

1962 年（五十一岁）

应邀赴伊拉克参加巴格达建城一千二百周年纪念大会，会后造访埃及、叙利亚。

当选亚非学会理事兼副秘书长。

译自梵文的迦梨陀娑剧本《优哩婆湿》由人民文学出版社出版。

夫人彭德华和婶母陈绍泽从济南迁至北京。

发表著名散文《春满燕园》。

1963 年（五十二岁）

写论文《关于巴利文〈佛本生故事〉》和《〈十王子传〉浅论》。

1964 年（五十三岁）

当选第四届全国政协委员。

参加中国教育代表团出访埃及、阿尔及利亚、马里、几内亚等国。

1965 年（五十四岁）

季羡林和金克木培养的新中国第一批梵文巴利文本科生毕业。

写论文《原始佛教的历史起源问题》。

1966～1976 年（五十五至六十五岁）

"文化大革命"中受到不公正对待，一度被关入"牛棚"。从 1973 年起，利用劳动空余翻译印度伟大史诗《罗摩衍那》。

1977 年（六十六岁）

继续翻译整理《罗摩衍那》译稿，这部一万八千七百五十五颂、八万行的鸿篇巨制年内完成。

1978 年（六十七岁）

当选第五届全国政协委员。

恢复北京大学东语系主任职务。

担任北京大学副校长。

担任北京大学与中国社会科学院合办的南亚研究所所长。1985 年北大与社科院分别办所，继续担任北大南亚研究所所长（至 1989 年底）。

参加对外友协代表团出访印度。

中国外国文学会成立，当选副会长。

发表散文名著《春归燕园》。

1979 年（六十八岁）

受聘担任《中国大百科全书·外国文学卷》编委会副主任兼南亚编写组主编。

中国南亚学会成立，当选会长。

专著《〈罗摩衍那〉初探》由外国文学出版社出版。

1980 年（六十九岁）

应日本友人室伏佑厚邀请赴日本参加印度学佛学会议。

《罗摩衍那》第一卷由人民文学出版社出版。

散文集《天竺心影》由百花文艺出版社出版。

8 月，被推选为中国民族古文字学会名誉会长。

10 月，中国语言学会成立，当选副会长。

参加国际笔会。

率领中国社会科学代表团赴德意志联邦共和国访问，在哥廷根拜会恩师瓦尔德施米特教授。

应聘担任哥廷根科学院《新疆吐鲁番出土佛典的梵文词典》顾问。

任国务院学位委员会委员。

散文集《季羡林选集》由香港文学研究社出版。

1981 年（七十岁）

散文集《朗润集》由上海文艺出版社出版。

《罗摩衍那》第二卷出版。

中国外语教学研究会成立，当选会长。

1982 年（七十一岁）

论文集《印度古代语言论集》由中国社会科学出版社出版。

《中印文化关系史论文集》由三联书店出版。

《罗摩衍那》第三卷、第四卷出版。

1983 年（七十二岁）

获北京市教育系统先进工作者称号。

当选第六届全国人民代表大会代表。

当选第六届全国人大常委会委员。

在中国语言学会第二届年会上当选会长。

中国敦煌吐鲁番学会成立，当选会长。

《罗摩衍那》第五卷出版。

1984 年（七十三岁）

任北京大学校务委员会副主任。

受聘为中国大百科全书语言编辑委员会主任。

受聘为中国大百科全书总编辑委员会委员。

当选中国史学会常务理事。

中国教育国际交流协会成立，当选副会长。

《罗摩衍那》第六卷、第七卷出版。

1985 年（七十四岁）

论文集《原始佛教的语言问题》由中国社会科学出版社出版。

主持《〈大唐西域记〉校注》并亲自撰写十万字的前言《玄奘与〈大唐西域记〉》，由中华书局出版。

赴新德里参加印度与世界文学讨论会和蚁蛭诗歌节。被大会指定为印度和亚洲文学（中国和日本）分会主席。

应香港中文大学邀请，作《印度文学在中国》的演讲。

组织翻译的《〈大唐西域记〉今译》，由陕西人民出版社出版。

以中国代表团顾问身份，赴斯图加特参加第十六届国际史学家大会，提交论文《商人与佛教》。

当选中国作家协会第四届理事会理事。

中国比较文学学会成立，被推举为名誉会长。

翻译的印度梅特丽耶·黛维《家庭中的泰戈尔》由漓江出版社出版。

1986 年（七十五岁）

主持中国亚非学会第二届代表会议，当选中国亚非学会副会长。

受聘为中国文化书院导师。

北京大学东语系举行“季羡林教授执教 40 周年”庆祝活动。

《印度古代语言论集》论文和《新博本吐火罗文 A(焉耆语)〈弥勒会见记〉1.3 1/2 1.3 1/1 1.9 1/1 1.9 1/2 四页译释》同时获得北京大学首届科研成果奖。

应中村元、室伏佑后邀请赴日本，商谈成立“国际文化交流中心”事宜。在早稻田大学作《东洋人的心》演讲；在日本经济界、学术界集会上作《经济与文化》演讲。

秋，率领中国教育国际交流协会访日赠书代表团访问日本。

参加全国人大常委会代表团访问尼泊尔。参加世界佛教联谊会第十五届大会。在特里普文大学作《中国的南亚研究——中国史籍中的尼泊尔史料》演讲。

受聘为冰岛大学《吐火罗文与印欧语系》研究顾问。

《季羡林散文集》由北京大学出版社出版。

1987 年（七十六岁）

应邀参加在香港中文大学举行的国际敦煌吐鲁番学术讨论会。会上宣读论文《吐火罗文（焉耆语）新博本〈弥勒会见记〉剧本 76YQ1.2 和 1.4 两张（四页）译释》。

《〈大唐西域记〉校注》和《〈大唐西域记〉今译》获陆文星、韩素音中印友谊奖。

《原始佛教的语言问题》获北京市哲学社会科学和政策研究成果奖。

1988 年（七十七岁）

主编的《东方文学作品选》（上下卷）获 1988 年中国图书奖。

论文《佛教开创时期一场被歪曲被遗忘了的“路线斗争”——提婆达多问题》获北京大学科学研究成果奖。

6 月，任中国文化书院院务委员会主席。

受聘为文化部中国文学翻译奖评委会委员。

受聘为江西人民出版社《东方文化》丛书主编。

11 月，应邀赴香港中文大学讲学，讲题为：吐火罗文剧本《弥勒会见记》与中国戏剧之关系；从大乘佛教之起源看宗教发展规律。

受聘为重庆出版社科学技术著作出版基金会指导委员会委员。

1989 年（七十八岁）

获中国民间文艺家协会“从事民间文艺工作三十年”荣誉证书。

受聘为重庆出版社《语言·社会·文化》丛书编委会顾问。

获国家语言文字委员会“从事语言文字工作三十年”荣誉证书。

发表题为《从宏观上看中国文化》的演讲，提出：人类的四个文化圈可以分成东方和西方两大文化体系，这两大文化体系之间的关系是互相学习的。仅就目前来看，统治世界的是西方文化，但是从历史上来看，二者的关系是“三十年河东，三十年河西。”

婶母陈绍泽在北京病逝。

1990 年（七十九岁）

论文集《佛教与中印文化交流》由江西人民出版社出版。

《中印文化关系史论文集》获中国比较文学会与《读书》杂志联合举办的首届比较文学评价活动“著作荣誉奖”。

受聘为《神州文化集成》丛书主编。

受聘为河北美术出版社《画说世界五千年》丛书编委员顾问。

当选中国亚非学会第三届会长。

受聘为香港佛教法学会《法言》双月刊编辑部顾问。

1991 年（八十岁）

主编《简明东方文学史》获北京大学第三届科学研究著作荣誉奖。

应邀参加教育国际交流协会代表团访问韩国。

担任《东方文化丛书》《东方文化集成》主编。

7 月，任北京大学校务委员会名誉副主任。

《佛教与中国文化》获北京市第二届哲学社会科学优秀成果一等奖。

1992 年（八十一岁）

发表论文《“天人合一”新解》，主张发扬东方的“天人合一”传统，人与自然和谐相处。

女儿季婉如在北京病故。

作为中方代表，参加人民日报与日本朝日新闻社举办的展望 21 世纪亚洲国际讨论会。

印度瓦拉纳西梵文大学授予最高荣誉奖“褒扬奖”。

1993 年（八十二岁）

赴澳门参加东西文化交流国际学术讨论会。

任民盟中央文化委员会副主任。

获北京大学“505”中国文化奖。

受聘为泰国东方文化书院国际学者顾问。

1994 年（八十三岁）

主持撰写的《〈大唐西域记〉校注》获第一届国家图书奖（古籍整理类）。

译著《罗摩衍那》获第一届国家图书奖（文学类）。

应邀赴泰国参加华侨崇圣大学揭幕典礼，受聘为该大学顾问。

散文《赋得永久的悔》获茅盾文学奖。

获中国作家协会中外文学交流委员会授予的彩虹翻译奖。

担任《传世藏书》《四库全市存目丛书》《百卷本中国历史》主编。

受聘为宝山钢铁集团公司宝钢教育基金会顾问。

12 月，夫人彭德华病故。

1995 年（八十四岁）

北京大学季羡林海外基金会建立。

主编《简明东方文学史》获全国高校外国文学教学研究会首届优秀著作奖。

《留德十年》获第二届新闻出版署直属出版社选题奖一等奖。

《中国翻译名家自选集·季羡林卷》由中国工人出版社出版。

1996 年（八十五岁）

北京大学举办“东语系建系五十周年暨季羡林教授执教五十周年庆祝大会”。

《人生絮语》《怀旧集》《我的心是一面镜子》《季羡林学术文化随笔》相继出版。

1997 年（八十六岁）

专著《糖史》由经济日报出版社出版。

主编的《东方文学史》获第三届国家图书奖。

《赋得永久的悔》获鲁迅文学奖。

1998 年（八十七岁）

伊朗德黑兰大学授予荣誉博士学位。

《吐火罗文 A〈弥勒会见记剧本〉》英译本在德国出版。

《季羡林文集》(二十四卷) 由江西教育出版社出版。

《牛棚杂忆》由中央党校出版社出版。

1999 年（八十八岁）

应邀赴台湾参加人文关怀与社会实践系列学术讨论会。归来写散文《台游随笔》，其中《站在胡适之墓前》获韬奋新闻奖并收入该年度《全国优秀散文选》。

《季羡林文集》获第四届国家图书奖。

印度文学院授予名誉院士头衔。

《季羡林散文全编》由中国广播电视出版社出版。

出席纪念五四运动八十周年国际学术讨论会。

2000 年（八十九岁）

《学海泛槎——季羡林自述》由山西人民出版社出版。

《糖史》(国内篇) 获长江图书奖。

接受德国哥廷根大学授予的博士学位金质证书（该证书专门发给获得博士学位五十年以上，且在学术上做出突出贡献者)。

写《新世纪新千年寄语》等文章，提出“我们人类要同大自然成为朋友”。

会见台湾学者马树理。

2001 年（九十岁）

《千禧文存》由新世界出版社出版。

主编《东方民间故事精品评注丛书》(十五卷)，由辽宁少年儿童出版社出版，同时获冰心儿童图书奖。

《季羡林文丛》(四卷) 由沈阳出版社出版。

北京大学出版社出版《季羡林与二十世纪中国学术》一书，全面总结季羡林的学术理论。

5 月 17 日，北京大学举办庆祝季羡林先生九十华诞暨从事东方学研究六十六周年大会。时任国务院副总理李岚清、原全国人大常委会副委员长雷洁琼、外交部长唐家璇发来贺信；外交部副部长李肇星、中央统战部副部长刘延东以及印度、德国、伊朗驻华大使到会祝贺。

向北京大学捐赠图书、字画、手稿等。

在《漫谈伦理道德》一文中提出："人生一世，必须处理好三个关系：第一，人与大自然的关系，也就是天人关系；第二，人与人的关系，也就是社会关系；第三，个人身、口、意中正确与错误的关系，也就是修身问题。这三个关系紧密联系，互为因果，缺一不可。"

应国家档案局聘请，担任中国档案文献遗产工程全国咨询委员会名誉主任委员。

2002 年（九十一岁）

《新纪元文存》由新世界出版社出版。

10 月，写长文《在病中》，郑重提出：辞"国学大师"、辞"学界（术）泰斗"、辞"国宝"。

2003 年（九十二岁）

向清华大学捐赠十五万美元，建立"季羡林文化促进基金"。

1 月 27 日，国务委员、教育部长陈至立到 301 医院看望。

9 月 9 日，时任国务院总理温家宝到 301 医院看望。

9 月 18 日，《胡适全集》出版暨胡适学术思想研讨会召开，作为主编应邀出席大会并讲话。

2004 年（九十三岁）

散文集《清塘荷韵》出版。

9 月 26 日，来自印尼、马来西亚、菲律宾、泰国、新加坡的华文作家齐聚 301 医院，授予季羡林亚洲优秀作家奖，并举行授奖仪式。

当选中国译协名誉会长。

2005 年（九十四岁）

中国孔子基金会成立季羡林研究所。

7 月 29 日，温家宝到 301 医院看望。

2006 年（九十五岁）

《此情犹思——季羡林回忆文集》（五卷）由哈尔滨出版社出版。

《季羡林谈人生》由当代中国出版社出版。

5 月 14 日，北京大学举行"庆祝东方学学科建立六十周年、季羡林教授执教六十周年暨九十五华诞”大会。温家宝写来亲笔贺信，赞扬季羡林为“人中麟凤”。

8 月 6 日，温家宝总理到 301 医院看望，祝贺九十五岁生日。

受聘为 2008 年北京奥运会中国组委会顾问。

9 月，中国翻译协会授予“翻译文化终身成就奖”。

第十九届世界诗人大会在山东泰安召开，被大会授予世界桂冠诗人。

12 月 13 日，被北京大学授予“蔡元培奖”。

2007 年（九十六岁）

1 月 5 日，被中央电视台评为感动中国人物之一，颁奖词是：“智者乐，仁者寿，长者随心所欲。曾经的红衣少年，如今的白发先生，留德十年寒窗苦，牛棚杂忆密辛多。心有良知璞玉，笔下道德文章。一介布衣，言有物，行有格，贫贱不移，宠辱不惊。”

1 月，《病榻杂记》由新世界出版社出版。

3 月，在一次谈话中提出，国学应该是“大国学”概念。

6 月 18 日，香港著名作家金庸夫妇到 301 医院看望。

8 月 6 日，温家宝到 301 医院看望，祝贺九十六岁生日。

10 月 9 日，香港知名演员林青霞到 301 医院看望。

2008 年（九十七岁）

5 月 12 日，被日本学士院聘为客座院士。

6 月 6 日，印度外长慕克吉到 301 医院，代表印度总理辛格授予“莲花奖”（注：“莲花奖”是印度政府授予在科学、文学、艺术和学术方面取得卓越成就人士的最高荣誉）。

6 月，向北京大学捐赠稿费一百万元，建立北京大学季羡林助学金。

7 月，《季羡林全集》编纂在外研社启动。

8 月 2 日，温家宝到 301 医院看望，提前为他祝寿。

8 月 4 日，时任中共中央政治局委员、国务委员刘延东到 301 医院看望。

9 月 27 日，哥廷根大学授予季羡林杰出校友荣誉称号。

10月23日，被评为山东精气神形象大使。

10月28日，香港知名学者饶宗颐到301医院看望。

12月上旬，《季羡林谈义理》由黑龙江人民出版社出版。

12月7日，与儿子季承分别十三年后在301医院相见。

2009年（九十八岁）

7月9日上午，北京首届“成人传统礼仪”在孔庙和国子监隆重举行，一百六十名高中学生参加。当年北京高考文、理科状元刘庭梅和宁少阳受到媒体的高度关注，并收到一份意想不到的礼物，即季羡林赠送的以“高考状元”为抬头，亲笔题词“天道酬勤”、“至德要道”的匾额。

7月11日上午9时，因病抢救无效在北京逝世。温家宝、刘延东先后到医院送别。